YINGYONGXING SHANGKE SHUZIHUA
JIAOXUE GAIGE YU SHIJIAN

应用型商科数字化教学
改革与实践

林波 张晓英 赖洁瑜 邓任锋 主编

东北财经大学出版社
Dongbei University of Finance & Economics Press

大连

图书在版编目（CIP）数据

应用型商科数字化教学改革与实践 / 林波等主编. —大连：东北财经
大学出版社，2025.5. —ISBN 978-7-5654-5679-4

Ⅰ.F74

中国国家版本馆CIP数据核字第2025CR5115号

应用型商科数字化教学改革与实践

YINGYONGXING SHANGKE SHUZIHUA JIAOXUE GAIGE YU SHIJIAN

东北财经大学出版社出版

（大连市黑石礁尖山街217号　邮政编码　116025）

网　　　址：http://www.dufep.cn

读者信箱：dufep@dufe.edu.cn

大连永盛印业有限公司印刷　　　东北财经大学出版社发行

幅面尺寸：170mm×240mm　字数：350千字　印张：17.75　插页：1

2025年5月第1版　　　　　　　　2025年5月第1次印刷

责任编辑：孙　平　孙尧梅　　　　　责任校对：刘贤恩

封面设计：原　皓　　　　　　　　　版式设计：原　皓

书号：ISBN 978-7-5654-5679-4　　　定价：92.00元

编写委员会

主编：

林　波　　张晓英　　赖洁瑜　　邓任锋

编者：

于英含　　马俊博　　王玙璠　　尤彧聪　　吕　沛　　吕境仪　　刘佳敏

关建波　　孙水鹅　　孙　俊　　李小青　　何　芬　　余晓勤　　易　巧

罗　超　　柴虎虎　　陶　梅　　曾素梅　　曾银燕　　程　飞　　鲁朝云

潘银坪

前言

数字经济已成为全球经济增长的核心驱动力，我国更是将数字经济上升为国家战略，强调通过数字化转型推动产业升级与经济高质量发展，高等教育作为人才培养的基石，必须与国家发展战略同频共振。在2022年的全国教育工作会议上，教育部首次提出"实施国家教育数字化战略行动"，并将这一行动列入年度工作重点。同年10月，党的二十大报告进一步明确提出"推进教育数字化"，并首次将教育、科技、人才进行"三位一体"的统筹安排，明确提出了"推进教育数字化"的重要任务，赋予了教育在全面建设社会主义现代化国家中的新使命和新征程。在数字化转型的背景下，高等教育领域正在经历一场前所未有的大变革。作为教育数字化战略的重要组成部分，数智化教学改革的核心在于通过人工智能、大数据、云计算等前沿技术，重构教学内容和教学模式，实现教育资源的智能化配置和个性化供给，为学生提供更加丰富和高效的学习体验，形成以学生为中心的数智化教学新范式，从而全面提高教学效率、教育质量以及学生的综合素养和创新能力。同时，高等教育的数字化转型也是打破传统教育的时空限制，促进教育公平，推动教育行业整体变革与进步，助力我国在全球数字经济竞争中占据优势地位的重要抓手。

商科教育作为应用性极强的学科领域，其数智化改革不仅是提升教育的前瞻性和创新性、适应数字经济发展的必然要求，更是培养具备数字素养和创新能力的复合型商科人才的重要阵地。在数字技术飞速发展的当下，商科教育的数智化改革有着多方面的现实紧迫性。一是知识更迭速度的加快。在数字经济时代，商业环境和技术变革日新月异，传统的教学模式难以满足学生对前沿知识和实践技能的需求。数智化教学通过实时更新教学内容、引入案例分析和大数据工具，能够有效解决这一问题。二是教学模式的创新需求。传统的"以教师为中心"的教学模式已难以激发学生的学习兴趣和主动性。数智化教学通过智能化教学平台、虚拟仿真实验和互动式课堂，能够实现"以学生为中心"的教学模式转型，提升学生的学习体验和效果。三是人才培养目标的升级。数字经济时代对商科人才的要求不仅限于专业知识，还包括数据分析能力、创新思维和跨学科协作能力。由此看来，数智化改革不仅是对传统教学模式的优化，更是对教育理念的深刻变革、对教学内容的数智重构、对教学方法的数智创新、对信息化教学工具的深化应用。它要求打破学科边界，将大数据、人工智能、区块链，甚至虚拟现实（VR）、增强现实（AR）等前沿技术融入商科课程体系，培养学生的数据分析能力、数字技术应用能力和复杂问题解决能力，借助科学的理论框架构建和多元化的实践路径，推动教育范式从传统的知识传授向能力培养转变。

传统商科教育在诸多方面已难以契合数字经济时代的发展诉求，迫切需要系统性的变革。而要有效推进这一变革进程，就必须依托科学合理且具有前瞻性的理论框架作为指导，数智化教学改革正是在这样的时代需求和现实挑战下，逐步形成了以"技术赋能教育"为核心的一般性理论框架。这一框架主要包括以下几个维度：一是技术驱动的教学模式创新。通过人工智能、大数据和虚拟现实等技术，重构教学流程，实现教学资源的智能化和个性化配置。二是数据支持的教学评价优化。通过大数据分析学生的学习行为和效果，实现教学评价的科学化和精准化。三是跨学科融合的课程设计。通过整合商科与信息技术、数据科学等学科的知识，构建适应数字经济需求的课程体系。四是实践导向的能力培养。通过虚拟仿真、企业合作和项目式学习，提升学生的实践能力和创新思维。该框架不仅是对现实需求的回应，更是引领商科教育数智化改革深入发展的关键指引。

广州工商学院商学院，作为商科教育领域的重要参与者，以高度的前瞻性和使命感，积极投身于数智赋能商科教学创新改革的实践浪潮之中，并已逐步发展成为一所专业布局合理、学科特色鲜明、教学科研实力雄厚的学院。学院始终坚持以人才培养为核心使命，立足数字化时代粤港澳大湾区对应用型商科人才的全新需求，积极探索学科专业的交叉协同发展，深度融入时尚产业、临空经济、数智营销等产业场景，着力培养出思想合格、专业扎实且熟悉产业的新时代应用型商科人才。为了响应国家数字化建设和"人工智能赋能"教育的新要求，积极拥抱数字时代的技术变革为商科教育带来的机遇与挑战，切实解决现代商科教育教学中的痛点问题，商学院始终将数字技术视为推动商科教学创新发展的核心驱动力，深入探索数字技术与现代商科专业课程的深度融合路径，持续更新先进的教学理念，不断加大在教学改革方面的投入，不断创新教学方法与手段，经过6年的改革实践，凝练了"商道铸魂、粤韵润心、践悟并行"育人理念，明确了"铸商魂、育商智、强商能"教学目标，构建了"思政铸魂、数智赋能、产教融合"应用型商科人才培养体系，形成了"筑基—铸魂—聚力—强能—启创"的人才培养进阶路径，并在国际经济与贸易、市场营销、电子商务、投资学四个专业进行深入探索和实践。本案例集就是在这一理论框架下进行的实践探索而形成的改革成果。

第一是教学目标的优化。四个专业在"铸商魂、育商智、强商能"总体教学目标下，结合各自专业特性与数字化时代需求，进行了更为细致且具针对性的目标设定。如国际经济与贸易专业在培养学生国际贸易理论与实务能力基础上，增加数据分析、跨境电商运营等技能要求；市场营销专业注重培养数字营销、市场洞察和创新策划能力；电子商务专业聚焦培养学生的电商平台搭建、智能营销和数据驱动决策能力；投资学专业则要求学生掌握金融科技工具，具备量化投资分析和风险管理能力。

第二是教学理念的更新与深化落实。在"商道铸魂、粤韵润心、践悟并行"育人理念指引下，各专业借助数字技术丰富教学内容。国际经济与贸易专业通过线上虚拟贸易博物馆等数字资源，结合虚拟技术，深入培养学生公平贸易理念，融入商业道德准则；市场营销专业利用人工智能辅助教学系统，挖掘海量营销数据中的思政元素，培养正确的营销伦理；电子商务专业借助区块链数字账本展示交易流程，强化学生数据安全和诚信经营意识；投资学专业依托智能投顾数字平台和模拟风险案例，帮助学生树立正确的投资价值观。

第三是教学模式的创新。各专业推行"技术驱动的教学模式创新"。国际贸易专业利用虚拟现实技术模拟跨境贸易场景，让学生沉浸式学习贸易流程；市场营销专业借助智能化教学平台开展互动式营销策划课程，提升学生参与度；电子商务专业通过线上线下混合式教学，融合理论与实践，如开展电商直播实践课程；投资学专业运用金融模拟交易软件，让学生在实践中掌握投资技巧。

第四是教学手段创新，各专业充分利用前沿技术创新教学手段。国际经济与贸易专业引入大数据分析工具，分析国际市场动态；市场营销专业运用 AI 营销助手辅助教学，为学生提供个性化营销方案建议；电子商务专业借助区块链技术追溯电商交易数据，增强学生对数据安全的理解；投资学专业利用量化投资模型工具，帮助学生进行投资策略分析。

第五是教学资源建设。在课程资源建设上，各专业打造数字化教学资源库。国际经济与贸易专业整合国际商务案例、行业报告等资源；市场营销专业收集数字营销案例、市场调研报告等；电子商务专业构建电商课程视频、项目案例库；投资学专业整理金融数据、投资案例等资源，实现教学资源的智能化推送和共享。

第六是教学评价创新。以"数据支持的教学评价优化"为指导，各专业实施多元化评价。国际经济与贸易专业综合考量学生的贸易业务操作、数据分析能力等；市场营销专业从营销策划、市场推广效果等多维度评价学生；电子商务专业依据电商项目实践成果、数据分析报告等进行评价；投资学专业根据投资模拟收益、风险控制能力等评价学生学习效果。

第七是产教融合创新。学院围绕"八共"模式，整合校政企行资源构建协同育人机制。各专业从多方面深化校企合作：专业共设时依产业需求规划专业；方案共制融入实践技能要点；基地共建提供真实业务场景；教材共编纳入行业新成果；教学共施邀请企业专家授课；师资共培互派人员学习提升；就业共助搭建平台帮扶学生；成果共享促进双方共同发展，最终实现人才培养与产业需求无缝对接，推动协同育人长效发展。比如国际经济与贸易专业与空港跨境电商企业合作，开展实习实训和项目合作；市场营销专业与数智营销行业龙头"探迹科技"共建营销实践基地，开设"数智营销"特色班，定向参与企业营销项目；电子商务专业与电商平台及"慧鸿科技"等企业深度合作，共同开发电商相关课程，并建立校外实践教学基地，为学生提供接触真实商业环境的机会，提升其实践能力和职业素养，确保学生毕业后能满足企业用人需求，开展实战项目；投资学专业与东莞证券等金融机构合作，为学生提供实习和实践机会，实现人才培养与产业需求的无缝对接。

数字化的改革深度融入四个专业的改革实践，从教学硬件设施的升级到软件资源的开发，从教师培训体系的构建到课程体系的优化调整，每一个环节都凝聚着学院对教学改革的深刻思考与不懈努力。这一系列富有创新性的教学改革和实践，取得了丰硕的改革成果。经过6年实践，建设"皮具商学院"等产教融合平台8个、基地48个，建成省级特色重点学科，获批省级一流本科专业建设点2个、省级实验教学示范中心1个、省级实践教学基地3个、省级一流课程10门、省级创新团队2个、省级课程教研室2个，获全国性学会、省级教指委教学成果奖9项，教师荣获省级及以上奖项31项，出版教材和著作20部。学生学科竞赛获国家级奖项203项、省级159项，近三年平均就业率98%、用人单位满意度99%。改革成果受到兄弟院校的广泛关注，接待100余所院校来访，成果在校外分享21场次、被7所院校采纳，并被网易、搜狐网、南方日报等多家媒体报道，产生了引领和示范作用。

这本案例集汇聚了商学院在数智赋能商科教学创新改革实践中的宝贵经验和优秀成果，不仅是学院教学改革历程的生动记录，更是对商科教育未来发展方向的积极探索。希望它能为国内商科教育同行提供有益的参考和借鉴，引发更多关于数字技术与商科教学深度融合的思考与实践，共同推动我国商科教育事业蓬勃发展。广州工商学院商学院将继续秉持创新精神，在教学改革的道路上不断探索前行，为培养更多适应时代发展需求的高素质商科人才做出更大的贡献。

广州工商学院商学院

2025年4月

目录

"商务数据分析"课程教学数字化改革与实践

一、课程简介

  "商务数据分析"是现代商科教育中的一门核心课程，旨在培养学生运用数据分析技术解决实际商务问题的能力。随着大数据时代的到来，数据分析已成为企业决策的重要工具。本课程通过理论与实践相结合的方式，帮助学生掌握数据收集、清洗、分析和可视化的基本技能，并能够在实际商务场景中应用这些技能。本课程在教学内容方面着重基本知识、基本理论和基本方法的讲解；在培养实践能力方面着重商务数据分析关键技术的基本训练。掌握商务数据分析模型，商务数据采集与处理，面向行业、消费者、竞争对手、商品、库存、销售、运营数据分析等主要知识点。课程采用模块化设计，分为基础理论、案例分析和实践操作三个部分，确保学生能够全面掌握相关知识和技能。

  本课程以 Excel 在商务数据分析中的实际应用为主线，注重理论与实践的有机结合，主要对商务数据分析与应用中所涉及的理论、原理、方法、模型、常用工具、场景应用及实践案例进行深入学习，以顺应新文科、新商科建设的理念和满足新时代对商务数据分析人才的需求，是培养具备数据分析技能的商务运营与管理人才的专业课程。

  "商务数据分析"课程引入 AI 技术赋能商科教学创新改革的探索与实践，通过人工智能技术（如机器学习、自然语言处理、智能推荐系统等）提升教学效率与学习体验，助力学生了解前沿的数据分析工具与方法。利用 AI 技术实现智能作业批改与学习效果分析，帮助学生高效掌握知识。结合案例教学、项目实践与 AI 工具应用，培养学生解决实际商业问题的能力。通过真实商业数据集与 AI 分析工具（如 Python 等），学生将动手完成从数据清洗、分析到可视化呈现的全流程实践。此外，课程还融入 AI 在商业领域的创新应用案例，如智能营销、客户行为预测、供应链优化等，帮助学生了解 AI 如何赋能商业决策。

二、课程目标

  本课程基于 OBE 理念与商业智能背景，利用实践性项目驱动学生将知识灵活运用，强化职业伦理与时代担当。在数据分析实践中融入社会主义核心价值观，强调数据隐私保护、商业伦理及社会责任，培养学生服务区域经济发展的使命感。

本课程以粤港澳大湾区市场需求为导向，以项目式驱动教学为抓手，与企业进行产教融合开发多个真数据、真场景的实践性项目，培养学生的新时代思政意识、国际化视野、商业智能分析技术以及数智营销专业能力，构建数智化商业分析能力体系。满足学校"正德厚生，励志修能"，以及商学院"崇德致知，弘商济民"的办学需求，力求培养出一批"有理论，有技术，有创新，有责任"的应用型营销人才。

本课程的主要目标是培养学生在商业环境中运用数据分析技术进行决策的能力。具体目标包括：掌握商务数据分析的基本理论和方法；熟练使用常见的数据分析工具和软件；能够运用统计分析和机器学习技术解决实际商业问题；培养数据驱动的决策思维和创新能力。通过这些目标，学生能够在未来的职业生涯中，灵活运用数据分析技术提升商业决策的效率和准确性。具体可总结为以下五大目标（见表1）：

表1 五大课程目标

课程目标1：LO1

践行社会主义核心价值观，能够在市场营销实践中，遵守职业规范，履行责任，领悟专业课程中融入的"思政教育"理念。熟悉市场营销专业领域相关政策及法律、法规，了解商务数据分析过程中有关国家的经济、环境、法律、安全、健康、伦理等政策和制约因素

课程目标2：LO2

掌握商务数据分析的主要过程、步骤和方法，针对各行业的实际问题，总结提炼相关的数据分析模型。熟练使用 Excel 工具，绘制多种类型的图表、制作数据透视表和数据透视图、建立多种统计分析模型

课程目标3：LO3

了解商务数据分析课程所需的管理学、经济学、计算机科学、数学等多学科背景知识，理解并掌握工程管理原理与经济决策方法，并能在商务数据分析项目和案例中进行综合应用。掌握基本的商务数据分析创新方法和应用解决方案

课程目标4：LO4

具有健康身心，良好的人文素养、较强的职业韧性与人际交往能力。掌握较强的实践能力、语言文字表达与沟通能力，培养团队协作精神

课程目标5：LO5

具有全局意只、国际视野，具有自主学习和终身学习的意识，不断学习商务数据分析相关的知识。培养追求创新的态度和意识，研究与商务数据分析相关的前沿理论与算法发展新动向，能够结合大数据、云计算、物联网等新兴技术，拓展面向各行业尤其是新兴行业的数据分析理论内容和能力

三、教学创新改革背景

随着大数据和人工智能技术的迅猛发展，传统的商科教学模式已无法满足现代商业环境的需求。当前，商科教育普遍存在教学内容滞后、教学方法单一、理论与实践脱节等问题。具体表现为：

（一）传统的讲授型教学模式下学生较为被动

"商务数据分析"这门课程在传统的讲授型教学模式下，学生往往处于较为被动的地位，他们更多的是被动地接受教师传授的理论知识和分析方法。学生参与度低，缺乏主动思考和探索的机会，这在一定程度上限制了学生创新能力和实践能力的培养。

（二）课程考核方式对学生的考察不够全面

"商务数据分析"课程在传统的考核方式中，往往过分侧重于对学生理论知识掌握情况的考察，如理论概念的记忆、公式推导的准确性等，而忽视了对学生实践能力和综合素质的全面评估。这种考核方式可能导致学生虽然掌握了理论知识，但在实际应用中却显得力不从心，缺乏解决实际问题的能力。

（三）教学资源与环境建设缺乏产业真实性

"商务数据分析"课程的教学资源与环境建设在当前阶段仍存在着一定的局限性，其中最显著的问题便是缺乏产业真实性。传统的教学环境往往侧重于理论知识的传授，而忽视了与实际产业环境相结合的教学资源建设。学生难以接触到真实的商业数据和分析工具，无法亲身体验到数据分析在产业中的实际应用和操作流程。这不仅限制了学生实践能力的培养，也使他们难以全面理解商务数据分析的复杂性和挑战性。

（四）教材更新速度慢，无法及时反映最新的商业趋势和技术进展

随着人工智能、大数据、云计算等技术的迅猛发展，商业数据分析的方法、工具和应用场景正在发生深刻变革。然而，传统教材的编写和出版周期较长，往往无法及时反映最新的商业趋势和技术进展，导致教学内容与实际需求脱节。例如，当前AI技术在商业领域的应用已经深入到智能营销、客户行为预测、供应链优化等多个方面，但许多教材仍停留在传统的数据分析方法和工具介绍上，缺乏对AI赋能商业决策的前沿案例和实践经验的系统梳理。此外，商业数据的规模和复杂性也在不断增加，传统教材中关于数据清洗、处理和分析的内容可能已无法满足实际需求。因此，如何加快教材更新速度，及时融入最新的商业趋势和技术进展，成为"商务数据分析"课程改革的重要课题。

AI技术的引入为商科教学带来了新的机遇。AI不仅能够提供丰富的数据资源和强大的计算能力，还可以通过智能化的教学工具和平台，实现个性化学习和实时反馈。例如，AI驱动的数据分析工具可以帮助学生更直观地理解复杂的数据模型，智能推荐系统可以根据学生的学习进度和兴趣，推荐合适的学习资源和案例。此外，AI还可以通过模拟商业环境，让学生在虚拟场景中进行决策实践，提升他们的实际操作能力。因此，将AI技术融入商科教学，不仅是应对当前教育挑战的必要举措，也是培养未来商业领袖的重要途径。通过AI赋能，商科教学可以实现从知识传授到能力培养的转变，更好地满足现代商业环境对人才的需求。

四、教学创新理念与设计

为了更好地落实立德树人根本任务，遵循市场营销专业"立足粤港澳大湾区，扎根本土，服务社会"的定位，本课程通过时尚产业、数据服务企业以及课堂三主体的合作共建，以商业伦理为根基，融入社会主义核心价值观，培养"德技并修"的商科人才。本课程改革以"打造专业特色，践行学院办学方针，推动学校国际化办学"为目标，以粤港澳大湾区市场需求为导向，以项目式教学为抓手，强化本土文化认同与粤港澳大湾区产业服务使命。优化课程教学内容与教学手段，优化课程思政与理论教学和实践教学的融合点，提升课程"立德树人"培育成效，培养学生的新时代思政意识，国际化视野，商业智能分析技术以及数智营销专业能力，满足学校"正德厚生，励志修能"和商学院"崇德致知，弘商济民"的办学需求，力求培养出一批"有理论，有技术，有创新，有责任的应用型营销人才"（如图1所示）。

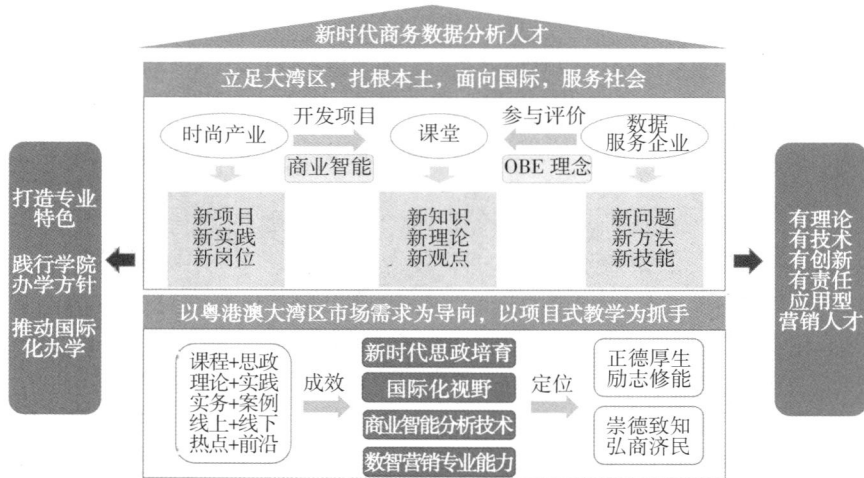

图1 "商务数据分析"课程改革模式及方案图

（一）时尚产业、数据服务企业以及课堂三主体合作共建课程体系

1.基于商业智能背景，与时尚产业开发实践性项目

首先与时尚产业企业沟通，了解其对商业智能人才的需求，分析时尚产业中商业智能的应用场景和典型案例。通过沟通，针对学生的基本情况开发相应的实践性项目，并以一系列的业务项目为主线，让学生在模拟环境中进行商业智能技术的操作和应用。课程内容设计强调理论与实践的结合，将课程分为基础理论、案例分析和实践操作三个模块。基础理论模块涵盖数据收集、数据清洗、数据可视化、统计分析、预测建模等内容，确保学生掌握必要的理论知识。案例分析模块通过真实商业案例，帮助学生理解理论知识在实际中的应用。实践操作模块则通过AI驱动的数据分析工具和模拟商业环境，让学生进行实际操作和决策练习。

2.坚持OBE教学理念

课程以学生为中心，以实践性项目为主线，围绕应用型商务数据分析人才能力需求，设计"行业数据分析、竞争数据分析、商品数据分析、销售数据分析"四个项目，促使学生"脑、手、眼"协调发展，培养学生的数据意识和经世济民思想，提高学生综合实践能力和创新思维能力（如图2所示）。同时邀请见数等数据服务公司参与学生的项目考核评价，用行业的眼光对学生进行指导，围绕数据分析提供"新问题，新方法，新技能"。

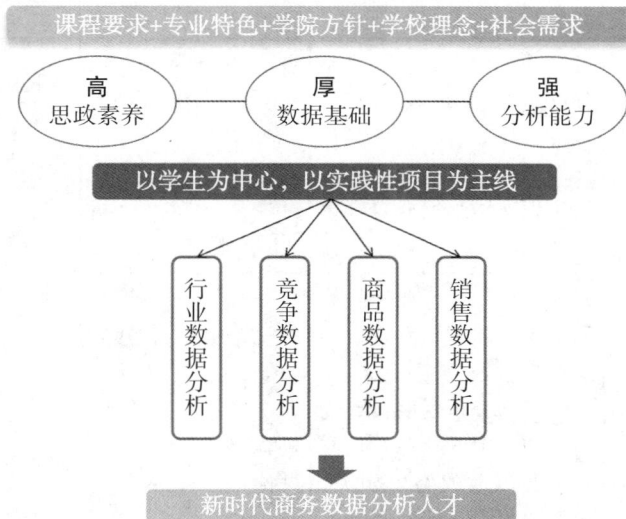

图2 "商务数据分析"教学理念与思路

（二）通过"五+"模式培养学生的新时代思政意识

本项目基于课程现状和学生的学情，提出"五+"教育模式："课程+思政""理论+实践""实务+案例""线上+线下""热点+前沿"。

基于应用型大学的办学定位、"新文科"建设理念、专业人才培养要求、课程特色及学生学情确定价值、知识、能力三位一体的课程目标。从课程目标为出发，结合中国特色实践、国内外科学研究前沿、未来职业方向，采用传统文化渗透、经典案例剖析、引导思维启发、头脑风暴讨论、带入情境分析等方法实施课程思政。实现思政元素与专业教育无缝对接和有机融合，将"精准把脉，精准发力、精确制导"理念与"经世济民、求真务实"课程核心价值观贯穿始终。抓住调查研究求真务实、实事求是的文化特点，将中华优秀传统文化、家国情怀、科学精神及职业素养等核心内容与课程内容相融合（见表2）。

表2　　　　　　　　　　"商务数据分析"课程思政与融入方式

教学内容	课程思政点	融入方式与教学方法	思政育人预期成效
第一章　总论	我国经济高质量发展，需要通过数字经济助力	类比式融入：案例情境导入，引发学生对深层次问题的思考。引导学生将类似方法融入生活、学习。教学方法：讲授法、讨论法、案例分析法	提升学生的责任意识、道德修养和经世济民情怀；通过本课程的学习，培养和造就国家需要的高素质专业化人才
第二章　商务数据分析模型	通过 PEST、SWOT 等战略分析方法，对我国的政治、经济、技术、科技、文化等宏观环境有充分和正确的认识，增强民族自豪感和自尊心	启发式融入：由热点和学术前沿启发到实训选题。教学方式：讲授法、讨论法、案例分析法、实验实训法	对我国的政治、经济、技术、科技、文化等宏观环境有充分和正确的认识，增强民族自豪感和自尊心
第三章　商务数据分析方法	回归分析说明：要用发展的眼光看问题，发现事物之间有意义的联系。时间序列分析说明：事物当前和未来的状态，均与其自身以前的努力相关。做事要踏踏实实，才能不断积累	启发式融入：由热点和学术前沿启发到实训选题。教学方式：讲授法、讨论法、案例分析法、实验实训法	要用发展的眼光看问题，做事要踏踏实实，才能不断积累

教学内容	课程思政点	融入方式与教学方法	思政育人预期成效
第四章 商务数据的采集与处理	网络数据爬取、采集、处理等都要遵守互联网的相关规定，不能触犯法律。注意保护商家、消费者的数据隐私权利	反思式融入：通过目前市场中欺瞒消费者的案例，以此激发学生以人为本、实事求是、顾客至上的品质。教学方法：讲授法、实验实训法	注意保护商家、消费者的数据隐私权利
第五章 数据可视化	培养学生多角度、全方位分析、综合分析和辩证思维的能力，对同一组数据可以选用十几种可视化形式，如何发现关键问题，找到最为恰当的展现手段	举证式融入：通过列举现象数据，通过数据分析研究其深层次的原因。教学方式：讲授法、讨论法、案例分析法、实验实训法	培养学生多角度、全方位分析、综合分析和辩证思维的能力
第六章 行业数据分析	行业中各家企业竞争激烈，要宣扬社会主义核心价值观，公平、诚信地进行竞争	举证式融入：通过列举现象数据，通过数据分析研究其深层次的原因。教学方式：项目驱动型教学	宣扬社会主义核心价值观，公平、诚信地进行竞争
第七章 竞争数据分析	法治化国家建设中，要正确对待和开展竞争性商业活动	启发式融入：由热点和学术前沿启发到实训选题。教学方式：项目驱动型教学	正确对待和开展竞争性商业活动
第八章 商品数据分析	在供求关系平衡下，商品的成本和定价要基于市场经济的运行规律	类比式融入：案例情境导入，引发学生对深层次问题的思考。引导学生将类似方法融入生活、学习。教学方法：项目驱动型教学	遵循市场经济的运行规律

续表

教学内容	课程思政点	融入方式与教学方法	思政育人预期成效
第九章 销售数据分析	诚信经营，对商品售后服务到位	启发式融入：由热点和学术前沿启发到实训选题。 教学方式：项目驱动型教学	诚信经营
第十章 商品库存数据分析	风险意识和危机意识的培养	启发式融入：由热点和学术前沿启发到实训选题。 教学方式：项目驱动型教学	风险意识和危机意识的培养。安全库存和库存周转率对这方面的教育有较好反映
第十一章 消费者数据分析	抓主要矛盾	类比式融入：案例情境导入，引发学生对深层次问题的思考。引导学生将类似方法融入生活、学习。 教学方法：项目驱动型教学	抓住问题的主要矛盾，抓住矛盾的主要方面。关键意见领袖、消费者特征分析、消费者定位等方法均是对复杂问题的主要方面进行分析
第十二章 商务数据分析报告	总结、提炼、归纳、梳理的能力	举证式融入：通过列举现象数据，通过数据分析研究其深层次的原因。 教学方式：讲授法、讨论法、案例分析法、实验实训法	总结、提炼、归纳、梳理的能力。撰写数据分析报告是对学生综合能力的全面锻炼

1.通过"王+"模式培养学生的国际化视野

商学院位于花都校区，毗邻花都皮具皮革商会，以及众多美妆企业。花都的皮具产业每年都有大量的国际贸易业务，自然也产生了大量的商业数据。学生在进行项目实践时能够通过"实务+案例"对真实数据的处理感悟国际商业形势，培养国际化视野。通过"线上+线下"引入国际知名大学的在线课程、讲座和研讨会，让学生接触到国际前沿的数据分析知识和技术。利用在线平台与国际学生进行交流和合作，提高跨文化沟通能力。鼓励学生参加国际学术会议和竞赛，展示自己的研究成果和数据分析能力。

2.通过"五+"模式提升学生的商业智能分析技术

"理论+实践"能够强化理论基础，确保学生掌握数据分析的基本原理和方法，包括统计学、概率论等基础知识，以及 Excel、SPSS、Python 等数据分析工具的使用。通过实践教学，让学生亲身感受数据分析的实际应用价值。可以引导学生参与企业合作项目或自主选择项目，进行数据分析的实践操作。同时，设置模拟数据分析项目，可以让学生在实践中巩固理论知识。"热点+前沿"能够让学生了解数据分析领域的最新动态和前沿技术，如人工智能、大数据、机器学习等。这些技术正在深刻改变数据分析的方式和效率，对于提升学生的商业智能分析技术具有重要意义。在课程中引入前沿的数据分析技术和工具，如深度学习、自然语言处理等。通过讲解这些技术的原理和应用场景，让学生拓宽视野，了解数据分析的未来发展趋势。

3.通过"五+"模式提升学生的数智营销专业能力

"课程+思政"能够在教授商务数据分析的同时，结合数智营销的实际应用，讲解我国经济政策、企业发展和社会文化等方面的案例，培养学生的文化素养和社会责任感。通过展示数智营销在解决社会问题、推动经济发展等方面的积极作用，增强学生的爱国情怀和社会使命感。强调数智营销中的职业道德和法律法规，引导学生树立正确的价值观和职业观。通过案例分析，让学生认识到数智营销中的道德风险和法律责任，培养他们的诚信意识和法律意识。

"理论+实践"能够确保学生掌握数智营销的基本概念和策略，通过课堂讲解、课后作业和单元测试等方式，巩固学生的理论知识。提供丰富的实践机会，让学生将理论知识应用于数智营销的实际操作中。可以组织学生进行市场调研、数据分析、营销策略制定等实践活动，通过实际操作提升他们的数智营销能力。

"实务+案例"通过在课程中引入数智营销的真实案例，让学生了解数智营销在实际商业环境中的应用和效果。这些案例可以来自电商、社交媒体、金融等行业，涵盖不同场景和营销目标。通过分析案例的背景、问题、解决方案和效果评估等过程，让学生深入理解数智营销的策略和执行。同时，鼓励学生提出自己的见解和改进方案，培养他们的创新思维和解决问题的能力。

通过这些创新理念和设计，我们旨在培养学生的数据驱动决策能力、创新思维和实际操作技能，使他们能够在未来的商业环境中灵活运用数据分析技术，提升决策效率和准确性。

五、教学创新改革措施

在"商务数据分析"课程中，我们实施了一系列具体的教学创新改革措施，以确保课程目标的实现和教学效果的提升。以下是主要的改革措施：

引入 AI 驱动的教学工具和平台：我们采用了智能教学平台，如超星学习通，这些平台不仅提供丰富的在线课程资源，还能根据学生的学习进度和表现，推荐个性化的学习路径和内容。

实施翻转课堂和项目式学习（PBL）：翻转课堂模式让学生在课前通过在线视频和阅读材料自学理论知识，课堂上则进行讨论和实践操作。这种模式不仅提高了课堂效率，还增强了学生的自主学习能力。项目式学习通过分组项目，让学生在解决实际商业问题的过程中，应用所学知识。例如，学生分组进行市场分析、客户细分和销售数据可视化，最终提交项目报告并进行展示。

加强校企合作，引入真实商业案例：我们与多家企业合作，引入真实的商业案例和数据，供学生分析和决策。例如，与某企业合作，提供其销售数据和客户行为数据，学生需要利用这些数据进行市场分析和预测模型构建。这种合作不仅增强了课程的实用性，还为学生提供了宝贵的实践经验。

实施个性化学习和实时反馈机制：通过智能教学平台，我们实现了个性化学习和实时反馈。平台根据学生的学习进度和表现，推荐合适的学习资源和案例。此外，平台还提供实时反馈，帮助学生及时了解自己的学习情况，并进行调整和改进。

通过这些具体的教学创新改革措施，我们不仅提升了课程的教学效果，还培养了学生的数据驱动决策能力、创新思维和实际操作技能，使他们能够在未来的商业环境中灵活运用数据分析技术，提升决策效率和准确性。

六、教学创新成效

通过一系列的教学创新改革措施，"商务数据分析"课程在多个方面取得了显著的成效。以下是具体的成效分析：

学生能力提升：通过 AI 驱动的教学工具和平台，学生的数据分析和决策能力得到了显著提升。例如，在使用可视化软件进行数据分析的项目中，学生能够熟练运用各种数据分析方法和图表制作技术。课程结束后的评估结果显示，90% 的学生表示能够独立完成数据分析任务，85% 的学生表示在实际商业环境中能够灵活运用所学知识。

教学效果改善：翻转课堂和项目式学习的实施，显著提高了课堂效率和学生的参与度。根据课堂观察和学生反馈，翻转课堂模式使课堂讨论更加深入，学生能够提出更多有见地的问题和解决方案。项目式学习通过分组项目，增强了学生的团队合作和沟通能力。项目报告和展示的评估结果显示，80%的项目达到了预期目标，部分项目甚至超出了预期。

课程满意度提高：通过个性化学习和实时反馈机制，学生的学习体验得到了显著改善。根据课程结束后的问卷调查，大部分学生对课程内容表示满意，学生对教学方法和工具表示认可。学生普遍认为，课程内容实用、教学方法新颖、技术工具先进，能够有效提升他们的专业能力和职业竞争力。

教学研究成果丰富：在教学创新改革过程中，我们积累了丰富的教学研究成果。例如，我们发表了多篇相关的学术论文，分享了课程设计和实施的经验。此外，我们还举办了多次教学研讨会，与同行交流教学创新经验，推动了商科教学的改革和发展。

七、结论

通过"商务数据分析"课程的教学创新改革，我们深刻认识到AI技术在商科教育中的巨大潜力。AI不仅提升了教学效率和学生的学习体验，还显著增强了学生的数据驱动决策能力和实际操作技能。未来，我们将继续深化AI技术在商科教学中的应用，探索更多创新的教学模式和方法，以培养出更多具备创新思维和实践能力的商业领袖。同时，我们也期待与更多企业和教育机构合作，共同推动商科教育的改革与发展，为现代商业环境输送更多高素质人才。

编写人："商务数据分析"课程教学团队

"数字化客户关系管理"课程教学数字化改革与实践

一、课程简介

（一）课程背景

在当今数字化时代，数字技术以前所未有的速度和深度渗透到社会经济的各个领域，深刻地改变着企业的运营模式、市场竞争格局以及人们的生活方式。随着互联网、大数据、人工智能、云计算等新兴技术的迅猛发展，全球经济正加速向数字化转型，数字化已经成为企业在激烈市场竞争中取得优势的关键要素。

（二）课程的定位和意义

在当今数字化时代，数字化客户关系管理作为商科专业的一门重要核心课程，对于培养适应市场变化、具备创新能力和数字化素养的商科人才具有至关重要的作用。本课程以数字化客户关系管理为核心，旨在通过融合人工智能（AI）等前沿技术，推动商科教学的创新改革，培养学生的数字化思维和实践能力，使其能够更好地应对未来商业环境中的挑战。

（三）课程特色

通过 AI+CRM 的升级构建一个更加智能、高效的客户关系管理系统，以适应数字化时代的需求。这种升级不仅体现在技术层面，更体现在对客户关系管理的全面理解和深化上。

（1）建设 AI+CRM 的新方向。课程将探索 AI 在 CRM 中的新应用领域和模式，如智能推荐、情感分析、预测性维护等，以提供更加个性化、精准的服务。同时课程内容具有前沿性和时代性。随着数字技术的飞速发展，客户关系管理领域不断涌现出新的理念、方法和技术。本课程紧跟时代步伐，及时将最新的数字化客户关系管理理论和实践成果纳入教学内容，确保学生所学知识与行业发展保持同步。课程涵盖了大数据分析在客户洞察中的应用、人工智能驱动的智能客服与个性化推荐、云计算技术支持的客户关系管理系统搭建等前沿内容，使学生能够了解和掌握行业最先进的技术和方法。

（2）实现AI+CRM全场景覆盖。课程将涵盖CRM的各个业务场景，从客户获取、客户维护到客户转化等各个环节，都将融入AI技术，实现智能化管理和优化。这将有助于学生全面了解CRM的运作机制，并具备在不同场景下应用AI技术的能力。在数字化时代，客户关系管理与多种数字技术紧密融合，创新应用层出不穷。将大数据、人工智能、云计算、物联网等多种数字技术有机融入客户关系管理的各个环节。

（3）增强AI+CRM的实践教学。学生可以亲身体验AI在CRM中的应用，加深对理论知识的理解，并提升实践操作能力。这种教学方式将有助于培养学生的实践能力和创新精神。学生不仅需要掌握理论知识，更需要具备实际操作和解决问题的能力。因此，本课程在教学过程中设置了丰富的实践环节，通过案例分析、模拟实验、企业项目实践等多种形式，让学生在实际操作中加深对理论知识的理解，提高运用数字化工具和方法进行客户关系管理的能力。课程还注重培养学生的数据思维、创新思维和团队协作能力，使学生能够在实践中不断提升自己的综合素质（如图1所示）。

图1　AI+CRM系统

（四）课程内容

课程内容如图2所示。

二、课程目标

（一）知识目标

（1）掌握客户关系管理的基本理论：学生能够清晰理解客户关系管理的溯源、基本概念以及其在现代商业中的重要性。

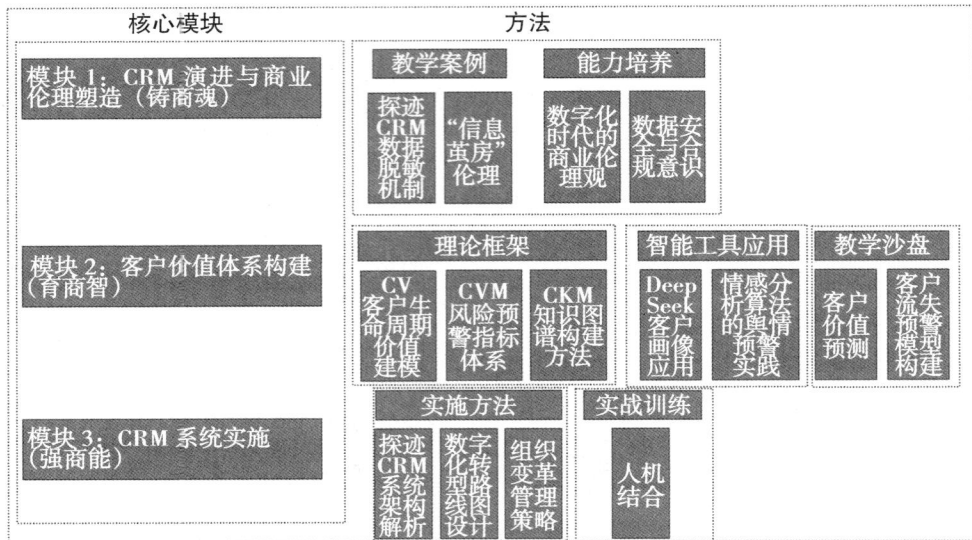

图2　课程内容

（2）熟悉客户价值管理的关键要素：包括顾客价值管理与客户价值管理的内涵、方法和实践应用。

（3）了解客户风险管理与知识管理：掌握客户风险识别、评估与控制的方法，以及客户知识管理的策略与工具。

（4）深入学习CRM系统建设与实施：了解CRM系统的架构设计、实施步骤以及发展现状与趋势。

（5）掌握数字化客户关系管理的核心内容：包括社会化客户关系管理、智能化客户关系管理以及数字化转型中的关键技术和应用场景。

（二）能力目标

（1）数据分析与决策能力：通过学习客户价值管理与风险管理，培养学生运用数据分析工具进行客户洞察和决策支持的能力。

（2）系统设计与实施能力：学生能够参与CRM系统的规划、设计与实施，掌握项目管理的基本方法与工具。

（3）创新思维与实践能力：结合数字化技术，培养学生在客户关系管理领域进行创新思维和实践的能力，能够设计和实施数字化客户关系管理解决方案。

（4）团队协作与沟通能力：通过小组项目和案例讨论，培养学生的团队协作精神和沟通能力，使其能够在团队环境中有效合作。

（三）素质目标

（1）数字化素养：培养学生对数字化技术的敏感度和应用能力，使其能够适应数字化商业环境的变化。

（2）国际视野与跨文化素养：通过引入国际案例和理念，培养学生在全球化背景下的商业思维和跨文化沟通能力。

（3）职业道德与社会责任感：强调客户关系管理中的伦理问题，培养学生在商业活动中遵守职业道德、尊重客户隐私的社会责任感。

三、教学创新改革背景

（一）数字化时代对商科人才的需求变化

随着全球数字化转型的加速，企业对数字化客户关系管理系统（D–CRM）的需求显著增加。据不完全统计，截至 2023 年底，中国在册企业数量高达 5 300 万，然而 CRM 的渗透率却不足 15%；相比于美国 3 100 万的企业数量，CRM 渗透率却已达到 75%。显而易见，中国当前的 CRM 市场潜力依旧巨大。相关研究指出，到 2026 年，中国 CRM 市场规模预计达到 385 亿元，2021—2026 年中国 CRM 整体市场复合增长率约为 20%（如图 3 所示）。[①]

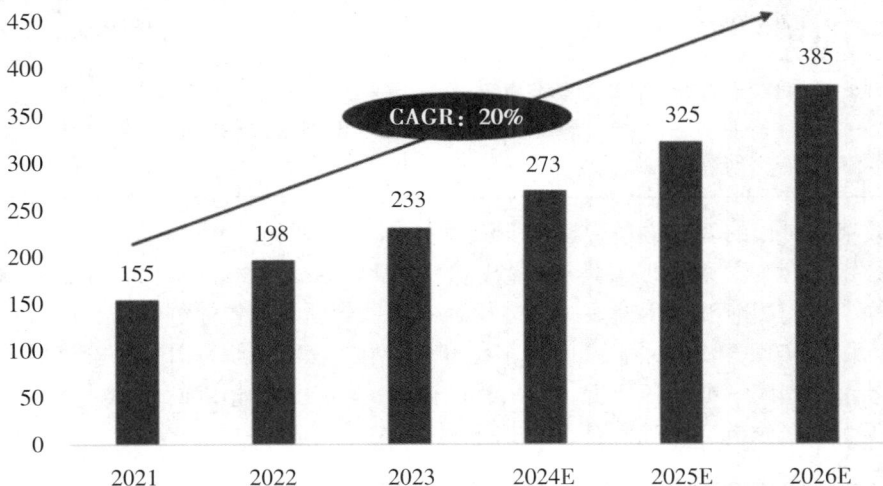

图3　2021—2026年中国CRM市场规模（亿元）

资料来源：作者根据相关资料整理。

---

① 数据主要来源于第一新声研究院。

在数字化时代，随着信息技术的飞速发展和广泛应用，企业的运营模式、市场竞争格局以及客户需求都发生了深刻变革，这对商科人才在客户关系管理方面提出了一系列新的要求。以下是具体要求及相关分析（见表1）：

表1 具体要求及相关分析

需求维度	具体要求	数据示例	实际应用案例
数据意识与分析能力	具备敏锐数据意识，掌握数据收集、整理、清洗和分析技能，从海量数据中提取有价值信息，为决策提供支持	据统计，约70%的企业认为数据分析能力对客户关系管理至关重要	电商企业通过分析客户购买频率、金额和偏好，制定精准营销策略
技术工具运用能力	熟练掌握数字化客户关系管理工具和平台，如CRM系统、营销自动化软件、数据分析工具等，实现管理数字化和智能化	超80%的企业期望商科人才熟练使用CRM系统	企业利用CRM系统进行客户信息管理和销售流程管理
个性化服务能力	深入了解客户需求，制定个性化管理策略，提供定制化产品推荐、服务方案和沟通方式	约65%的客户更倾向个性化服务	根据客户购买历史和偏好推荐新产品和服务套餐
沟通互动能力	具备良好沟通和互动能力，运用多种渠道与客户有效沟通，利用社交媒体等平台进行管理和营销	社交媒体互动可使客户忠诚度提高30%	通过社交媒体回复客户评论和私信，开展营销活动
创新与学习能力	具备创新能力和持续学习意识，关注行业动态，学习新技术和方法，提出创新性解决方案	新兴技术应用使客户关系管理效率提升40%	探索人工智能、区块链在客户关系管理中的应用

数字化时代的客户关系管理高度依赖先进的技术工具。商科人才需要熟练掌握各种数字化客户关系管理工具和平台，如CRM系统、营销自动化软件、数据分析工具等。他们要能够运用这些工具进行客户信息管理、销售流程管理、客户服务管理等工作，实现客户关系管理的数字化和智能化。熟练使用CRM系统进行客户信息的录入、查询、更新和分析，利用营销自动化软件进行精准的营销活动策划和执行，运用数据分析工具对客户数据进行深入挖掘和分析。

（二）传统商科教学在客户关系管理教学中的不足

在数字化时代，传统商科教学在客户关系管理教学方面存在诸多不足，难以满足企业对商科人才的需求和行业发展的要求。具体表现如下（见表2）：

表2 传统商科教学在客户关系管理教学中的不足

不足方面	具体表现	影响
教学内容陈旧	侧重理论知识传授，更新速度慢，对前沿内容涉及少	学生所学与实际应用脱节，无法满足企业需求
教学方法单一	以教师讲授为主，缺乏互动和参与，案例教学陈旧，实践教学薄弱	难以激发学生兴趣，不利于培养实践和创新能力
实践教学不足	实践资源有限，缺乏与企业合作，环节缺乏系统性和连贯性	学生实践能力和职业素养难以提升
教学评估片面	以考试成绩为主，忽视综合素质培养	无法全面评价学生，不利于学生全面发展和职业规划

传统的客户关系管理教学内容往往侧重于理论知识的传授，对客户关系管理的基本概念、原理、方法等进行详细讲解。然而，在数字化时代，客户关系管理领域的实践和应用不断创新和发展，新的技术、工具和方法层出不穷。传统教学内容更新速度较慢，难以跟上行业的发展步伐，导致学生所学知识与实际应用脱节。对大数据分析、人工智能在客户关系管理中的应用等前沿内容涉及较少，学生缺乏对这些新兴技术的了解和掌握，无法满足企业对数字化客户关系管理人才的需求。

数字化客户关系管理是一门实践性很强的学科，需要学生具备较强的实践能力和实际操作经验。然而，传统商科教学在实践教学方面存在明显不足。一方面，实践教学资源有限，缺乏与企业的深度合作，学生难以获得真实的企业项目和实践机会。另一方面，实践教学环节缺乏系统性和连贯性，往往只是作为理论教学的补充，没有形成完整的实践教学体系。学生在实践教学中，往往只是进行一些简单的模拟操作和案例分析，无法真正接触到企业的实际业务和客户关系管理流程，导致学生的实践能力和职业素养难以得到有效提升。

能力缺口分析见表3。

表3 能力缺口分析

企业需求能力	学生现有水平
客户画像构建（机器学习）	60%的学生未接触
CRM系统集成（API调用）	仅20%的学生掌握
数据驱动决策（Tableau）	仅45%的学生能完成基础图表

传统的客户关系管理教学评估以考试成绩为主，侧重于对学生理论知识的考核。这种评估方式无法全面、准确地评价学生的学习效果和能力水平，忽视了学生的实践能力、创新能力、团队协作能力等综合素质的培养。在数字化时代，企业对商科人才的要求更加注重综合素质和实际能力，传统的教学评估方式无法满足企业的用人需求，也不利于学生的全面发展和职业规划。

(三) AI 技术发展为教学创新提供了机遇

随着 AI 技术的飞速发展，其在教育领域的应用也日益广泛，为商科教学中客户关系管理课程的创新提供了前所未有的机遇，从教学方法、教学资源到教学评估等多个方面带来了全新的变革（见表4）。

表4 　　　　　　　　　AI 技术发展为教学创新提供的机遇

机遇维度	具体表现	优势
教学方法创新	根据学生多维度数据定制个性化学习路径和内容，通过智能辅导系统提供即时反馈和指导	实现因材施教，增强学习体验和互动性
教学资源丰富	将多种信息转化为数字化教学资源，自动生成个性化课件、练习题和测试题，实时更新和共享资源	提供多元化、生动化学习材料，拓宽学生视野
教学评估优化	实时采集和分析学生学习数据，构建学习画像，全面评估学生综合素质，提供教学建议和改进方案	评估更全面、客观、准确和及时，提高教学质量

AI 技术为教学方法的创新提供了强大的支持，使教学更加个性化、互动化和智能化。通过机器学习和数据分析技术，AI 能够根据学生的学习进度、知识掌握程度、学习风格和兴趣偏好等多维度数据，为每个学生量身定制个性化的学习路径和教学内容。对于在客户价值评估知识点上掌握较好的学生，AI 系统可以推荐更深入的案例分析和拓展阅读材料，帮助他们进一步提升；而对于理解困难的学生，则提供更多的基础讲解和练习题目，实现因材施教。AI 还可以通过智能辅导系统，如智能聊天机器人，随时解答学生的疑问，提供即时反馈和指导，增强学生的学习体验和互动性。在客户关系管理策略制定的学习中，学生可以与智能辅导系统进行模拟对话，探讨不同策略的优劣和应用场景，从而更好地掌握相关知识和技能（如图4所示）。

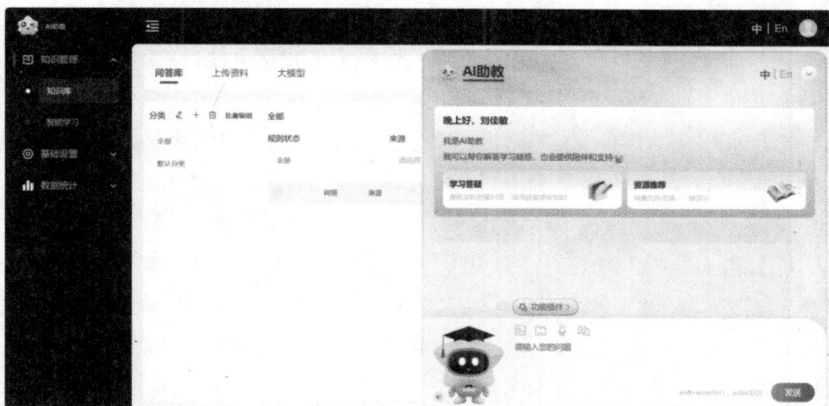

图4 智能聊天机器人

AI 技术的发展极大地丰富了教学资源，为学生提供了更加多元化、生动化的学习材料。通过自然语言处理和图像识别技术，AI 可以将大量的文本、图片、音频和视频等信息转化为数字化教学资源，如虚拟案例、动画演示、模拟实验等。在讲解客户关系管理系统的架构和功能时，可以利用 AI 生成的虚拟场景，让学生直观地了解系统的运行流程和操作方法；通过动画演示，生动地展示客户生命周期管理的各个阶段和关键环节。AI 还可以根据教学需求，自动生成个性化的教学课件、练习题和测试题，满足不同学生的学习需求。同时，AI 技术还能够实现教学资源的实时更新和共享，使学生能够接触到最新的行业动态和实践案例，拓宽学生的视野和知识面（如图5所示）。

图5 AI助教

AI 技术的应用为教学评估带来了新的思路和方法，使评估更加全面、客观、准确和及时。通过对学生学习过程中的数据进行实时采集和分析，如学习时间、参与度、答题情况、互动行为等，AI 可以构建学生的学习画像，全面评估学生的学习效果和能力水平。AI 不仅能够评估学生对知识的掌握程度，还能分析学生的思维方式、创新能力、团队协作能力等综合素质。在客户关系管理课程的小组项目中，AI 可以通过分析学生在团队讨论、任务分配、成果展示等环节的表现，对学生的团队协作能力进行评估。AI 还可以根据评估结果，为教师提供个性化的教学建议和改进方案，帮助教师优化教学内容和方法，提高教学质量。同时，学生也可以通过 AI 评估系统，及时了解自己的学习状况和不足之处，调整学习策略，实现自我提升（如图 6 所示）。

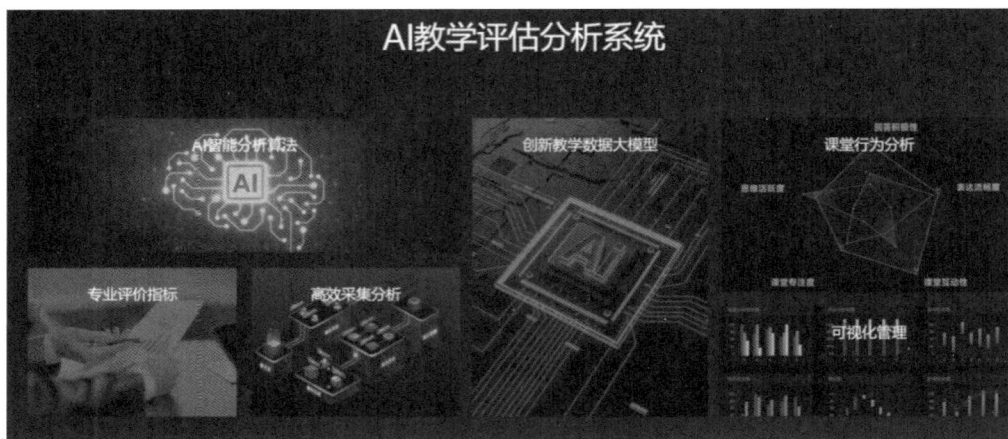

图6　AI教学评估分析系统

（四）教育政策支持

伴随人工智能快速兴起，高等教育正在加速进入智慧教育阶段，"智慧教育元年"已经到来。希望与世界各国高校携手行动，共同把握和适应数字变革时代新要求，夯实智慧教育根基、丰富智慧教育理念、创新智慧教育模式、构建智慧教育生态，不断推动数智赋能、促进开放合作，为构建起数智时代更有韧性、更可持续的高等教育体系作出新的贡献。

四、教学创新理念与设计

（一）以学生为中心的OBE教学理念

在课程教学中，始终秉持以学生为中心的教学理念，将学生置于教学活动的核心位置，充分尊重学生的主体地位，致力于满足学生的个性化学习需求，激发学生的学习积极性和主动性。

在课程内容的设计上，充分考虑学生的知识基础、兴趣爱好和职业发展规划。通过课前问卷调查、课堂互动交流以及课后反馈收集等方式，深入了解学生对数字化客户关系管理领域的认知程度和学习期望。根据学生的反馈，对课程内容进行精心编排，不仅涵盖客户关系管理的基本理论、数字化技术在客户关系管理中的应用等核心知识，还引入了丰富的实际案例和行业前沿动态，使课程内容既具有系统性和理论性，又具有实用性和趣味性。对于对数据分析感兴趣的学生，在教学中增加了大数据分析在客户关系管理中的应用案例和实践操作环节，引导学生运用数据分析工具对客户数据进行深入挖掘和分析；对于关注市场营销的学生，重点讲解数字化客户关系管理与精准营销的结合，通过实际项目让学生体验如何利用客户关系管理数据制定营销策略。

在教学方法的选择上，摒弃传统的单一讲授式教学，采用多样化的教学方法，以满足不同学生的学习风格和需求。例如，运用项目式学习法，将学生分成小组，让他们完成一个实际的数字化客户关系管理项目，如为某企业设计客户关系管理系统的优化方案或制定基于客户数据分析的营销策略。在项目实施过程中，学生需要自主收集资料、分析问题、制订解决方案，并进行团队协作和沟通，从而全面提升他们的实践能力和综合素质。案例教学法也是常用的教学方法之一，通过引入大量真实的企业客户关系管理案例，让学生在分析和讨论案例的过程中，加深对理论知识的理解和提高应用能力。在讲解客户价值管理时，引入某电商企业通过客户价值分析实现精准营销和客户留存的案例，让学生分析该企业是如何运用客户价值评估模型来识别高价值客户，并针对不同价值客户制定差异化的营销策略，从而提高客户满意度和忠诚度。

（二）融合AI技术的教学思路

积极融合AI技术，将其贯穿于教学内容、教学过程和教学评价等各个环节，以提升教学效果和学生的学习体验。

在教学内容方面，将AI技术在客户关系管理中的应用作为重点内容进行讲解。详细介绍AI技术中的自然语言处理、机器学习、深度学习等技术在客户服务自动化、客户数据分析、客户细分、精准营销等方面的应用原理和实践案例。通过实际案例分析，让学生了解 AI 技术如何帮助企业实现客户关系管理的智能化和精细化。讲解自然语言处理技术在聊天机器人中的应用，通过展示某企业的智能客服聊天机器人案例，让学生了解聊天机器人如何运用自然语言处理技术理解客户的问题，并提供准确的回答和解决方案，从而提高客户服务效率和质量。还会介绍机器学习算法在客户细分中的应用，通过实际数据和算法演示，让学生掌握如何运用聚类分析等机器学习算法对客户进行细分，为企业制定精准的营销策略提供依据。

在教学过程中，利用 AI 技术丰富教学手段和教学资源。借助智能教学平台，实现教学内容的个性化推送和学习进度的实时跟踪。通过对学生学习数据的分析，了解学生的学习情况和需求，为学生推荐适合他们的学习内容和学习路径。利用 AI 技术开发虚拟实验和模拟场景，让学生在虚拟环境中进行客户关系管理的实践操作，提高学生的实践能力和应对实际问题的能力。开发一个基于 AI 技术的客户关系管理模拟系统，学生可以在系统中模拟企业的客户关系管理流程，包括客户信息录入、客户数据分析、客户服务处理等环节，系统会根据学生的操作和决策给出实时反馈和评价，帮助学生不断改进和提高。

在教学评价方面，引入 AI 技术实现教学评价的智能化和多元化。利用 AI 技术对学生的作业、考试、课堂表现等数据进行分析，全面、客观地评价学生的学习成果和学习能力。AI 系统可以自动批改作业和试卷，不仅提高了批改效率，还能通过对学生答题情况的分析，发现学生的知识薄弱点和学习问题，为教师提供有针对性的教学建议。利用 AI 技术进行学生学习过程的评价，通过分析学生在学习平台上的学习行为数据，如学习时间、参与讨论的积极性、资源访问情况等，评价学生的学习态度和学习过程，从而实现对学生的全面评价。

（三）基于真实场景的教学情境设计

为了让学生更好地理解和掌握数字化客户关系管理的知识和技能，在教学中注重基于真实场景的教学情境设计，创设与企业实际业务紧密结合的教学情境，让学生在实践中学习和成长。

与探迹企业合作，引入真实的客户关系管理项目和案例。通过与企业建立合作关系，获取企业在客户关系管理过程中遇到的实际问题和项目需求，将其融入教学中。让学生以项目团队的形式参与企业的客户关系管理项目，如为企业进行客户数据分析、制定客户关系管理策略、优化客户服务流程等。在项目实施过程中，学生需要与企业的相关人员进行沟通和协作，了解企业的业务流程和客户需求，运用所学知识解决实际问题。通过参与这样的真实项目，学生不仅能够将理论知识应用到实践中，还能了解企业的实际运作和市场需求，提高自己的职业素养和实践能力（如图7所示）。

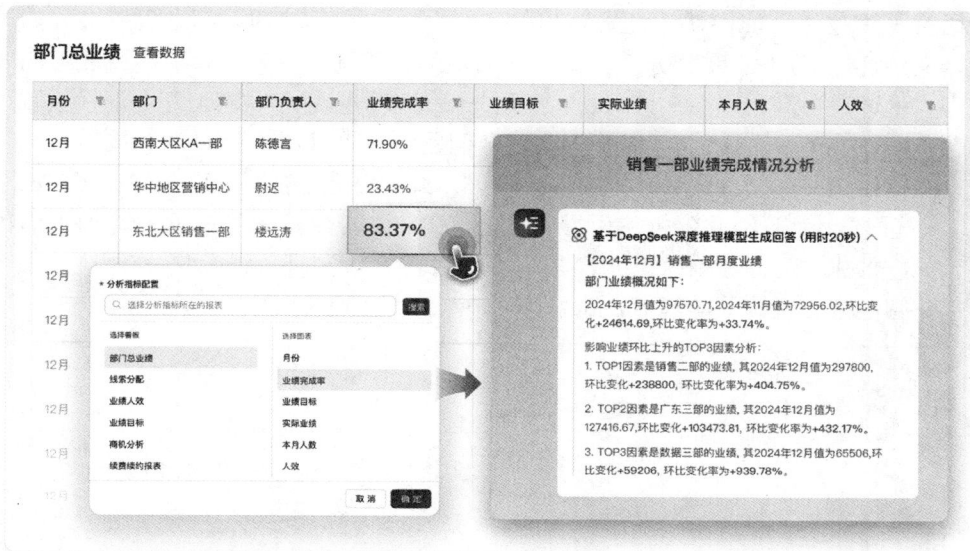

图7 基于真实场景的教学情境设计

利用数字化技术搭建模拟企业运营环境的教学平台。通过虚拟仿真技术、云计算等数字化手段，搭建一个模拟企业运营环境的教学平台，让学生在平台上模拟企业的客户关系管理活动。在平台上，学生可以模拟企业的客户获取、客户维护、客户服务等业务流程，与虚拟客户进行互动，处理各种客户关系管理问题。平台还会根据学生的操作和决策生成相应的业务数据和反馈信息，让学生了解自己的决策对企业业务的影响。利用这样的教学平台，学生可以在一个相对真实的环境中进行实践操作，提高自己的实际操作能力和解决问题的能力。

五、教学创新改革措施

（一）教学内容创新

1.引入 AI 应用案例

在数字化客户关系管理的教学中，精心挑选并深入分析一系列具有代表性的 AI 在客户关系管理中的实际应用案例，以帮助学生更好地理解和掌握相关知识与技能。

以某大型电商企业为例，该企业利用探迹的 AI 技术实现了智能客服系统的全面升级。以往，面对海量的客户咨询，人工客服常常应接不暇，导致客户等待时间过长，满意度下降。引入 AI 智能客服后，情况得到了极大改善。智能客服基于自然语言处理技术，能够快速理解客户的问题，并从庞大的知识库中提取准确的答案，实现 24 小时不间断服务。在促销活动期间，咨询量暴增，智能客服能够同时处理大量客户咨询，解答常见问题，如商品信息查询、订单状态追踪、退换货政策等，准确率高达 90% 以上。对于一些复杂问题，智能客服还能自动转接给人工客服，并提供相关的问题背景和解决方案建议，大大提高了客服工作效率和客户满意度。通过对这个案例的分析，引导学生思考 AI 智能客服在客户关系管理中的优势，如降低成本、提高响应速度、提升服务的一致性等，以及如何在实际应用中不断优化智能客服系统，使其更好地服务客户（如图 8 所示）。

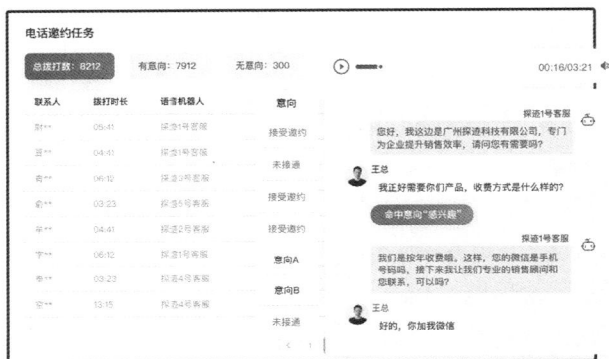

图 8　AI 智能客服

2.实时更新行业动态

为了使学生能够及时了解行业最新的数字化客户关系管理趋势和实践，采取了多种措施将行业动态纳入教学。

建立了行业信息收集机制，通过订阅权威的行业报告、资讯平台，如 Gartner、IDC 等发布的客户关系管理相关报告，以及关注知名商业媒体，如《哈佛商业评论》《财经》等对数字化客户关系管理的报道，及时获取行业的最新动态和前沿研究成果。安排专门的教师团队对收集到的信息进行筛选、整理和分析，将有价值的内容融入教学中。如果近期行业内出现了新的数字化客户关系管理技术应用案例，或者有企业在客户关系管理方面取得了创新性的成果，教师会在课堂上及时分享，并组织学生进行讨论和分析。

邀请行业专家走进课堂，开展专题讲座和交流活动。定期邀请在数字化客户关系管理领域具有丰富实践经验的企业高管、技术专家等来校举办讲座。他们会分享所在企业在数字化客户关系管理方面的实践经验、遇到的问题及解决方案，以及对行业未来发展趋势的看法。专家们还会与学生进行互动交流，解答学生的疑问，使学生能够直接接触到行业一线的信息和经验。邀请某知名企业的客户关系管理总监来校，介绍该企业在数字化转型过程中，如何利用 AI 和大数据技术实现客户关系管理的创新与升级，分享他们在实施过程中的挑战和应对策略，让学生对行业实践有更直观、更深入的了解（如图9所示）。

图9　行业专家走进课堂

3.强化实践教学环节

在数字化客户关系管理教学中，高度重视实践教学环节，通过精心设计和有效实施多种实践教学活动，培养学生的实际操作能力和解决问题的能力。

开展项目实践，与企业合作引入真实的客户关系管理项目。与多家企业建立了合作关系，为学生提供参与实际项目的机会。学生以项目团队的形式参与企业的客户关系管理项目，如为企业进行客户数据分析、制定客户关系管理策略、优化客户服务流程等。在项目实施过程中，学生需要深入企业了解业务流程和客户需求，收集和分析相关数据，运用所学知识制订解决方案，并与企业团队进行沟通和协作。在为一家零售企业进行客户数据分析项目中，学生首先收集了该企业的销售数据、客户购买记录、客户反馈等信息，然后运用数据分析工具和算法对数据进行清洗、整理和分析，挖掘客户的购买行为模式、偏好和潜在需求。根据分析结果，学生为企业制定了个性化的营销策略和客户服务改进方案，如针对不同客户群体开展精准营销活动、优化客户服务流程以提高客户满意度等。通过这个项目，学生不仅将理论知识应用到了实践中，还锻炼了团队协作能力、沟通能力和解决实际问题的能力。

设计模拟实验，利用专业的客户关系管理模拟软件和平台，让学生在虚拟环境中进行客户关系管理的模拟操作。模拟软件提供了丰富的功能和场景，学生可以模拟企业的客户获取、客户维护、客户服务等业务流程，与虚拟客户进行互动，处理各种客户关系管理问题。在模拟实验中，设置了不同的市场情境和客户需求，如市场竞争加剧、客户需求变化等，要求学生根据实际情况制定相应的客户关系管理策略，并观察策略的实施效果。通过模拟实验，学生可以在相对安全和可控的环境中进行实践操作，反复尝试不同的策略和方法，积累实践经验，提高自己的实际操作能力和应对复杂情况的能力。例如，在模拟客户服务环节，学生需要扮演客服人员，处理虚拟客户的投诉和咨询，通过与客户的互动，提高自己的沟通技巧和问题解决能力，同时了解客户服务在客户关系管理中的重要性和实际操作方法（如图10所示）。

图10　模拟实验

（二）教学方法创新

1.项目式学习

在数字化客户关系管理教学中，积极采用项目式学习方法，组织学生开展数字化客户关系管理项目，以培养学生的综合能力。

项目式学习以实际的客户关系管理项目为载体，将学生分成小组，每个小组负责一个完整的项目。在项目开始前，教师会根据教学目标和学生的实际情况，精心选择或设计具有一定挑战性和实际应用价值的项目。为某企业设计数字化客户关系管理系统的优化方案，或者制定基于客户数据分析的精准营销策略等。

在项目实施过程中，教师引导学生按照项目管理的流程和方法进行操作。学生首先需要进行项目需求分析，与企业相关人员进行沟通，了解企业的业务现状、客户关系管理存在的问题以及期望达到的目标。然后，学生根据需求分析结果，制订项目计划，明确项目的目标、任务、时间安排和人员分工。在项目执行阶段，学生运用所学的数字化客户关系管理知识和技能，开展各项工作。进行客户数据收集与整理，运用数据分析工具对数据进行深入分析，挖掘客户的潜在需求和行为模式；根据分析结果，设计客户关系管理策略，如客户细分、个性化营销、客户服务优化等方案；利用数字化工具和平台，搭建客户关系管理系统或实施营销活动。在项目实施过程中，学生需要不断地进行团队协作和沟通，共同解决遇到的问题。

项目完成后，学生需要进行项目成果展示和汇报。每个小组通过 PPT 演示、项目报告等形式，向教师和其他同学展示项目的实施过程、成果和经验教训。教师和其他同学会对项目成果进行评价和反馈，提出改进意见和建议。通过项目成果展示和汇报，学生不仅可以锻炼自己的表达能力和展示能力，还可以从其他小组的项目中学习到不同的思路和方法，拓宽自己的视野（如图 11 所示）。

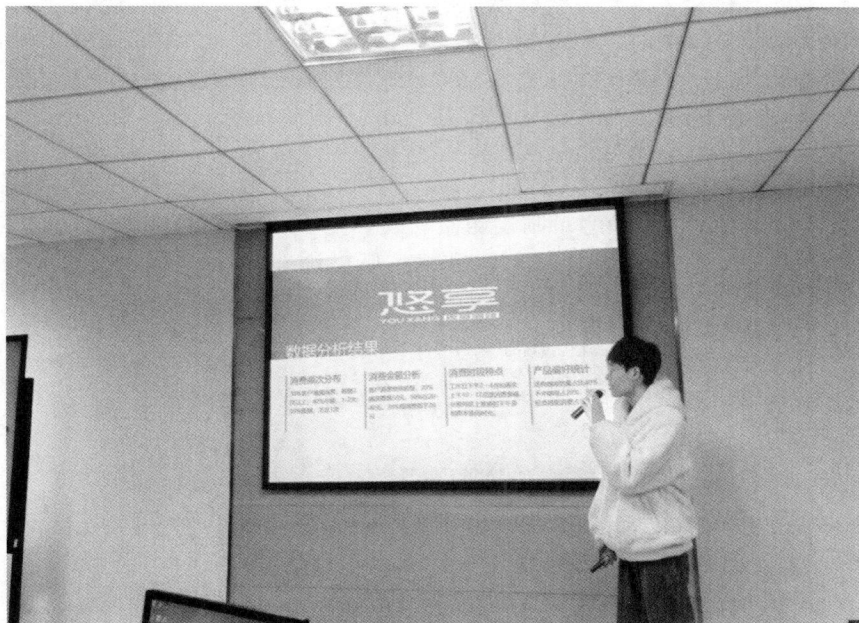

图 11 项目成果展示和汇报

2.情境仿真教学

情境仿真教学是一种通过创设逼真的客户关系管理场景，让学生在模拟环境中体验和学习的教学方法。在数字化客户关系管理教学中，充分利用情境仿真教学，帮助学生更好地理解和掌握客户关系管理的实际操作和流程。

通过案例分析和角色扮演等方式进行情境仿真教学。选择真实的企业客户关系管理案例，将案例中的场景和问题进行详细描述和呈现。学生根据案例中的情境，进行角色扮演，模拟企业在客户关系管理过程中的各种行为和决策。在一个关于客户投诉处理的案例中，学生分别扮演客户、客服代表和客户关系经理。客户提出投诉，客服代表负责接待和处理投诉，客户关系经理则对投诉处理过程进行监督和指导。通过这种角色扮演，学生可以深入了解客户投诉处理的流程和方法，学会如何有效地与客户沟通，解决客户的问题，提高客户满意度。

在情境仿真教学过程中，教师会设置各种突发情况和挑战，以增加教学的趣味性和挑战性，如客户情绪激动、提出不合理要求、出现系统故障等，让学生在应对这些情况的过程中，锻炼自己的应变能力和解决问题的能力。教师还会对学生的表现进行实时观察和评价，及时给予反馈和指导，帮助学生不断改进和提高。

3.线上线下混合式教学

线上线下混合式教学是将传统的面对面教学与在线教学相结合的一种教学模式。在数字化客户关系管理教学中，充分利用线上线下混合式教学，整合教学资源，优化教学活动，提高教学效果。

在线上教学方面，利用学习管理系统超星平台等，搭建数字化教学平台。在平台上发布教学视频、电子教材、课件、案例分析、在线测试等教学资源，供学生自主学习。教学视频由教师精心录制，涵盖了数字化客户关系管理的各个知识点和技能点，学生可以根据自己的学习进度和需求，随时随地进行观看和学习。电子教材和课件则提供了系统的知识框架和详细的内容讲解，方便学生查阅和复习。案例分析和在线测试可以帮助学生巩固所学知识，检验学习效果。学生还可以通过在线讨论区、即时通信工具等与教师和其他同学进行交流和互动，分享学习心得，解决学习中遇到的问题（如图12所示）。

在线下教学方面，教师主要进行课堂讲授、小组讨论、实践操作指导等教学活动。在课堂讲授中，教师对数字化客户关系管理的重点和难点知识进行深入讲解，结合实际案例进行分析，帮助学生理解和掌握。小组讨论则是组织学生针对特定的问题或案例进行讨论，促进学生之间的思想碰撞和交流，培养学生的团队协作能力和批判性思维能力。在实践操作指导中，教师指导学生进行项目实践、模拟实验等，帮助学生将理论知识应用到实践中，提高学生的实际操作能力（如图13所示）。

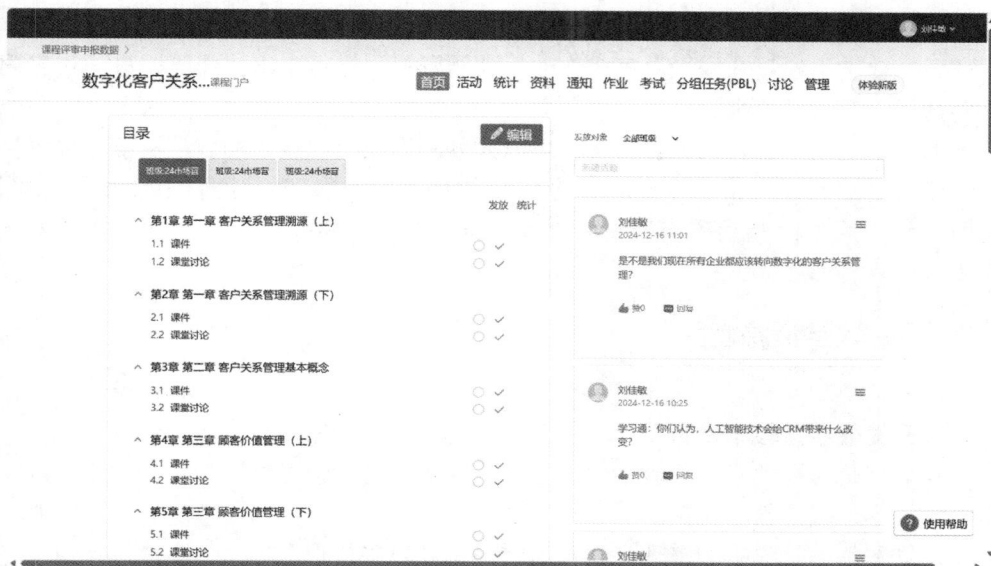

图12 线上教学

图13 线下教学

在教学活动的组织上，采用线上线下相结合的方式。在课程开始前，教师通过线上平台发布预习任务，让学生提前学习相关的理论知识和案例，为线下课堂教学做好准备。在课堂教学中，教师结合学生的预习情况，进行有针对性的讲解和讨论，引导学生深入思考和分析问题。课堂教学结束后，教师布置线上作业和拓展学习任务，让学生通过在线平台完成作业、查阅资料、进行小组协作等，进一步巩固所学知识，拓展学习视野。

通过线上线下混合式教学，学生可以充分利用线上和线下的教学资源，根据自己的学习特点和需求，选择合适的学习方式和时间，提高学习的自主性和灵活性。同时，线上线下的互动和交流也可以增强学生的学习积极性和参与度，提高教学效果。

（三）教学资源创新

1.开发数字化教学资源

在数字化客户关系管理教学中，高度重视数字化教学资源的开发和利用，以丰富教学内容，提高教学质量。

建立案例库，收集和整理了大量与数字化客户关系管理相关的案例，建立了丰富的案例库。案例库中的案例涵盖了不同行业、不同规模的企业，包括成功案例和失败案例。成功案例展示了企业在数字化客户关系管理方面的创新实践和取得的成果，如某企业如何利用 AI 技术实现客户服务的智能化升级，提高客户满意度和忠诚度；失败案例则分析了企业在客户关系管理中存在的问题和教训，如某企业客户数据管理不善，导致客户信息泄露，给企业带来了严重的损失。在教学中，教师根据教学内容和目标，选择合适的案例进行分析和讨论，引导学生从案例中学习经验，吸取教训，提高解决实际问题的能力。案例库还会不断更新和完善，以反映行业的最新发展动态和实践经验。

2.搭建 AI 辅助教学平台

为了实现个性化学习支持，利用 AI 技术搭建了智能教学平台，为学生提供更加智能化、个性化的学习体验。

AI 辅助教学平台具有以下功能：

个性化学习路径推荐：平台通过对学生的学习数据进行分析，包括学习进度、作业完成情况、考试成绩、在线学习行为等，了解学生的学习特点和需求，为每个学生推荐个性化的学习路径。对于在客户数据分析方面表现较弱的学生，平台会推荐相关的数据分析课程、案例和练习题，帮助学生提高这方面的能力；对于学习进度较快的学生，平台会提供更具挑战性的学习内容，满足他们的学习需求。平台还会根据学生的学习情况实时调整学习路径，确保学习路径的有效性和适应性。

智能辅导与答疑：平台内置了智能辅导系统，通过自然语言处理技术，理解学生的问题，并运用知识库和推理算法为学生提供准确的解答。学生在学习过程中遇到问题时，可以随时向智能辅导系统提问，系统会根据学生的问题提供详细的解释和指导。智能辅导系统还可以根据学生的问题和学习情况，推荐相关的学习资源和知识点，帮助学生更好地理解和掌握知识。对于一些常见问题，智能辅导系统可以快速给出答案，提高答疑效率；对于复杂问题，系统会引导学生逐步分析和解决问题，培养学生的思维能力和解决问题的能力。

学习效果评估与反馈：平台利用 AI 技术对学生的学习效果进行实时评估和反馈。通过分析学生的作业、考试、课堂表现等数据，平台可以全面、客观地评价学生的学习成果和学习能力，及时发现学生的学习问题和不足之处，并向学生和教师提供详细的反馈报告。反馈报告不仅包括学生的学习成绩和排名，还会分析学生在各个知识点和技能点上的掌握情况，指出学生的优势和劣势，为学生提供个性化的学习建议和改进措施。教师可以根据反馈报告，调整教学策略和方法，为学生提供更有针对性的指导和帮助。

学习资源智能推荐：平台根据学生的学习需求和兴趣，为学生智能推荐相关的学习资源，如教学视频、电子教材、案例分析、学术论文等。推荐的学习资源不仅来自平台自身的资源库，还会整合互联网上的优质资源，为学生提供更广泛的学习渠道。平台会根据学生对推荐资源的使用情况和反馈，不断优化推荐算法，提高推荐的准确性和有效性。

六、教学创新成效

（一）学生学习成果

1.知识掌握程度提升

通过教学创新改革，学生在课程中的知识掌握程度得到了显著提升。学生对于客户生命周期、客户价值分析等知识点的理解和应用更加准确，在数字化技术应用部分，在涉及大数据分析、人工智能算法在客户关系管理中的应用等实践，学生的操作能力也有了明显提升。

从作业完成情况来看，学生对于课程知识的理解和运用能力也有了长足进步。在客户价值管理的作业中，学生能够熟练运用 RFM 模型、CLV 模型等方法对给定的客户数据进行分析，准确评估客户价值，并提出相应的客户关系管理策略，作业的优秀率（90分及以上）从 5% 提高到了 15%。对于客户风险管理和客户知识管理的作业，学生能够全面分析客户风险类型，提出有效的风险应对措施，同时在客户知识的获取、共享和应用方面也展现出了更深入的理解，作业质量明显提升。

2.实践能力增强

在实践项目中，学生的表现充分展示了其实践能力的增强。以客户关系管理方案设计项目为例，学生能够深入企业进行调研，了解企业的业务流程、客户需求和现有客户关系管理存在的问题。然后，运用所学的数字化客户关系管理知识和技能，为企业设计出具有针对性和可操作性的客户关系管理方案。在为一家零售企业设计客户关系管理方案时，学生通过对该企业的销售数据、客户购买记录和反馈信息的分析，发现客户流失的主要原因是客户服务不到位和营销活动缺乏针对性。针对这些问题，学生提出了利用人工智能客服提高客户服务效率、运用大数据分析进行精准营销等一系列改进措施，并制订了详细的实施计划。

（二）教学反馈与评价

1.学生满意度调查

学生满意度调查结果显示，学生对课程教学的满意度大幅度提升。在对教学内容的满意度方面，85%的学生认为教学内容丰富、新颖，紧密结合了行业实际和数字化技术发展趋势，能够满足他们对数字化客户关系管理知识的学习需求。对于教学方法，88%的学生表示喜欢项目式学习、情境仿真教学和线上线下混合式教学等创新教学方法，认为这些方法能够激发他们的学习兴趣，提高学习效果。在对教师教学的评价中，92%的学生认为教师专业知识扎实、教学态度认真，能够有效地引导他们学习和解决问题。

学生在意见建议中提到，希望能够增加更多的企业实践机会，进一步加强与企业的合作，让他们能够接触到更多真实的客户关系管理项目和问题。同时，也希望教师能够提供更多的个性化指导，根据学生的不同学习进度和能力水平，制订更有针对性的学习计划和任务。

2.同行评价

同行对课程教学创新给予了高度评价和认可。在教学观摩和交流活动中，同行教师认为该课程的教学内容具有前瞻性和实用性，能够将最新的数字化技术和客户关系管理理念融入教学中，使学生能够接触到行业前沿知识。教学方法的创新也得到了同行的一致好评，项目式学习、情境仿真教学等方法的运用，有效地提高了学生的参与度和实践能力，培养了学生的创新思维和解决实际问题的能力。

七、结论与展望

（一）教学创新改革的总结

在课程教学中，通过深入贯彻以学生为中心的教学理念，积极融合 AI 技术，精心设计基于真实场景的教学情境，实施了一系列富有成效的教学创新改革措施。在教学内容上，引入丰富的 AI 应用案例，实时更新行业动态，强化实践教学环节，使学生能够接触到最前沿的知识和实际操作经验，将理论与实践紧密结合。教学方法上，采用项目式学习、情境仿真教学和线上线下混合式教学等多种创新方法，充分激发学生的学习兴趣和主动性，培养学生的综合能力和创新思维。在教学资源方面，开发数字化教学资源，搭建 AI 辅助教学平台，为学生提供了多样化的学习渠道和个性化的学习支持。

这些创新改革措施取得了显著的成效。学生在知识掌握程度上有了明显提升，对客户关系管理的基本理论、数字化技术应用以及相关领域的知识理解更加深入，在课程考试和作业中表现出色。实践能力得到了极大增强，能够熟练运用所学知识和技能解决实际问题，在实践项目和客户数据分析中取得了良好的成果，为未来的职业发展奠定了坚实的基础。创新思维也得到了有效激发，学生在课程学习中积极思考，提出了许多具有创新性的想法和解决方案，在各类竞赛和项目中展现出了独特的创新能力。

教学反馈与评价也充分肯定了教学创新改革的成果。学生满意度调查显示，学生对课程教学的满意度高，对教学内容、教学方法和教师教学都给予了高度评价。同行评价中，对课程的教学创新给予了认可，认为课程在教学内容、教学方法和教学资源等方面都具有示范作用。

（二）存在的问题与改进方向

尽管在教学创新过程中取得了显著成效，但也存在一些问题需要进一步改进。在教学内容方面，虽然引入了 AI 应用案例和行业动态，但随着技术的快速发展，部分内容仍可能存在更新不及时的情况。未来将加强对行业动态的跟踪和研究，建立更加及时有效的信息收集和更新机制，确保教学内容始终与行业前沿保持同步。实践教学环节虽然得到了强化，但在与企业的深度合作上还存在不足，学生参与企业实际项目的机会还不够多。后续将积极拓展与企业的合作渠道，建立长期稳定的合作关系，为学生提供更多参与企业实际项目的机会，让学生在真实的工作环境中锻炼和成长。

在教学方法上，虽然采用了多种创新教学方法，但在实施过程中，部分学生可能对某些教学方法的适应程度不同。今后将更加关注学生的个体差异，根据学生的学习特点和需求，灵活调整教学方法，提供更加个性化的教学服务。同时，加强对教学方法的培训和指导，提高教师运用创新教学方法的能力和水平。在教学资源方面，虽然开发了数字化教学资源和搭建了 AI 辅助教学平台，但在资源的质量和平台的功能完善上还有提升空间。将加大对教学资源开发的投入，邀请行业专家和技术人员参与教学资源的开发，提高资源的质量和实用性。持续优化 AI 辅助教学平台的功能，根据学生的使用反馈和教学需求，不断完善平台的各项功能，提高平台的智能化水平和用户体验。

（三）未来发展展望

展望未来，AI 赋能数字化客户关系管理教学具有广阔的发展前景。随着 AI 技术的不断发展和应用，将有更多先进的 AI 技术和工具融入教学中，为教学带来更多的创新和变革。在教学内容上，将更加注重培养学生的 AI 应用能力和创新思维，引入更多基于 AI 技术的客户关系管理创新实践案例，让学生深入了解 AI 在客户关系管理领域的最新应用和发展趋势。在教学方法上，将进一步探索基于 AI 的智能化教学方法，如智能辅导、自适应学习等，实现教学的个性化和智能化，满足不同学生的学习需求。

在教学资源方面，将利用 AI 技术开发更加丰富多样的教学资源，如虚拟实验室、智能教材等，为学生提供更加沉浸式的学习体验。同时，加强与企业的合作，引入企业的实际项目和数据，让教学资源更加贴近实际工作场景。在人才培养方面，将更加注重培养学生的综合素质和跨学科能力，使学生不仅具备扎实的数字化客户关系管理知识和技能，还具备良好的沟通能力、团队协作能力和创新能力，能够适应未来数字化时代的发展需求。通过不断的教学创新和改革，为社会培养更多优秀的数字化客户关系管理专业人才，推动行业的发展和进步。

编写人："数字化客户关系管理"课程教学团队

"数字营销"课程教学数字化改革与实践

一、课程简介

  "数字营销"是市场营销专业的一门核心课程，紧跟时代步伐，聚焦于互联网时代下营销方式的革新与变化。这门课程致力于让学生全面了解并掌握在数字化环境中，如何高效运用各种工具和策略，来推广产品和服务，触达目标客户，并实现销售增长。

  课程内容丰富多样，一方面涵盖了数字营销的基础概念，比如数字营销的基本框架、常见的数字营销渠道等，让学生对数字营销有一个宏观的认识；另一方面深入到了具体的实践操作层面，像如何撰写吸引人的网络广告文案、怎样设计有效的社交媒体营销活动、怎样利用搜索引擎优化提升网站流量等，帮助学生将理论知识转化为实际技能。

  在教学过程中，注重理论与实践相结合。通过分析真实的数字营销案例，让学生了解成功营销活动的背后逻辑和策略；同时，还会安排实践项目，让学生亲自上手，从市场调研、目标客户分析，到营销策略制定、执行及效果评估，全程参与，亲身体验数字营销的魅力与挑战。

  此外，课程还紧跟行业动态，不断更新教学内容，引入最新的数字营销趋势和技术，如短视频营销、直播带货、大数据精准营销等，确保学生所学知识与市场需求紧密相联，毕业后能够迅速适应职场环境，成为企业数字营销领域的得力干将。

  总之，"数字营销"这门课程不仅为学生提供了丰富的数字营销知识，更培养了他们的实践能力和创新思维，为他们在未来的职业生涯中脱颖而出奠定了坚实的基础。

二、课程目标

  市场营销专业"数字营销"课程教学目标设计围绕知识目标、能力目标、素质与育人目标三个维度展开，旨在构建适应数字经济时代需求的复合型营销人才培养体系，具体如下：

  知识目标聚焦于构建数字营销全域知识框架，奠定专业理论根基。课程要求学生系统掌握数字营销的基础理论，涵盖数字营销概念演变、技术驱动逻辑及消费者行为数字化特征，能够运用4P、4C等经典模型分析数字环境下的营销策略差异。在此基础上，需深入理解数字营销技术工具的运作机制，包括搜索引擎优化（SEO）、社交媒体算法逻辑、内容管理系统操作及数据可视化分析工具的应用场景。同时，课程强调对行业前沿趋势的敏锐洞察，要求学生掌握短视频营销、直播电商、私域流量运营等新兴业态的运作模式，理解元宇宙、Web3.0等未来趋势对营销生态的潜在影响。知识目标的达成需通过"理论讲授+案例研讨+工具实操"三位一体教学模式，最终形成"基础理论—工具方法—行业应用"的完整知识闭环。

能力目标侧重于培养复合型数字营销实战能力，塑造解决复杂问题的创新素养。课程要求学生具备全链路营销策划能力，能够独立完成从市场洞察、用户画像到营销策略制定的完整流程。同时，课程强调跨平台整合营销能力，要求学生掌握微信生态（公众号、小程序、视频号）、小红书种草逻辑等差异化平台运营规则。此外，数据驱动决策能力是数字营销的核心能力之一，学生需掌握Python等基础数据分析技能，并基于数据结论调整广告投放策略。能力目标的实现依托"项目制学习（PBL）+企业真实课题+行业认证"的实践体系，显著提升就业竞争力。

素质与育人目标强调数字时代营销伦理与社会责任，培育具有人文关怀的新商科人才。课程注重数字营销伦理意识的培养，通过"算法偏见""虚假广告"等负面案例分析，引导学生思考数据隐私保护、算法公平性、内容真实性等伦理准则，例如在个性化推荐系统设计中，学生要权衡用户体验与隐私保护的边界。同时，课程强调跨文化沟通能力与全球视野，要求学生理解不同文化背景下的营销差异，掌握多语言内容适配、国际支付合规等技能，培养具有国际竞争力的数字营销人才。例如，在跨境电商营销项目中，学生需设计符合海外消费者文化偏好的广告素材，并解决不同国家地区的支付与物流障碍。此外，课程引入ESG（环境、社会、治理）营销理念，要求学生思考如何通过数字营销推动社会价值创造，例如通过设计"绿色消费"主题的公益营销活动，学生需平衡商业目标与社会影响。育人目标的实现需构建"课程思政+行业实践+社会服务"的三维育人体系，例如通过参与乡村振兴数字营销项目，学生可将专业知识转化为服务社会的实际行动，实现"知行合一"的育人目标。

综上所述，"数字营销"课程的教学目标设计以"知识—能力—素质"三维融合为核心理念，既注重数字营销专业能力的深度培养，又强调职业伦理与社会责任的广度拓展。通过构建"理论—实践—育人"的闭环体系，课程致力于培养既懂技术、会策划，又具人文关怀、社会责任感的复合型数字营销人才，为数字经济时代的新商科教育提供创新范式。这种教学目标不仅符合市场营销专业的发展趋势，更能为学生在未来职场中应对复杂挑战提供坚实支撑，真正实现"以数字技术赋能营销创新，以人文精神引领商业发展"的教育愿景。

三、数字化教学创新改革背景

在当今数字化浪潮席卷全球的背景下，市场营销专业正经历着前所未有的变革。随着智能手机普及、社交媒体兴起以及大数据技术的广泛应用，消费者的购物习惯、信息获取方式和决策过程发生了根本性改变。传统营销中依赖经验判断的广告投放、渠道管理、品牌推广等模式，已难以适应数字时代快速迭代的市场环境。这种变革对市场营销人才的培养提出了全新要求，促使"数字营销"课程必须进行数字化教学创新改革，以培养能够驾驭数字工具、洞察数字趋势、创造数字价值的复合型人才。

消费者行为的全面数字化是推动课程改革的直接动力。现代消费者每天通过手机接触海量信息，购物决策往往始于社交媒体推荐、短视频内容种草或直播间的即时互动。这种变化要求营销人员必须掌握数字渠道的运营逻辑，能够运用数据分析工具精准识别用户需求，并通过个性化内容实现高效触达。例如，如何利用抖音算法推荐机制让产品视频获得百万级曝光？如何通过微信生态的私域流量运营提升用户复购率？这些问题的解决需要学生既理解数字平台的运作规则，又具备数据驱动的决策能力，而传统营销课程中基于大众传播理论的模型已难以提供有效指导。

营销技术的飞速迭代正在重塑行业技能图谱。从早期的搜索引擎优化、社交媒体广告，到如今的人工智能内容生成、虚拟现实体验营销，技术工具的更新速度远超教材编写周期。企业招聘时越来越看重求职者对新兴技术的敏感度与应用能力，如是否熟悉 DeepSeek 在文案创作中的应用。课程必须打破"理论滞后于实践"的困境，通过引入企业真实项目、与科技公司共建实验室等方式，让学生接触行业前沿技术，培养快速学习和持续创新的能力。

数据要素的资产化进程对营销决策模式产生根本性影响。企业正从"经验驱动"转向"数据驱动"，营销决策越来越依赖用户行为数据、市场趋势数据、竞品情报数据的交叉分析。这种转变要求学生不仅会使用 Excel 制作报表，更要掌握 Python 进行数据分析、Tableau 进行可视化呈现的全流程技能。例如，如何通过用户画像分析找到高价值客户群体？这些能力的训练需要课程构建"数据采集—清洗—建模—应用"的完整闭环，使学生能够从海量数据中提炼关键洞察，支撑精准营销策略制定。

数字营销生态的全球化特征要求培养具有国际视野的人才。跨境电商的蓬勃发展、TikTok 等平台的全球化布局，使得营销活动不再受地域限制。企业需要能够同时理解中外文化差异、掌握多语言内容运营、遵守各国数据合规法规的复合型人才。课程应通过模拟国际营销项目、分析海外品牌数字化案例等方式，帮助学生建立全球化营销思维。例如，如何设计符合欧美消费者偏好的社交媒体内容？如何应对不同国家的隐私保护法规？这些问题的解决需要学生既具备数字营销的专业能力，又拥有跨文化沟通的软实力。

面对数字营销领域的技术颠覆与范式转移，传统的教学内容与方法已难以满足行业需求。"数字营销"课程的数字化教学改革，不仅是技术工具的更新，更是思维模式的重塑。通过引入企业真实案例、开发数字化教学平台、建设虚拟仿真实验室等手段，打造"理论—实践—创新"的闭环教学生态，才能培养出既懂数字技术、又会营销策划，既具商业头脑、又有社会担当的新时代营销人才，为数字经济时代的企业发展注入创新活力。

四、数字化教学创新理念与设计

在数字化浪潮深刻改变商业生态的今天，市场营销专业需要构建一门能够真正对接行业需求的"数字营销"课程。这门课程不应是传统营销理论的数字化延伸，而应成为学生理解数字商业逻辑、掌握数字营销工具、培养创新实践能力的核心枢纽。其教学创新理念可归纳为"真实场景沉浸、数据思维贯穿、技术赋能实践、生态协同共创"四大维度。

课程设计需打破教室围墙，构建"真实场景沉浸"的学习空间。传统课堂中的案例教学往往停留在理论推演层面，而数字营销的本质是动态的实战演练。可通过引入企业真实项目，让学生从账号搭建、内容策划到效果评估全流程参与运营。例如，与本地餐饮品牌合作开展抖音推广项目，学生需自主设计短视频脚本、分析平台算法规则、优化投放策略，在真实数据反馈中迭代认知。同时搭建虚拟仿真实验室，模拟直播电商、私域流量运营等复杂场景，让学生在安全可控的环境中积累试错经验。

数据思维的培养应贯穿教学始终，形成"数据思维贯穿"的认知体系。数字营销的核心在于从海量数据中提炼价值，课程需构建"数据采集—清洗—建模—应用"的完整闭环。通过设计"用户画像构建"项目，学生需运用Excel进行基础数据处理，借助Python实现自动化分析，最终输出可视化报告支撑营销决策。这种训练不仅能提升技术能力，更能培养"用数据说话"的思维习惯。在课程考核中，可设置"数据洞察报告"环节，要求学生基于真实数据集撰写分析报告，使数据思维真正内化为职业能力。

技术工具的掌握需要与业务场景深度融合，实现"技术赋能实践"的教学目标。课程不应孤立教授工具操作，而应将其嵌入完整的营销链路中。例如，在搜索引擎营销模块，学生需先完成关键词研究、广告文案撰写，再通过百度推广平台进行投放测试，最后根据转化数据优化策略。这种"业务导向+技术赋能"的模式，能让学生理解技术工具的商业价值。同时引入 AI 内容生成、虚拟现实营销等前沿技术，通过工作坊形式开展教学，帮助学生培养技术敏感度。

生态协同是数字营销的显著特征，课程需构建"生态协同共创"的开放体系。数字营销涉及技术开发、内容创作、数据分析等多个领域，单一技能已无法满足企业需求。可通过组建跨专业项目组，让市场营销学生与计算机、设计等专业学生协作完成数字营销项目。例如，在开发品牌小程序时，营销学生负责需求分析与运营规划，技术学生负责系统搭建，设计学生负责界面优化。这种协同模式不仅能培养复合能力，更能让学生理解数字营销的生态属性。

为保障创新理念落地，课程设计需构建"四维支撑体系"：在教学内容上，建立"基础理论+工具方法+前沿趋势"的动态知识图谱；在教学方法上，采用"项目驱动+翻转课堂+企业导师"的混合模式；在教学资源上，开发数字化教学平台，集成案例库、工具包；在教学评价上，构建"过程性考核+成果展示"的二维评价体系。通过这种系统性改革，使"数字营销"课程真正成为连接学术与产业的桥梁，培养出既懂数字逻辑、又会营销实战，既具创新思维、又有协作能力的未来营销人才。

五、数字化教学创新改革措施

在当今数字化浪潮的推动下，市场营销专业与时俱进，开设了"数字营销"这一核心课程，旨在培养学生掌握数字时代的营销技能，适应市场变化的需求。为了使这门课程更加生动、实用且紧跟行业前沿，我们提出了一系列数字化教学创新改革措施。

首先，引入真实案例教学，让课堂贴近实战。我们将收集并整理国内外数字营销的成功与失败案例，通过视频、图文等多种形式在课堂上展示，引导学生分析案例背后的策略、执行过程及效果评估。这种方式不仅能激发学生的学习兴趣，还能让他们在实践中学习，理解数字营销的复杂性和多样性。

其次，利用在线平台开展互动教学。借助超星、直播教学软件等工具，我们可以打破时间和空间的限制，邀请行业专家进行远程授课或举办线上研讨会，让学生直接接触到行业最前沿的知识和动态。同时，通过在线讨论区、即时问答等功能，鼓励学生积极参与，形成师生间、生生间的有效互动，促进知识的共享和深化。

再次，实施项目式学习，让学生在做中学。我们将设计一系列与数字营销相关的项目任务，如消费者旅程分析、社交媒体营销策划、搜索引擎优化（SEO）实践、电子邮件营销等，让学生分组完成。在项目执行过程中，学生需要运用所学知识，结合市场调研、数据分析等技能，制定并执行营销策略。项目结束后，通过成果展示、小组互评等方式，检验学习效果，同时培养学生的团队协作能力和问题解决能力。

此外，加强数据分析能力培养。在数字营销中，数据分析是决策的重要依据。因此，我们将引入数据分析工具的教学，让学生学会如何收集、整理、分析数据，并基于数据做出营销决策。通过模拟数据分析项目，让学生在实践中掌握数据分析技能，为未来的职业生涯打下坚实基础。

最后，采用多元化的评价方式，包括考试成绩、项目报告、课堂参与、同行评价等，全面评估学生的学习成果和创新能力。同时，鼓励学生进行自我评估和反思，促进其自主学习和持续改进。定期收集学生对数字营销数字化改革课程的反馈意见，了解学生的学习需求和困难，及时调整教学内容和方法。同时，建立学生满意度调查机制，对教学质量进行持续跟踪和改进。邀请行业专家对数字营销数字化改革过程的教学质量和成果进行评审，提供宝贵的行业洞察和改进建议。这有助于学校保持与行业前沿的同步，不断提升教学质量和水平。

六、教学创新成效

（一）课程团队、论文竞赛成果丰富

课程团队教师与学生通过产教融合应用型商科人才培养改革探索与实践，在教改论文、学生竞赛、社会实践等方面取得了相应的改革成效。

首先，在论文方面，发表了《民办高校教师数字胜任力发展与提升路径研究》，数字时代对民办高校教师数字素养和数字胜任力提出了更高的要求，需要民办高校教师不断通过各种途径提升数字胜任力以助推数字化建设和推动现代化发展。本文提出：立足实际，更好服务地方经济与学校发展；内培外引，进一步提升高校教师师资队伍；理实相通，全面提升高校教师数字胜任力等三种途径打造数字胜任力培育体系，建设全方位师资教育平台，并希望以此推动高校数字化建设，培育培养更多数字化人才。

其次，在学生竞赛方面，课程团队教师与学生积极参加市场调查大赛、大学生创新创业训练计划项目、挑战杯等专业赛事，《体验魅力乡旅，共创幸福乡村："农文旅"融合消费体验对地方依恋和旅游价值共创行为影响机制研究》《国货出圈新窗口，直播电商掀浪潮——价值共创背景下国货主播互动策略与信息源特性对消费者参与行为影响机制研究》《红心涌动，山海有情——新时代背景下广州市越秀区红色旅游体验对游客公民行为影响机制研究》《价值共创路，万家灯火时——文旅融合背景下广州市花都区夜间经济消费体验对消费者重购行为和补偿性行为影响机制研究》《"碳"秘绿色消费——社区绿色消费引导对居民绿色消费行为的影响机制研究》《再利用的吸引力——二手物品交易平台用户持续使用意愿调查》等项目获得广东省市场调查大赛奖项;《魅力乡旅,幸福民生——广州市乡村旅游目的地居民幸福感影响机制研究》等项目获得国家级大学生创新创业训练计划项目立项;《"碳"秘绿色消费——社区绿色消费引导对居民绿色消费行为的影响机制研究》项目获得广东省挑战杯奖项。

最后,在社会实践方面,课程团队教师与学生积极通过产教融合进行课程探索与社会实践,《红心涌动,山海有情——新时代背景下广州市越秀区红色旅游体验对游客公民行为影响机制研究》项目立项广东省科技创新战略专项资金项目(广东省攀登计划项目),并且积极参加"百千万工程"与暑期三下乡活动,与湛江市霞山区新园街道菉塘村红色交通站积极开展合作交流,将课程所学内容转化为社会实践,服务地方经济发展。

(二)课程结合AI、数字化教学工具等相关内容

在《数字营销中的消费者旅程分析与数字化顾客体验》中,结合相关数字化在线绘图工具,对数字营销中的消费者旅程进行分析,结合消费者体验地图与消费者服务蓝图,重点讲授消费者旅程分析的可视化操作,如图1和图2所示。

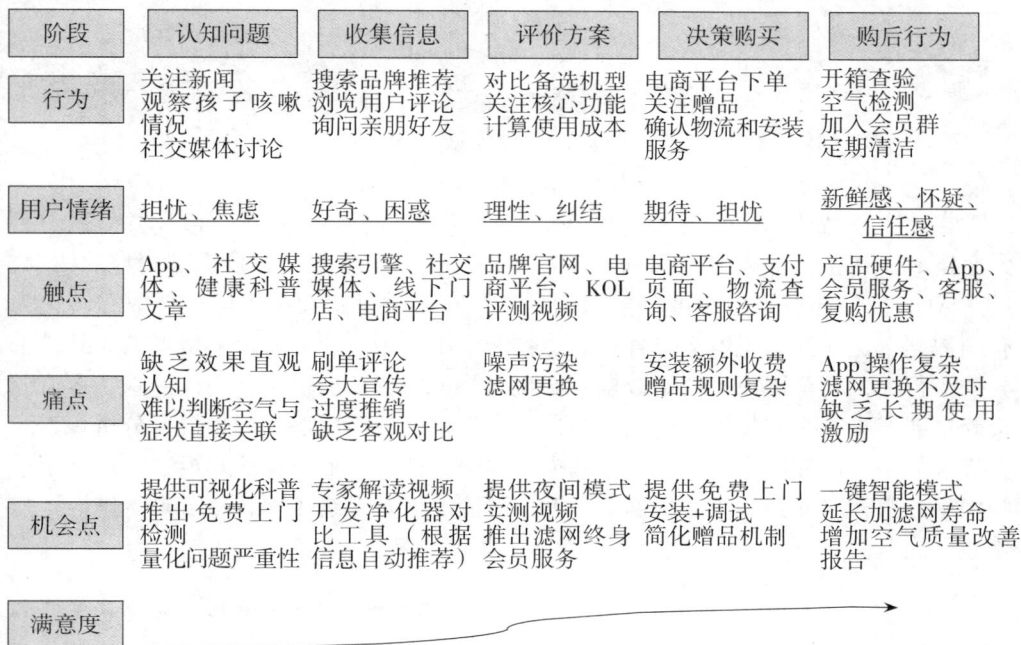

阶段	认知问题	收集信息	评价方案	决策购买	购后行为
行为	关注新闻 观察孩子咳嗽情况 社交媒体讨论	搜索品牌推荐 浏览用户评论 询问亲朋好友	对比备选机型 关注核心功能 计算使用成本	电商平台下单 关注赠品 确认物流和安装服务	开箱查验 空气检测 加入会员群 定期清洁
用户情绪	担忧、焦虑	好奇、困惑	理性、纠结	期待、担忧	新鲜感、怀疑、信任感
触点	App、社交媒体、健康科普文章	搜索引擎、社交媒体、线下门店、电商平台	品牌官网、电商平台、KOL评测视频	电商平台、支付页面、物流查询、客服咨询	产品硬件、App、会员服务、客服、复购优惠
痛点	缺乏效果直观认知 难以判断空气与症状直接关联	刷单评论 夸大宣传 过度推销 缺乏客观对比	噪声污染 滤网更换	安装额外收费 赠品规则复杂	App操作复杂 滤网更换不及时 缺乏长期使用激励
机会点	提供可视化科普 推出免费上门检测 量化问题严重性	专家解读视频 开发净化器对比工具(根据信息自动推荐)	提供夜间模式实测视频 推出滤网终身会员服务	提供免费上门安装+调试 简化赠品机制	一键智能模式 延长加滤网寿命 增加空气质量改善报告
满意度					

图1　消费者体验地图

图1展示的是一幅消费者体验地图,情境如下:用户张女士(35岁,新手妈妈,关注家庭健康)计划购买一台空气净化器,用于改善家中空气质量(尤其针对

婴儿房）。学生利用数字化在线绘图工具既可熟练掌握工具使用，又可以对消费者体验地图的组成要素（阶段、行为、用户情绪、触点、痛点、机会点、满意度等）有深刻理解。

图2展示的是一幅消费者服务蓝图，情境为：超市购物。学生利用数字化在线绘图工具既可熟练掌握工具使用，又可以对消费者服务蓝图的组成要素（有形展示、顾客行为、前台行为、后台行为、支撑过程等）有深刻理解。

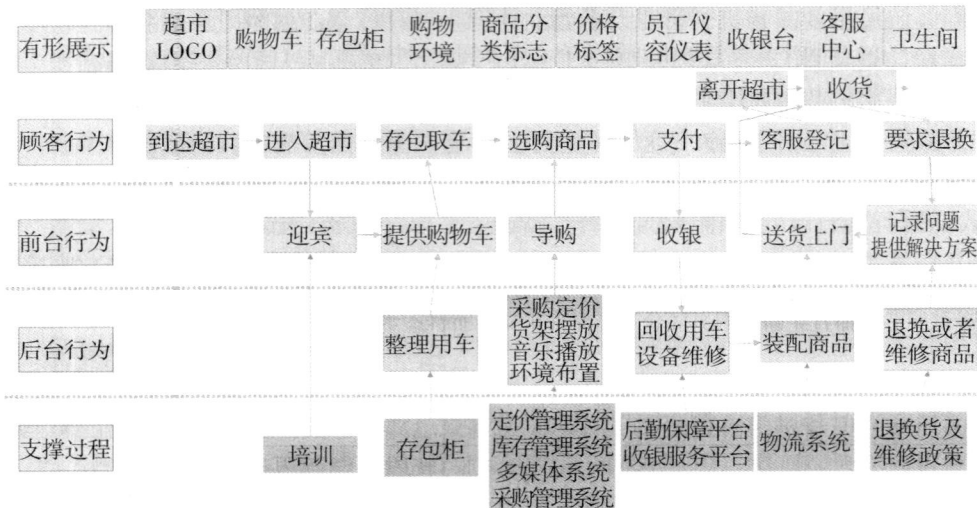

有形展示	超市LOGO	购物车	存包柜	购物环境	商品分类标志	价格标签	员工仪容仪表	收银台	客服中心	卫生间
								离开超市	收货	
顾客行为	到达超市	进入超市	存包取车	选购商品		支付		客服登记		要求退换
前台行为		迎宾	提供购物车	导购		收银		送货上门		记录问题提供解决方案
后台行为			整理用车	采购定价货架摆放音乐播放环境布置		回收用车设备维修		装配商品		退换或者维修商品
支撑过程		培训	存包柜	定价管理系统库存管理系统多媒体系统采购管理系统		后勤保障平台收银服务平台		物流系统		退换货及维修政策

图2　消费者服务蓝图

在《人工智能营销、虚拟引擎营销与营销趋势预判》中，结合移动终端、AI、元宇宙和区块链等内容，并引入相关的案例与讨论，丰富全方位识别用户的场景。进入AI时代，能够识别维度更多元的场景，每个关键瞬间都可以被抓取并转化为有用数据。比如计算机视觉与各种传感器的广泛应用，能够获得消费者的商品挑选与购买行为，乃至用户的情绪数据，实现人脸识别、商品识别、动线追踪、客流分析等功能。丰富全方位识别用户的场景。降低精准营销门槛。通过机器分析积累的客户大数据（例如行为数据、交易数据、客服数据等）形成算法和模型，再利用这些模型分析客户的类型，并根据不同客户可能的偏好在线预测客户需求，进而智能化地开展营销。

编写人："数字营销"课程教学团队

"直播营销"课程教学数字化改革与实践

一、课程简介

在营销手段日新月异和市场竞争日趋激烈的环境下，直播营销可以有效扩大品牌影响力，提高品牌销售额，突破营销瓶颈。本课程系统地介绍了直播营销与运营的策略和方法，共分为12章，主要内容包括认识直播营销、直播营销活动设计、直播团队人员配置、直播方案策划、商品选择与规划、直播间设计、直播话术、"引流"互动、数据分析，以及淘宝直播、抖音直播和视频号直播实战等。

本课程主要面向市场营销类、新媒体类等相关专业学生、电子商务从业者、新媒体从业者、市场营销人员及社会学员，以实现技能提升和知识更新。课程紧跟时代发展潮流，涵盖直播营销与运营的各个方面，引领学生重点掌握直播营销与运营的策略与方法，培养直播实践能力，适应直播岗位工作要求。本课程与"新媒体营销概论""短视频运营""新媒体文案创作与策划"等课程有机结合，共同构成新媒体营销系统。课程需要达到如下课程要求（见表1）。

表1　　　　　　　　　　　　　课程教学要求

序号	专业毕业要求	课程教学要求	关联程度
1	基础知识	掌握直播营销的知识，懂得直播营销活动设计、人员配置、直播方案策划、商品选择与规划、直播间设计、直播话术、引流互动、数据分析，学会进行直播实战	H
2	问题分析	存在的问题有：直播间的人数一直不上涨，直播间互动氛围不足，长时间没人下单购买等。针对直播营销的现状分析存在的问题，可能存在的问题有：主播人设不清晰、直播营销活动流程有问题、直播选品不合理、直播间布置不妥当、主播的话术出现失误等	H
3	设计/开发解决方案	根据数据分析的结果提出改善对策，如重新调整主播人设；梳理直播营销活动流程；根据主播人设和直播主题选择合适的商品；合理布置直播间，要与直播主题风格一致；巩固直播话术，熟练到灵活应用为止	H

序号	专业毕业要求	课程教学要求	关联程度
4	研究	研究相关案例，学习同类主播及直播间的运营和营销方法	H
5	使用现代工具	淘宝、京东、拼多多等电商平台，抖音、快手等短视频平台，微博、微信公众号等社交媒体平台，手机、相机、灯光设备等直播工具，直播分析工具	H
6	工程与社会	高效、有序的直播运营可以提升销售效率，增加企业效益，繁荣市场经济，并为社会提供就业岗位，促进市场环境优化和市场秩序的良好运行	M
7	职业规范	熟练掌握手机直播的各种能力，培养数据分析时谦虚、谨慎和务实的工作精神	H
8	个人和团队	学生分组，练习团队在不同人数的职能分配下，学生的直播运营能力，确定最适合的直播团队类型，并找到自己最适合的职能	M
9	沟通	通过小组发言、提交案例报告来互相分析彼此的直播技巧，互相促进直播营销能力	M
10	项目管理	通过直播项目策划，进行流程管理、资源管理	H
11	终身学习	时刻了解、学习直播平台的新规范和新政策；学习平台出的新功能；不断深化自己对商品的理解，提升商品讲解能力；学习各种知识，拓展知识面，丰富自己	H

二、课程目标

通过本课程的学习，向学生传授直播营销与运营技能，锻炼学生吃苦耐劳、有责任心、做事细致等基本素质；让学生学会持续自主学习实践的能力，让学生具备自学能力、岗位迁移能力和可持续发展能力。

（一）总体目标

通过对本误程的学习，学生能够熟知直播营销与运营的策略与方法，具备直播营销活动设计、直播人员配置、直播方案策划、直播商品选择与规划、直播间设计、直播话术设计、直播"引流"互动、直播数据分析等业务能力。

（二）具体目标

1.知识目标
（1）了解直播营销的优势、常见形式、产业链和收益分配模式。
（2）掌握直播营销活动设计的流程与方法。
（3）掌握组建直播团队、打造主播人设的方法。
（4）掌握规划直播营销活动流程、设计直播活动脚本的方法。
（5）掌握选择与规划直播间商品的方法与技巧。
（6）掌握合理布置直播间场景和灯光的方法。
（7）掌握利用直播营销话术讲解商品的方法与技巧。
（8）掌握直播间"引流"与互动的方法与技巧。
（9）掌握通过分析直播间数据指标进行复盘的方法。
（10）掌握淘宝直播、抖音直播、视频号直播的生态特征和运营方法。
（11）掌握使用AI工具的实用口令、规则。

2.职业技能目标
（1）能够组建直播团队，打造主播人设。
（2）能够规划直播营销活动流程，设计直播活动脚本。
（3）能够对直播间商品进行选品、定价、结构规划、陈列、精细化配置与管理。
（4）能够合理布置直播间设备、场景与灯光。
（5）能够利用直播营销话术讲解各类商品。
（6）能够通过"引流"互动汇聚人气，提升直播间气氛。
（7）能够通过直播数据分析与复盘对直播流程提出优化措施。
（8）能够在淘宝、抖音和视频号直播平台上进行直播带货。
（9）掌握使用AI工具进行内容创作，进行直播运营

3.职业素养目标
（1）具备直播行业的基本职业道德，热爱直播工作，遵守行业法律法规。
（2）培养用户思维、流量思维、产品思维、大数据思维等运营思维。
（3）养成认真踏实、细心耐心、注重合作、积极上进的工作作风，具有良好的服务意识。
（4）讲究工作效率和时间观念，养成良好的书面记录习惯，及时回复用户的各种要求，有重要事项及时进行反馈。

（5）保持对直播行业的敏感性，提高自身沟通协调能力。

（6）锻炼自学能力和可持续发展能力。

（7）AI人二智能的营销伦理。

三、教学创新与改革背景

在国家政策引导与商科教育转型的双重驱动下，"直播营销"课程与AI技术的深度融合，不仅是响应数字经济发展要求的必然选择，更是培养"懂技术、通商业、善实战"的新型营销人才的核心路径。通过AI工具的场景化嵌入，课程将实现从知识传授向能力构建的范式升级。

（一）政策铺垫

近年来，国家密集出台多项政策推动人工智能与教育深度融合，明确要求将AI技术作为教育创新的核心驱动力，提出构建智能教育体系，推动教学场景智能化、个性化，强调"利用AI技术加快人才培养模式改革，要求"推动信息技术与教育教学深度融合"，通过AI技术赋能教学资源开发、教学模式创新及教育评价体系改革，倡导高校建设"AI+专业"课程体系，培养复合型人才，要求商科教育结合AI技术解决真实商业问题。政策显示，AI赋能教育由来已久，随着教育事业的发展，政策的制定在进一步完善。政策的制定，推动教育公平，通过AI技术打破地域限制，共享优质教学资源；利用AI工具优化教学流程提升教学效率。强化学生"AI+行业"的跨界能力，匹配数字经济时代需求，培养未来人才。政策逐渐聚焦到具体的措施，对AI赋能商科教育有重要的指导意义。

（二）AI赋能的迫切性

当前商科教育面临三大核心挑战，亟需AI技术突破瓶颈。首先，实践场景滞后于行业发展。传统商科教学依赖案例分析，但直播电商、大数据营销等新业态快速迭代，课堂难以及时覆盖真实场景。其次，数据分析能力培养不足。商科生需掌握用户画像、流量预测等技能，但传统教学无法应对海量数据实时处理需求。最后，个性化教学资源匮乏。学生能力差异大，传统"一刀切"模式难以满足分层培养需求。因此，AI赋能本课程可以通过虚拟主播、AI数字人等工具还原直播营销实战场景，结合智能分析工具训练学生处理复杂商业数据，利用AI学习系统提供个性化学习路径，动态适配学习需求。

（三）课程特点与AI融合方案

"直播营销"作为重点培养学生实践能力的课程，和社会结合紧密。该课程课堂中需模拟直播选品、话术设计、流量运营等全流程，增强实践性；需快速响应市场趋势，实时性要求高；整合营销学、心理学、数据科学多领域知识，跨学科属性强，适合使用AI进行融合，融合场景详见表2。

表2 AI赋能"直播营销"场景

AI工具类型	典型应用场景	教学价值
虚拟主播生成器	模拟真人主播进行话术训练	降低设备成本，支持无风险试错演练
智能数据分析平台	实时监测直播间互动数据（如GPT-4数据分析插件）	培养数据决策能力，优化ROI分析逻辑
NLP内容生成工具	自动生成直播脚本、弹幕互动话术	提升创意效率，强化"人机协同"工作模式
AI舆情监测系统	抓取热点话题，预测爆款商品趋势	训练市场敏感度，缩短课堂与行业信息差

AI不但帮助学生学习，还可以提高教师工作效率。AI工具可替代部分重复性工作，比如用AI进行教学评价数据统计，释放教师精力聚焦高阶能力培养。用AI模型持续学习行业数据，确保课程内容与市场同步更新。

四、教学创新理论与设计

（一）生成学习理论

生成学习理论是美国心理学家维特罗克等在对学生学习过程进行大量研究的基础上提出的，对理解学生学习的过程有很大帮助。它吸收了当代信息加工心理学在人类认知学习方面的研究成果，揭示了人类学习的实质。它在解释和说明学习者内部的生成作用时，强调学习过程中个体主观能动性，重视个体与环境交互作用中知觉的作用。这一理论的基础是学习者的自主学习能力建设和互动生成，特别关注在多向交互作用中所建构的新知识的意义，因此成为当代教育改革备受关注并具有重要影响的学习理论。在AI赋能的教学环境中，学生可以通过与AI工具的互动主动生成知识进行深化理解，并在实践中验证和优化，而非被动接受。例如，在生成直播脚本、设计虚拟主播过程中，AI工具作为"认知伙伴"帮助学生将抽象概念转化为可操作方案。

（二）情景认知理论

情境认知理论是由让·莱夫（Jean Lave）和艾迪·温格（Etienne Wenger）提出的。情境认知理论是一种重要的学习理论，它强调个体在特定情境中的认知过程和行为表现。该理论认为，知识、认知和学习活动并非孤立存在，而是深深植根于具体的社会和文化情境中。情境认知理论主张，学习和认知是一个动态、交互的过程，个体通过与环境的互动来构建和理解知识。

AI技术可以模拟虚拟主播、AI数字人、智能数据分析工具等真实商业环境，还原直播营销的真实工作流程，帮助学生在接近真实的情境中学习和实践，实现"干中学"，增强学生的沉浸感和实践能力。

（三）教学设计

1.总体设计

采用徐骏骅、赵建伟主编的《直播营销与运营》为教材，以"生成式情境学习"为核心，设计"情境构建—任务生成—实践反馈—迭代优化"四阶段教学模式（见表3）。

表3 生成式情景设计

阶段	教学活动	AI工具支持
情境构建	利用AI工具模拟真实直播场景（如虚拟直播间、实时数据看板）	虚拟主播生成器、AI数字人、智能数据分析平台（如Tableau、Power BI）
任务生成	学生分组设计直播方案（如选品策略、话术设计），AI生成初步脚本与互动话术	NLP内容生成工具（如ChatGPT）、AI舆情监测系统（如热点话题捕捉工具）
实践反馈	学生在虚拟直播间进行模拟直播，AI实时监测数据并生成优化建议（如互动率提升策略）	虚拟主播互动系统、实时数据分析工具（如GPT-4插件）
迭代优化	学生根据AI反馈调整方案，重新设计并实践，形成闭环学习	自适应学习平台、AI内容优化工具（如Grammarly for Business）

2.单元设计

（1）第1章 直播营销：开启内容营销新时代（见表4）

表4 第1章教学设计

学习性工作任务或项目	1.知识目标：了解直播及发展历程；了解数字经济时代下直播的特点；了解直播营销的优势和常见形式；了解直播营销的产业链结构；了解直播营销的合作模式和收益分配模式；了解与直播相关的AI工具。 2.技能目标：能够分析直播营销产业链中的"人""货""场"；能够对比传统电商模式和直播电商模式。	载体或活动
	3.素养目标：深入贯彻新时代人才强国战略，立志成为直播行业高素质人才；加快发展数字经济，促进数字经济和实体经济深度融合。 4.具体任务：初步了解直播与直播营销。 5.活动设计：讲评	认识直播与直播营销

学习方法建议	讲授法

学习重点与难点	重点：直播行业的发展、数字经济与直播、直播营销的优势、直播营销的常见形式、直播营销的产业链、直播营销的收益分配模式、直播电商模式与传统电商模式的对比 难点：直播营销的产业链、直播营销的收益分配模式、直播电商模式与传统电商模式的对比

组织实施建议	理实一体化教学

学习场地与设施建议	投影仪、提供宽带网络

学习单元设计	拟实现的能力目标	必须掌握的知识内容	学时
初识直播	初步认识直播	认识直播；直播的崛起之路；数字经济与直播	1
初识直播营销	初步认识直播营销	直播营销的优势；直播营销的常见形式；直播营销的产业链解析；直播营销的收益分配模式；直播电商模式与传统电商模式的对比；AI工具	2
本学习单元学时小计			3

（2）第2章 直播营销活动设计：构建清晰的直播营销思路（见表5）

表5　　　　　　　　　　　　　　第2章教学设计

学习性工作任务或项目	1.知识目标：了解明确直播营销目标的SMART原则；掌握直播方案的主要内容；了解直播活动的宣传平台、宣传形式和宣传频率；掌握室内直播场地和室外直播场地的基本要求；了解直播设备和直播辅助设备；了解直播活动二次传播的传播形式；了解直播营销复盘。	载体或活动
	2.技能目标：能够进行直播活动宣传；学会选择直播场地和直播设备；能够执行直播营销活动；学会用AI进行营销活动设计。	
	3.素养目标：执行直播营销活动时要求真务实，一切从实际出发；在直播营销中坚持系统观念，建立系统思维。 4.具体任务：练习设计直播营销活动。 5.活动设计：案例展示—学生实操—讲评	设计直播营销活动

学习方法建议	讲授法+实践法
学习重点与难点	重点：明确直播营销目标、撰写直播方案、直播活动宣传、筹备直播活动硬件、执行直播营销活动、直播活动二次传播、直播复盘 难点：撰写直播方案、直播活动宣传、执行直播营销活动、直播复盘
组织实施建议	理实一体化教学
学习场地与设施建议	投影仪、提供宽带网络

学习单元设计	拟实现的能力目标	必须掌握的知识内容	学时
使用SMART原则明确直播营销目标	能够根据SMART原则制定直播营销目标	制定直播营销目标	0.5
撰写直播方案将抽象思路具体化	能够根据需求撰写直播方案	直播方案的主要内容 用AI工具获取创意	0.5
做好直播活动宣传	能够对直播活动进行宣传	选择合适的宣传平台；选择合适的宣传形式；选择合适的宣传频率	0.5
筹备直播活动硬件	能够根据直播需要选择直播场地和设备	选择直播场地；选择直播设备；选择直播辅助设备	0.5
执行直播营销活动	能够执行直播营销活动	直播营销活动执行环节的操作要点	0.5
对直播活动进行二次传播	能够对直播活动进行二次传播	直播视频传播；直播软文传播	1
通过复盘总结直播经验	能够通过复盘总结直播经验	直播营销复盘的内容	0.5
本学习单元学时小计			4

（3）第3章 人员配置：组建高效能直播团队（见表6）

表6　　　　　　　　　　　　第3章教学设计

学习性工作任务或项目	1.知识目标：了解直播团队的组织架构；了解不同层级直播团队人员组成及其职责；了解数字人主播的优点；掌握主播人设打造策略；掌握商家选择主播的策略；掌握主播助理的类型、必备技能和工作内容。 2.技能目标：能够根据实际需要组建不同层级的直播团队；能够根据需要打造具有自身特点的主播人设；能够协助商家选择合适的主播；能够根据主播需求培养直播助理。	载体或活动
	3.素养目标：树立数字强国理念，以数字直播、虚拟直播带动新型数字经济的发展；培养形象管理能力、语言表达能力、灵活应变能力和良好的心理素质。 4.具体任务：练习组建直播团队。 5.活动设计：案例展示—学生实操—讲评	组建直播团队

学习方法建议	讲授法+实践法		
学习重点与难点	重点：直播团队组织架构、直播团队的组建、主播人设的打造、商家直播选择主播的策略 难点：直播团队的组建、主播人设的打造		
组织实施建议	理实一体化教学		
学习场地与设施建议	实训室、投影仪、提供宽带网络		
学习单元设计	拟实现的能力目标	必须掌握的知识内容	学时
直播团队组织架构	能够熟知各种直播团队的组织架构	个人直播团队；商家直播团队；MCN机构直播团队；供应链基地直播团队	1
直播团队的组建	能够根据需要组建不同层级的直播团队	低配版直播团队；标配版直播团队；升级版直播团队；数字人主播	1
主播人设打造策略	能够根据直播需要打造主播人设	培养主播直播的基本能力；培养主播直播带货必备的专业能力；构建主播自身特点；打造主播人设；明确主播人设定位；"帮传带"，打造主播品牌"连锁店"	2
商家直播选择主播的策略	能够根据商家需求选择合适的主播	明确主播的类型；多渠道获取主播资源；考虑主播匹配度	1
主播助理的培养	能够根据需要培养优秀的主播助理	主播助理的类型；主播助理的必备技能；主播助理的工作内容	1
本学习单元学时小计			6

（4）第4章 直播方案策划：以直播脚本指引直播活动执行（见表7）

表7　　　　　　　　　　　　　　第4章教学设计

学习性工作任务或项目	1.知识目标：掌握直播营销活动流程的规划方法；掌握各种直播活动脚本的设计方法；了解虚拟场景直播和虚拟数字人直播。 2.技能目标：能够规划"过款式"和"循环式"直播流程；能够设计直播前准备工作策划脚本；能够设计单品脚本和整场直播活动脚本；用AI创作脚本。	载体或活动
	3.素养目标：坚持科技是第一生产力、创新是第一动力；提升统筹规划能力，高效执行直播营销活动。 4.具体任务：练习策划直播方案。 5.活动设计：案例展示—学生实操—讲评	策划直播方案
学习方法建议	讲授法+实践法	
学习重点与难点	重点：直播营销活动流程规划、直播活动脚本设计、虚拟直播策划 难点：直播营销活动流程规划、直播活动脚本设计	
组织实施建议	理实一体化教学	
学习场地与设施建议	实训室、投影仪、提供宽带网络	
学习单元设计	拟实现的能力目标	必须掌握的知识内容	学时
直播营销活动流程规划	能够规划直播营销活动流程	"过款式"流程；"循环式"流程	0.5
直播活动脚本设计	能够根据需要设计各种直播脚本	直播脚本的作用；直播前准备工作策划脚本的设计；直播中单品脚本的设计；整场直播活动脚本设计	2.5
虚拟直播策划	了解虚拟场景直播和虚拟数字人直播	虚拟场景直播；虚拟数字人直播	1
本学习单元学时小计			4

（5）第5章 商品选择与规划：提高订单转化率的制胜点（见表8）

表8　　　　　　　　　　　　　　第5章教学设计

学习性工作任务或项目	1. 知识目标：掌握直播间选品策略；掌握直播间商品定价策略；掌握直播间商品结构规划方法；掌握直播间商品陈列方式；掌握直播间商品精细化配置与管理方法。 2. 技能目标：能够运用正确的选品策略进行选品；能够对直播间商品进行合理定价；能够合理规划直播间内的商品结构；能够根据不同情况合理陈列直播间的商品；能够对直播间商品进行精细化配置和管理；AI进行商品数据分析。	载体或活动
	3. 素养目标：增强质量意识，在直播间选品过程中严把质量关；树立精细化管理理念，提高直播间的转化率。 4. 具体任务：练习直播间商品选择与规划。 5. 活动设计：案例展示—学生实操—讲评	选择与规划直播间商品
学习方法建议	讲授法+实践法	
学习重点与难点	重点：直播间选品策略、直播间商品定价策略、直播间商品结构规划、直播间商品陈列、直播间商品的精细化配置与管理 难点：直播间选品策略、直播间商品定价策略、直播间商品的精细化配置与管理	
组织实施建议	理实一体化教学	
学习场地与设施建议	实训室、投影仪、提供宽带网络	

学习单元设计	拟实现的能力目标	必须掌握的知识内容	学时
直播间选品策略	能够运用正确的选品策略进行选品	分析画像；看匹配度；分析需求；贴合热度；具有特色；高性价比；亲自体验；查看数据；精选货源	2
直播间商品定价策略	能够对直播间商品进行合理定价	根据主播人设选择价格区间；商品组合定价法；花式价格策略	1
直播间商品结构规划	能够合理规划直播间内的商品结构	印象款；"引流"款；福利款；利润款；品质款	0.5
直播间商品陈列	能够根据不同情况合理陈列直播间的商品	主题式；品类式；组合式	0.5
直播间商品的精细化配置与管理	能够对直播间商品进行精细化配置和管理	确定直播主题；规划商品需求；规划商品配置比例；不断更新商品；把控商品价格与库存；已播商品预留和返场	1
本学习单元学时小计			5

（6）第6章 直播间设计：营造一流的直播视觉效果（见表9）

表9　　　　　　　　　　　　　　第6章教学设计

学习性工作任务或项目	1.知识目标：掌握直播间的场景布置方法；掌握直播间辅助道具的使用方法；掌握直播间的灯光布置方法；了解搭建数字直播间的步骤；掌握各类商品直播间的布置方法。 2.技能目标：能够合理布置直播间的场景和灯光；能够布置不同商品品类的直播间；AI成图。	载体或活动
	3.素养目标：坚持问题导向，有效解决在直播间布置中遇到的问题；提高审美意识，优化直播间场景和灯光。 4.具体任务：练习布置直播间。 5.活动设计：案例展示—学生实操—讲评	设计并布置直播间
学习方法建议	讲授法+实践法	
学习重点与难点	重点：直播间的布置、各类商品直播间布置 难点：直播间的布置、各类商品直播间布置	
组织实施建议	理实一体化教学	
学习场地与设施建议	实训室、投影仪、提供宽带网络	
学习单元设计	拟实现的能力目标	必须掌握的知识内容	学时
直播间的布置	能够合理布置直播间的场景和灯光	直播间的场景布置；直播间辅助道具的使用；直播间的灯光布置；搭建数字直播间	2
各类商品直播间布置	能够布置不同商品品类的直播间	母婴类商品直播间布置；美食类商品直播间布置；服装类商品直播间布置；美妆类商品直播间布置	2
本学习单元学时小计			4

（7）第7章 直播话术：提升直播间营销力的关键（见表10）

表10 第7章教学设计

学习性工作任务或项目	1.知识目标：了解直播营销话术设计要点和原则；掌握直播营销的常用话术；掌握"三点"直播营销法；掌握各类直播间商品讲解要点；掌握直播间商品"四步营销法"。 2.技能目标：能够按照直播的一般流程设计话术；能够设计各个品类商品的讲解话术；能够根据"四步营销法"设计话术；AI撰写话术。	载体或活动
	3.素养目标：坚守诚信底线，在商品质量、服务上严格把关，不欺骗消费者；弘扬法治精神，严格遵守直播行业的相关法律法规。 4.具体任务：练习直播营销话术。 5.活动设计：案例展示—学生实操—讲评	设计直播营销话术
学习方法建议	讲授法+实践法	
学习重点与难点	重点：直播营销话术设计、直播营销"三点"方法论、直播间商品讲解要点拆解、直播间商品"四步营销法" 难点：直播营销话术设计、直播间商品讲解要点拆解	
组织实施建议	理实一体化教学	
学习场地与设施建议	实训室、投影仪、提供宽带网络	

学习单元设计	拟实现的能力目标	必须掌握的知识内容	学时
直播营销话术设计	能够设计直播营销话术	直播营销话术设计要点；直播营销话术三原则；直播营销常用话术	1.5
直播营销"三点"方法论	能够理解并应用直播营销"三点"方法论	什么是"三点"；"三点"直播营销法	0.5
直播间商品讲解要点拆解	能够设计各个品类商品的讲解话术	美妆类商品讲解要点；服饰类商品讲解要点；美食类商品讲解要点；3C类商品讲解要点；教育类商品讲解要点；图书类商品讲解要点	2
直播间商品"四步营销法"	能够掌握直播间商品"四步营销法"	需求引导；引入商品；赢得信任；促成下单	1
本学习单元学时小计			5

（8）第8章 "引流"互动：汇聚人气，引爆直播间气氛（见表11）

表11　　　　　　　　　　　　　　第8章教学设计

学习性工作任务或项目	1.知识目标：掌握直播预热的方法；掌握设置直播标题的方法；掌握设计直播封面图的原则；掌握调动直播间人气的方法；掌握提升直播间氛围的互动玩法；掌握平台内付费推广的方法；掌握做好粉丝运营的策略。	载体或活动
	2.技能目标：能够选择合适的场景和时机进行直播预热；能够设计优质的直播标题和直播封面图；能够运用"五步法"调动直播间人气；能够采用多种互动玩法提升直播间氛围；能够开展平台内付费推广；能够利用各种策略增强粉丝黏性；AI数字人直播。 3.素养目标：直播带货要创新更要规范，不搞虚假宣传，诚信经营；反对流量至上，提高直播的格调和品位。 4.具体任务：练习直播间"引流"与互动。 5.活动设计：案例展示—学生实操—讲评	直播间"引流"与互动
学习方法建议	讲授法+实践法	
学习重点与难点	重点：直播预热、设置直播标题、设计直播封面图、调动直播间人气、直播间互动玩法、平台内付费推广、粉丝运营 难点：调动直播间人气、直播间互动玩法、平台内付费推广、粉丝运营	
组织实施建议	理实一体化教学	
学习场地与设施建议	实训室、投影仪、提供宽带网络	

学习单元设计	拟实现的能力目标	必须掌握的知识内容	学时
做好直播预热	能够选择合适的场景和时机进行直播预热	预热场景；选择合适的直播预热发布时机	1
设置夺人眼球的直播标题	能够根据需要设置直播标题	直播标题的类型；直播标题写作方法	1
打造优质直播封面图	能够设计优质的直播封面图	设计直播封面图的原则	0.5
调动直播间人气"五步法"	能够运用"五步法"调动直播间人气	互动预热；"宠粉款"开局；利润款打造高潮；福利款制造高场观；完美下播为下场直播预热	0.5
互动玩法活跃直播间气氛	能够采用多种互动玩法提升直播间氛围	巧妙派发红包；设置抽奖环节；与主播、知名人士合作；设计促销活动	1
开展平台内付费推广	能够开展平台内付费推广	淘宝直播付费推广；抖音直播付费推广；快手直播付费推广	1
做好粉丝运营	能够利用各种策略增强粉丝黏性	洞察不同类型粉丝的心理；增强粉丝黏性	1
本学习单元学时小计			6

（9）第9章 数据分析：数据复盘，优化直播流程（见表12）

表12　　　　　　　　　　　　　第9章教学设计

学习性工作任务或项目	1.知识目标：掌握直播间数据分析基本思路；掌握直播间数据分析常用指标。 2.技能目标：能够获取直播数据并进行数据处理和分析；能够使用第三方数据分析工具分析直播间数据指标；能够根据数据复盘对直播流程提出优化措施；AI数据分析。	载体或活动
	3.素养目标：培养数据分析观念，善于挖掘数据、分析数据、运用数据；树立复盘思维，主动发现问题并解决问题。 4.具体任务：练习分析直播数据并复盘。 5.活动设计：案例展示—学生实操—讲评	收集直播数据并进行分析
学习方法建议	讲授法+实践法	
学习重点与难点	重点：直播间数据分析基本思路、直播间数据分析常用指标 难点：直播间数据分析基本思路、直播间数据分析常用指标	
组织实施建议	理实一体化教学	
学习场地与设施建议	投影仪、提供宽带网络	

学习单元设计	拟实现的能力目标	必须掌握的知识内容	学时
直播间数据分析基本思路	能够获取直播数据并进行数据处理和分析	确定数据分析目标；获取数据；处理数据；分析数据	1
直播间数据分析常用指标	能够根据数据复盘对直播流程提出优化措施	用户画像数据指标；流量数据指标；互动数据指标；转化数据指标	1
本学习单元学时小计			2

（10）第10章 淘宝直播实战：联动营销引爆高效转化（见表13）

表13　　　　　　　　　　　　　第10章教学设计

学习性工作任务或项目	1.知识目标：了解淘宝直播的生态特征；了解淘宝直播流量分配规则；了解淘宝直播的发展趋势。	载体或活动
	2.技能目标：能够在淘宝直播中添加带货商品；能够创建淘宝直播预告；能够在移动端和PC端管理淘宝直播。	
	3.素养目标：紧跟时代发展趋势，在直播行业发展潮流中抓住机遇；树立新时代的职业意识，正视直播行业和主播职业。	淘宝直播运营实训
	4.具体任务：练习在淘宝平台上直播。	
	5.活动设计：案例展示—学生实操—讲评	
学习方法建议	讲授法+实践法	
学习重点与难点	重点：淘宝直播的生态特征、淘宝直播流量分配规则、淘宝直播的发展趋势、淘宝直播运营实战 难点：淘宝直播流量分配规则、淘宝直播运营实战	
组织实施建议	理实一体化教学	
学习场地与设施建议	实训室、投影仪、提供宽带网络	

学习单元设计	拟实现的能力目标	必须掌握的知识内容	学时
淘宝直播认知	了解淘宝直播的生态特征和流量分配规则	淘宝直播的生态特征；淘宝直播流量分配规则；淘宝直播的发展趋势	1
淘宝直播运营实战	能够进行淘宝直播运营实战	添加带货商品；创建淘宝直播预告；在移动端进行淘宝直播；在PC端管理淘宝直播	2
本学习单元学时小计			3

（11）第11章 抖音直播实战：打通热点营销直播链路（见表14）

表14   第11章教学设计

学习性工作任务或项目	1.知识目标：了解抖音平台的特点；了解抖音直播电商生态特征和抖音直播的发展趋势；掌握抖音直播的流程与方法。 2.技能目标：能够在抖音直播间添加商品并进行商品管理；能够在抖音直播间进行连线与互动；能够在抖音直播间开展各种直播活动。	载体或活动	
	3.素养目标：在直播中勇于承担责任，敢于担当，在挑战中不断磨炼自己；倡导网络文明，文明互动，理性表达，合理消费。 4.具体任务：练习在抖音平台上直播。 5.活动设计：案例展示—学生实操—讲评	抖音直播运营实训	
学习方法建议	讲授法+实践法		
学习重点与难点	重点：抖音平台的特点、抖音直播电商生态特征、抖音直播的发展趋势、抖音直播运营实战 难点：抖音直播电商生态特征、抖音直播运营实战		
组织实施建议	理实一体化教学		
学习场地与设施建议	实训室、投影仪、提供宽带网络		
学习单元设计	拟实现的能力目标	必须掌握的知识内容	学时
抖音平台认知	了解抖音直播电商生态特征和抖音直播的发展趋势	抖音平台的特点；抖音直播电商生态特征；抖音直播的发展趋势	1
抖音直播运营实战	能够进行抖音直播运营实战	开通抖音直播带货功能；添加橱窗商品；商品橱窗管理；直播前设置；直播间商品管理；直播间PK与连线；直播间更多互动玩法；直播间更多设置	2
本学习单元学时小计			3

（12）第12章 视频号直播实战：公域与私域联动精准营销（见表15）

表15　　　　　　　　　　　　第12章教学设计

学习性工作任务或项目	1.知识目标：了解视频号平台的特点；了解视频号直播流量分配规则；了解视频号直播电商生态特征和视频号直播的发展趋势；掌握视频号直播的流程与方法。 2.技能目标：能够开通视频号直播并添加商品；能够创建视频号直播预告并管理直播间商品；能够在视频号直播间进行各种功能设置。	载体或活动
	3.素养目标：树立正确的流量观，营造风清气正的健康网络生态环境；增强社会责任感，为经济社会发展和文明社会建设添砖加瓦。 4.具体任务：练习在视频号平台上直播。 5.活动设计：案例展示—学生实操—讲评	视频号直播运营实训
学习方法建议	讲授法+实践法	
学习重点与难点	重点：视频号平台的特点、视频号直播流量分配规则、视频号直播电商生态特征、视频号直播运营实战 难点：视频号直播流量分配规则、视频号直播电商生态特征、视频号直播运营实战	
组织实施建议	理实一体化教学	
学习场地与设施建议	实训室、投影仪、提供宽带网络	

学习单元设计	拟实现的能力目标	必须掌握的知识内容	学时
视频号平台认知	了解视频号直播流量分配规则和视频号直播电商生态特征	视频号平台的特点；视频号直播流量分配规则；视频号直播电商生态特征；视频号直播的发展趋势	1
视频号直播运营实战	能够进行视频号直播运营实战	开通视频号直播带货功能；管理商品橱窗；创建直播预告；管理直播间商品；直播间更多功能设置；在PC端管理视频号直播	2
本学习单元学时小计			3

五、教学创新改革与措施

教学不以学生掌握"应知"内容为目标，而以在应知基础上达到"应会"为目标。在教学过程中，应立足于加强学生实际应用能力和职业素质的培养，通过实践教学，以工作任务引领提高学生学习兴趣，激发学生的成就动机。课程立足于实际能力培养，应用现实的直播平台开展教学，并鼓励学生进行创业。课程以学生为中心，工作过程为线索，工作任务为载体，组织课程内容和课程教学，以真实直播营销业务的形式导出，以激发学生学习兴趣，明确学习方向，便于教学中的启发与引导。让学生在完成各学习单元具体工作任务的过程中来构建相关理论知识体系和掌握各项职业技能，发展职业能力。

（一）数字化资源改革与措施

本课程的教学资源主要有微课视频、PPT课件、教学大纲、教案、课程标准、习题答案、期末试卷等，为教师的教学和学生的学习提供了丰富的扩展资源。

（1）积极开发和利用网络课程资源，不断增加教学资源的品种，不断提高教学资源的针对性。

（2）利用现代信息技术开发多媒体课件，通过搭建起多维、动态、自主训练平台，使学生的主动性、积极性和创造性得以充分调动，实现"教学做合一"，让学生在真实情境中学习、体验和锻炼。

（3）通过整合各种资源，为学生创造实训实践、接触直播营销与运营工作的良好资源环境，全方位推动理论联系实际，切实促进产学结合，全面提高学生的综合素质和实践能力，并能在各方面迅速适应社会需求。

（二）教学条件改革与措施

本课程在课堂教学中十分注重运用现代的教学理念与教学方法，当然，这些理念和方法的运用离不开现代教学技术手段的支持。这些现代教学技术手段的运用不仅促进了教学活动的开展，激发了学生的学习兴趣，同时也提高了教学效果。

1.多媒体手段运用

多媒体技术集声、像、字、画动态显示于一体，图文并茂，形象生动，能够达到抽象概念具体化，微观概念宏观化的良好效果。本课程通过多媒体课件的展示，让学生更加容易理解接受，能够提高教学效果。

2.网络教育手段的运用

提供一些相关网络资源，具体如下：

抖音电商学习中心：www.jinritemai.com

快手大学：https://university.kuaishou.com

（三）教学队伍改革与措施

在教学队伍建设方面，建议鼓励教师在直播平台上开通账号进行实践，以便掌握直播营销与运营的技术精髓，提高专业教师的业务素质，并提供有利条件组织教师参加专业培训和外出学习，聘请行业企业专家定期进行交流、讲座，紧跟时代发展的步伐，提高教学队伍的教学能力。

六、教学创新成效

成功申请校级科研课题"数字人直播对跨境电商信任机制的影响与重构"；校级大学生创新创业训练计划项目"乡村播客："三农"直播电商人才孵化平台"；校级质量工程"时尚产品直播带货实验项目"；同时，大学生创新创业训练项目"基于行动学习法的农村直播电商人才孵化研究"已经在校内公示，正在进入国家级立项程序；指导学生发表论文《广东农村直播电商人才培养问题及应对策略研究》，让学生参与其中，提升学科素养。

通过多轮课堂打磨，形成活跃的实践教学风格。2023—2024学年第一学期，学生评教分数91.48分（100分制），可见学生的满意度处于较高水平。在直播实操环节，通过行动学习，有73.8%的同学顺利获取快手平台带货资格。

编写人："直播营销"课程教学团队

"Python程序设计"课程教学数字化改革与实践

一、引言

（一）研究背景

在当今数智化时代，Python语言作为一种强大的编程语言，在电子商务领域具有广泛的应用前景。对于电子商务专业的学生而言，掌握Python程序设计技术不仅是提升专业技能的必要途径，也是适应行业发展需求的关键所在。然而"Python程序设计"课程传统的教学方式存在比较单一、理论与实践脱节等问题，难以充分激发学生的学习兴趣和创新思维。人工智能技术的迅猛发展，为课程教学创新提供了新的思路和方法。

（二）研究目的与意义

本研究旨在探索如何将数智技术有效融入电子商务专业的"Python程序设计"课程教学中，通过创新教学方法和手段，提高教学质量，培养学生动手操作能力和创新思维能力，能独立自主学习和解决问题，这不仅有助于提升学生的就业竞争力，也对推动电子商务专业的教育教学改革具有重要意义。

二、课程概述

（一）课程简介

"Python程序设计"是电子商务专业的一门重要基础课程，主要涵盖Python语言的基本语法、数据结构、控制流程、函数定义、面向对象编程等内容。课程内容分基础、应用、拓展三个模块。基础模块包括Python语法元素、基本数据类型、程序控制结构、函数与代码复用等，让学生掌握编程基本概念与技能。应用模块有组合数据类型、文件和数据格式化、程序设计方法学等，培养学生运用Python解决实际问题能力。拓展模块涵盖Python计算生态概览、第三方库应用等，拓宽学生视野，了解Python在各领域应用。各模块内容循序渐进，紧密联系，为学生构建完整知识体系。通过课程学习，学生应能够编写简单的 Python 程序，进行数据处理、网络编程、自动化等方面的基本操作，具备使用 Python 解决实际问题的能力，课程注重培养学生的计算思维和编程素养，数据处理能力和解决实际问题的能力。为后续学习专业课程和从事电子商务相关工作打下坚实的基础（如图 1 所示）。

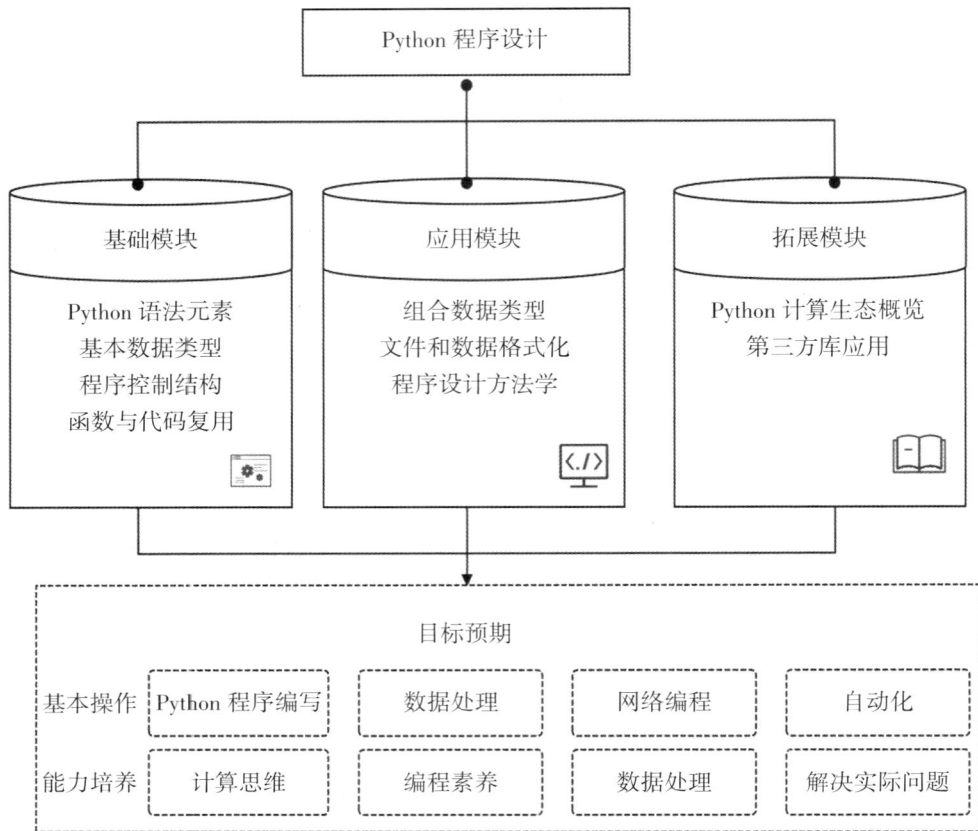

图 1   "Python 程序设计"课程模块

（二）课程特点

Python 程序设计课程具有实用性、实践性、灵活性特点。实用性体现在 Python 在数据科学、人工智能、网络爬虫、自动化脚本等领域广泛应用，学生所学知识能直接用于实际项目。实践性要求学生通过大量编程实践掌握知识与技能，培养解决实际问题能力。灵活性表现为 Python 语法简洁，代码可读性强，编程风格多样，学生可根据自身习惯与需求选择编程方式。同时，Python 丰富的第三方库使学生能快速实现复杂功能，降低编程难度。

（三）课程目标

1.知识与技能目标

学生需掌握Python语言基本语法、数据类型、控制结构、函数与模块等基础知识，理解Python编程基本概念与原理，熟悉常用第三方库功能与使用方法，了解Python计算生态体系，能够熟练运用Python进行程序设计和开发，具备独立完成小型项目的能力。例如，能熟练运用Python的列表、字典等数据类型存储和处理数据，掌握条件语句、循环语句实现程序逻辑控制，学会使用NumPy、Pandas等第三方库进行数据分析。

2.过程与方法目标

通过实验教学、项目实践等方式，培养学生的自主学习能力、团队协作能力和创新能力，让学生学会运用编程解决实际问题的方法。例如，让学生通过编写简单的程序，验证不同数据类型之间的自动转换规则，或者验证条件判断语句在不同条件下的执行结果。这些实验有助于学生加深对基础知识的理解和掌握，为后续的学习和实践打下坚实的基础。

3.情感态度与价值观目标

激发学生对编程的兴趣和热情，培养学生严谨科学态度、良好职业道德，团队协作精神、创新意识与信息素养。编程过程需严谨细致，避免语法与逻辑错误，培养学生科学态度；团队项目开发促进学生交流合作，培养团队协作精神；鼓励学生创新算法与程序，激发创新意识；课程学习使学生熟悉信息技术，提高信息素养（如图2所示）。

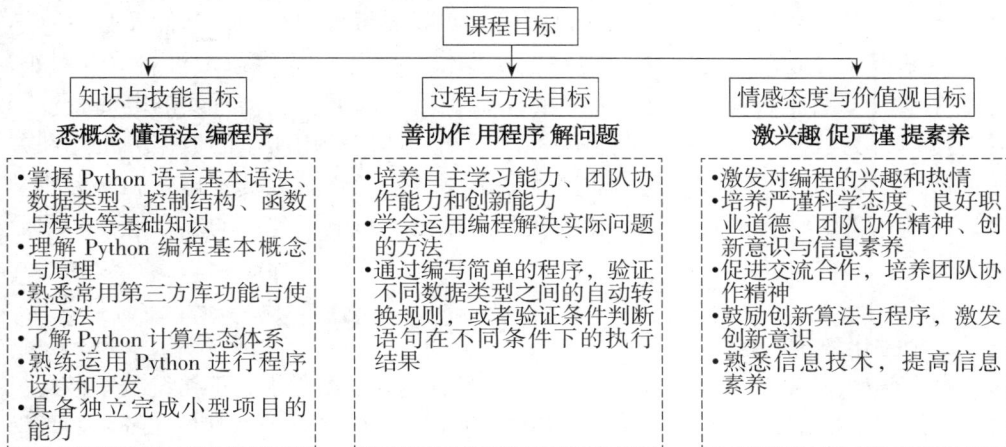

图2　"Python程序设计"课程目标

三、教学创新改革背景

(一) 传统教学模式的局限性

1. 教学方法单一

在传统的教学模式中，教师往往处于绝对的中心地位，整个教学过程仿佛是一场以教师为三导的"独角戏"。课堂上，教师通常是单方面地向学生灌输知识，采用"满堂灌"的教学方法，学生则像是被动的知识容器，只能机械地接受教师所传授的内容。这种教学模式下，学生的主动性和积极性被严重压抑。他们缺乏足够的主动参与和思考的机会，难以真正融入学习过程。例如，在Python编程基础课程的传统教学中，教师可能在黑板上或者通过投影仪不停地讲解编程语言的语法规则、数据结构等理论知识，学生则只是静静地听，偶尔记录一些笔记。这种单向的知识传递方式使得学生处于一种被动接受知识的状态，他们没有足够的时间去深入思考所学内容与实际应用场景的联系，更难以在实践中灵活运用这些知识去解决问题。

2. 理论与实践脱节

传统教学模式下的课程设计往往侧重于理论知识的传授，而忽视了实践教学环节的重要性。在Python编程基础课程中，这种现象尤为明显。教师在课堂上花费大量时间和精力讲解编程语言的理论基础，如变量、数据类型、运算符、控制结构等，但对于如何将这些理论知识应用到实际的编程项目中，却涉及甚少。学生虽然掌握了一定的理论知识，但在实际操作时，却常常感到无从下手。例如，学生在学习了电商数据处理相关的Python知识后，当面对一个真实的电商企业需要对用户行为数据进行分析的项目时，却不知道如何运用所学的数据分析库和方法来解决实际问题。这种理论与实践的脱节，导致学生难以真正理解和掌握所学知识的应用价值，无法将知识转化为实际的技能，影响了他们的综合能力和职业竞争力。

3. 个性化教学不足

每个学生都有自己独特的学习风格、学习进度和学习需求，但传统教学模式很难满足这些多样化的个体差异。在传统的班级授课制中，教师通常按照统一的教学进度和教学内容进行授课，无法关注到每一个学生的具体情况。对于学习能力较强的学生来说，他们可能会觉得教学进度太慢，所学内容过于简单，无法满足他们的求知欲和提升需求；而对于学习能力较弱的学生来说，他们可能会觉得教学进度太快，难以跟上教师的节奏，对所学知识理解不透彻。例如，在Python编程实践环节中，有些学生可能很快就能掌握编写电商推荐算法的方法，而有些学生则需要更多的时间和指导来理解和实现这一功能。然而，传统教学模式下，教师往往难以针对每个学生的个体差异进行有针对性的教学，导致部分学生无法充分发挥自己的潜力，影响了整体的学习效果。

（二）AI技术在教育领域的发展趋势

随着人工智能技术的不断发展，其在教育领域的应用日益广泛。AI技术可以为教学提供智能化的工具和平台，如智能辅导系统、自动批改作业工具、虚拟实验室等，有助于实现个性化教学，提高教学效率和质量。

（三）社会对创新型人才的需求

在当今社会，电子商务行业快速发展，对创新型人才的需求日益迫切。具备扎实的Python程序设计和创新能力的电子商务专业人才，能够更好地适应行业的发展变化，为企业和社会创造更大的价值。因此，培养具有创新精神和实践能力的高素质人才是当前教育教学改革的重要任务。

四、教学创新理念与设计

（一）以学生为中心的教学理念

关注学生的学习需求和个体差异，激发学生的学习兴趣和自主学习意识，让学生成为学习的主体。教师则扮演引导者和组织者的角色，为学生提供必要的支持和帮助。例如，对于逻辑思维能力较强、对面向对象编程概念理解较快的学生，教师可以利用AI为其推荐更具挑战性的项目实践任务，如开发一个简单的电商后台管理系统，涉及数据库连接、用户认证、商品管理模块等，同时提供一些拓展性的学习资源，如设计模式在电商系统中的应用案例、Python高级特性在大型电商项目中的实践等，进一步挖掘他们的编程潜力。而对于编程基础相对薄弱、对语法细节容易出错的学生，教师可以安排更多有针对性的基础语法练习和代码调试训练，如变量定义、数据类型转换、循环语句的正确使用等，并利用AI为他们提供详细的解题思路和代码示例，帮助他们逐步巩固编程基础。这种个性化的教学设计能够充分发挥每个学生的优势，弥补其不足，激发学生对Python编程在电子商务领域应用的兴趣和潜能，提高他们在专业课程中的综合能力。

（二）跨学科融合的理念

将计算机科学与其他学科的知识相结合，拓宽学生的知识面和视野。例如，将Python编程与电子商务业务、数据分析等领域相结合，培养学生的综合应用能力。例如，在讲解Python数据处理库时，教师可以引入电子商务运营中的实际数据，如电商平台的销售数据、用户行为数据等，让学生运用Pandas进行数据清洗、分析和可视化，同时结合市场营销学原理，分析不同营销活动对销售数据的影响，以及如何根据用户行为数据制定精准的营销策略。在教授Python网络编程相关知识时，教师可以利用AI引入网络安全和法律知识，讲解电商平台面临的网络安全威胁以及如何利用Python进行网络安全防护，同时探讨在电商交易过程中涉及的电子合同法律问题和隐私保护政策等。通过这样的跨学科融合教学，学生能够从多个角度理解Python编程在电子商务中的重要作用，培养跨学科思维和解决实际电子商务问题的能力，这符合现代社会对复合型电子商务人才的需求。

（三）项目实践导向的理念

强调实践教学的重要性，通过项目实践、实验教学等方式，让学生在实践中掌握知识和技能，提高解决实际问题的能力。同时，实践教学也可以促进学生对理论知识的理解和吸收。例如，在讲解Python在电商推荐系统中的应用时，教师可以使用AI构建一个虚拟的电商平台界面，展示不同类型的商品信息和用户浏览记录。学生需要运用Python编写推荐算法，根据用户的历史浏览行为和购买记录为用户推荐个性化的商品。AI可以根据学生的代码逻辑实时反馈推荐结果的准确性和有效性，让学生在实践中锻炼编程能力和对推荐算法的理解。在电子商务数据分析项目实践中，教师可以利用AI模拟电商平台的数据生成过程，让学生运用Python进行数据挖掘和分析，如分析商品销售趋势、用户地域分布等，并通过可视化工具展示分析结果。这种情境化与体验式教学能够提高学生对Python编程在电子商务领域应用的实践能力和解决实际问题的能力，同时也能增强学生的学习积极性和参与度（见表1）。

表1   **"Python程序设计"教学创新理念**

教学创新理念	关键设计方法	示例	优势
以学生为中心	关注学生个体差异，提供个性化支持。分层教学：按能力推荐个性化任务（基础/挑战性项目）AI辅助支持：动态调整学习资源与反馈 差异化评价：过程性评估与成果导向结合	针对不同水平的学生提供不同难度的项目实践任务。基础薄弱学生：Python语法调试训练（如循环语句纠错）进阶学生：电商系统开发（含数据库与用户认证模块）	充分发挥每个学生的优势，激发学生的学习兴趣和潜能，提高他们在专业课程中的综合能力

续表

教学创新理念	关键设计方法	示例	优势
跨学科融合	将计算机科学与其他学科知识相结合。 领域交叉：编程+电商运营/数据分析 知识迁移：代码逻辑与商业逻辑结合 伦理融入：技术应用与法律/安全结合	在讲解Python编程时引入电子商务业务、数据分析等领域的实际数据。 数据分析：Pandas处理电商销售数据，结合营销策略分析。 网络安全：Python防护脚本编写与电子合同法律解读	拓宽学生的知识面和视野，培养学生跨学科思维和解决实际问题的能力
项目实践导向	强调实践教学的重要性，通过项目实践、实验教学等方式让学生在实践中掌握知识和技能。 情境模拟：虚拟电商平台搭建与算法测试 实战驱动：真实数据挖掘与可视化 即时反馈：AI评估推荐算法效果	使用AI构建虚拟电商平台界面，让学生运用Python编写推荐算法。 推荐系统：基于用户行为数据的个性化商品推荐算法开发。 销售分析：Python可视化展示地域销售趋势与用户画像	提高学生对Python编程在电子商务领域应用的实践能力和解决实际问题的能力，增强学生的学习积极性和参与度

五、教学创新改革措施

（一）备课环节

1.素材准备

整合多元化资源：在当今数字化时代，信息资源丰富多样，教师若仅依赖传统的教材和教案进行教学，难以满足学生对知识的多元需求。因此，教师应当积极拓展教学资源的获取渠道，广泛收集网络上的各类优质资源，如在线课程平台上的精彩视频、开源项目中的典型案例以及技术博客中的专业知识等，将其巧妙地融入Python编程教学素材之中。这些资源可以帮助学生从不同角度理解Python编程知识，拓宽学生的视野。

制作个性化课件：根据学生的学习情况和特点，制作具有针对性和个性化的课件。在设计课件内容时，教师应摒弃烦琐复杂的表述，做到简洁明了、重点突出，同时可以加入一些互动元素，如动画演示、在线测试等，提高学生的学习兴趣和参与度。每个学生的学习情况和特点都不尽相同，为了更好地满足不同学生的学习需求，教师需要根据对学生的深入了解，精心制作具有高度针对性和个性化的课件。对于一些抽象的概念和难点知识，可以通过生动形象的示例进行阐释。例如，在讲解Python面向对象编程中的类和对象概念时，可以以生活中常见的汽车为例，将汽车看作一个类，而具体的某一辆汽车则是该类的一个对象，这样的类比能让学生迅速理解这一复杂概念。

2.思政元素项目案例选择

选取行业典型思政项目案例：结合电子商务专业的特点，选取具有代表性的具有思政元素的项目实际案例，如振兴乡村电商平台数据分析、扶贫商品推荐系统、在线支付系统等。通过对这些具体的项目案例的分析和讲解，让学生了解Python编程在实际工作中的应用，提高学生的实践能力和解决问题的能力，激发为国家振兴贡献力量的思想。例如，在讲解数据分析相关知识时，可以以电商平台的用户行为数据为例，引导学生运用Python进行数据清洗、分析和可视化。

设计趣味性案例：为了激发学生的学习兴趣，还可以设计一些具有趣味性的案例，如游戏开发、图像识别等。这些案例可以让学生在轻松愉快的氛围中学习Python编程，提高学生的学习积极性和主动性。

3.题库建设

构建分层题库：根据课程知识点和学生的认知水平，构建分为基础题、提高题和拓展题的分层题库。基础题主要用于巩固学生的基础知识，提高题和拓展题则用于培养学生的创新能力和综合应用能力。这样可以满足不同层次学生的学习需求，让每个学生都能在学习过程中有所收获。

引入在线判题系统：利用在线判题系统，学生可以随时随地提交作业并进行自动批改。系统可以及时反馈学生的答题情况，让学生了解自己的学习进度和存在的问题。同时，教师也可以通过系统对学生的答题情况进行统计分析，了解学生的学习情况，以便调整教学策略。

（二）课堂教学环节

1.智能教学助手的应用

实时解答疑问：借助智能教学助手工具，如聊天机器人等，在课堂教学过程中实时解答学生的疑问。学生可以随时向智能助手提问，获取及时的帮助和指导，提高学习效率。例如，当学生在编写代码过程中遇到错误时，可以向智能助手咨询解决方案。

个性化学习建议：智能教学助手可以根据学生的学习情况和历史记录，为学生提供个性化的学习建议和学习计划。例如，对于学习进度较慢的学生，智能助手可以推荐一些基础的学习资源和练习题目；对于学习进度较快的学生，则可以提供一些拓展性的学习内容和挑战性的任务。

2.小组合作学习与讨论

合理分组：根据学生的学习能力和性格特点，将学生分成若干小组，每组人数控制在3~5人。确保每个小组都有不同层次的学生，以便学生之间可以相互学习、相互帮助。

组织小组讨论：在课堂教学中，安排一定的时间让学生进行小组讨论。讨论主题可以是课程中的难点问题、实际案例分析或项目设计方案等。通过小组讨论，学生可以分享自己的想法和经验，培养团队协作能力和沟通能力。教师可以在小组讨论过程中巡视指导，及时解决学生遇到的问题。

3.项目驱动式教学实施

设计与实际紧密结合的思政电商项目：根据课程教学内容和企业实际需求，设计一系列由简到繁的项目，如振兴乡村小型电商平台搭建、扶贫商品数据分析报告生成等。让学生以项目为导向进行学习和实践，在项目实施过程中掌握Python编程知识和技能。

项目实施与指导：在项目实施过程中，教师要给予学生充分的指导和支持。教师可以将项目分解为若干个任务模块，为每个任务模块提供详细的指导和要求。同时，教师要鼓励学生自主探索和创新，培养学生的独立思考能力和解决问题的能力。

（三）课后作业与评价环节

1.作业布置与批改

个性化作业布置：根据学生的学习情况和课堂表现，为学生布置个性化的作业任务。对于学习有困难的学生，可以布置一些基础性的作业，帮助他们巩固所学知识；对于学有余力的学生，则可以布置一些拓展性的作业，如小型项目开发、算法优化等，提高他们的综合能力。

多元批改方式：除了教师人工批改作业外，还可以采用多种批改方式相结合的方法。例如，利用在线作业平台进行自动批改客观题，教师则重点批改主观题和编程作业。同时，鼓励学生之间相互批改作业，通过互评可以提高学生的参与度和责任感，同时也能让学生从他人的作业中学习到不同的解题思路和方法。

2.学习效果评价

建立多元化评价体系：改变传统的以考试成绩为主的评价方式，建立包括平时作业、课堂表现、小组项目、期末考试等在内的多元化评价体系。各项评价指标应根据其在课程学习中的重要性赋予相应的权重，全面、客观地评价学生的学习效果。例如，平时实训作业占总成绩的60%，课堂表现占5%，期末考核占35%。

过程性评价与总结性评价相结合：注重对学生学习过程的评价，及时反馈学生的学习情况和存在的问题。教师通过课堂提问、作业批改、小组讨论等方式对学生的学习过程进行评价，让学生了解自己的学习进展和不足之处，以便及时调整学习策略。同时，在学期结束时进行总结性评价，综合评定学生的学习成绩和能力水平。

（四）课外拓展环节

1.在线学习资源推荐

推荐优质在线课程平台：向学生推荐一些知名的在线课程平台，如国家智慧教育在线平台、DeepSeek、Coursera、edX、网易云课堂等，让学生可以根据自己的兴趣和需求选择相关的Python编程课程进行学习。这些在线课程平台提供了丰富的课程资源和学习工具，学生可以通过在线学习进一步加深对Python编程知识的理解和掌握。

引导利用开源社区资源：鼓励学生积极参与开源社区，如CSDN、GitHub、开源中国等。在这些开源社区中，学生可以学习到优秀的开源项目代码，了解最新的技术动态和行业趋势。同时，学生也可以尝试参与一些开源项目的开发和维护，锻炼自己的编程能力和团队协作能力。

2.参与学科竞赛与实践活动

组织校内学科竞赛：协会定期举办校内Python编程竞赛活动，如程序设计大赛、算法竞赛等。通过竞赛的形式激发学生的学习兴趣和竞争意识，提高学生的编程水平和创新能力。竞赛内容可以紧密围绕课程教学内容和企业实际需求进行设计，让学生在竞赛中锻炼解决实际问题的能力。

鼓励参加社会实践项目：积极与企业合作，为学生提供参与社会实践项目的机会。例如，组织学生参与企业的数据分析项目、软件开发项目等。通过实践项目的锻炼，学生可以将所学知识应用到实际工作中，提高自己的实践能力和职业素养（如图3所示）。

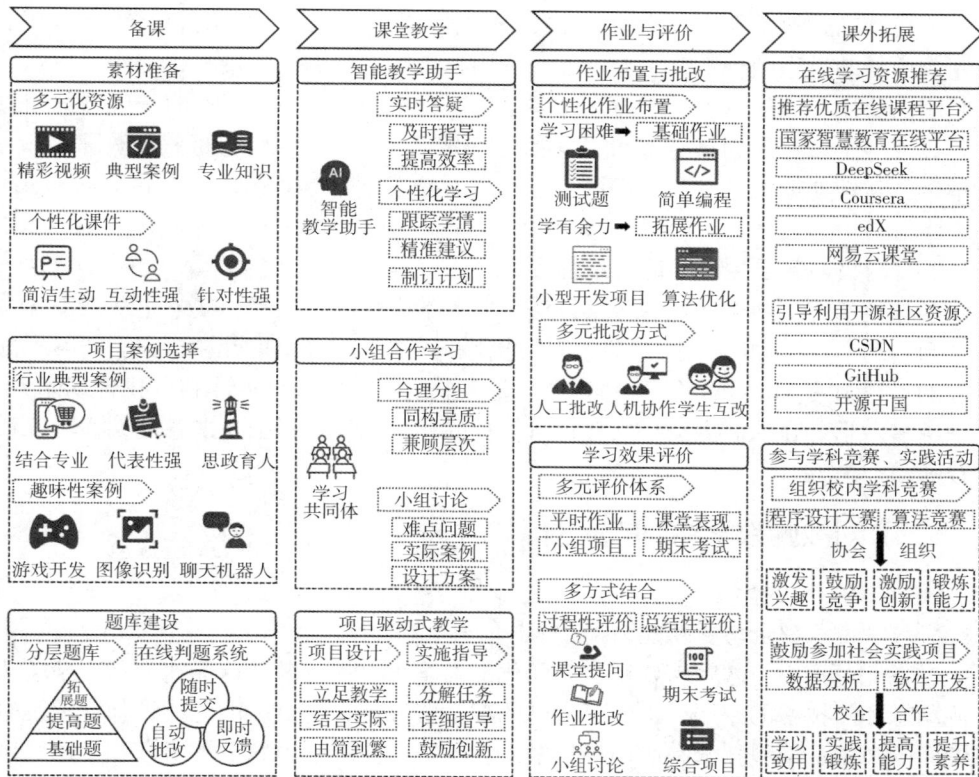

图3 "Python程序设计"教学改革创新措施

六、教学创新成效

（一）对学生学习效果的提升

1. 知识掌握更加扎实

通过丰富多样的教学素材和个性化的学习支持，学生对Python程序设计知识的掌握更加扎实。在项目实践和案例分析中，学生能够将所学知识灵活运用到实际问题的解决中，提高了对知识的理解和记忆。例如，在期末考试中，学生对基础知识点的得分率明显提高，合格率100%，优秀率75%以上。

2.实践能力和创新能力得到培养

项目驱动式教学和实践活动的开展，为学生提供了大量动手实践的机会。学生在完成项目的过程中，不仅学会了如何运用Python进行编程开发，还培养了独立思考、团队协作和创新思维的能力。许多学生在项目中提出了创新性的解决方案和想法，表现出了较强的创新能力和实践能力。例如，在一次小型电商平台项目中，一组学生创新性地运用了机器学习算法进行商品推荐，取得了良好的效果。

3.学习兴趣和自主学习能力增强

趣味化的案例和多样化的教学方法激发了学生的学习兴趣，使学生从被动学习转变为主动学习。同时，个性化的学习建议和在线学习资源推荐，让学生能够根据自己的学习进度和需求进行自主学习，提高了学生的学习自主性和自我管理能力。越来越多的学生在课后主动探索Python编程的相关知识，积极参加各类编程竞赛和实践活动。

（二）对教师教学能力的促进

1.教学资源整合与更新能力提升

在备课过程中，教师需要整合多元化的教学素材和资源，这促使教师不断关注行业动态和新技术的发展，提升了自己的教学资源整合与更新能力。教师能够及时将最新的Python编程技术和应用场景融入教学中，使教学内容更加丰富和实用。例如，教师将新的深度学习框架应用于相关课程内容的讲解中，让学生了解到最新的技术趋势。

2.信息化教学工具应用能力提高

智能教学助手、在线作业平台等信息化教学工具的应用，要求教师具备相应的操作和应用能力。在使用过程中，教师逐渐熟悉并掌握了这些工具的功能和特点，能够熟练运用它们辅助教学。例如，教师可以利用智能教学助手快速解答学生的常见问题，提高教学效率；利用在线作业平台布置和批改作业，及时了解学生的学习情况。

3.因材施教和教学管理能力增强

通过分层题库建设和个性化作业布置，教师能够更好地了解每个学生的学习情况和需求，实施因材施教。同时，在小组合作学习和项目实施过程中，教师的教学管理能力也得到了锻炼和提高。教师能够有效地组织学生进行讨论和项目开发，协调学生之间的关系，确保教学活动的顺利开展。例如，在小组项目实施过程中，教师能够及时发现并解决学生之间的分工不合理、进度不一致等问题。

七、结论

通过将数智技术融入电子商务专业的"Python程序设计"课程教学中，实施了一系列教学创新改革措施，取得了一定成效。在学生方面，学生的学习效果得到了明显提升，知识掌握更加扎实，实践能力和创新能力得到了培养，学习兴趣和自主学习能力显著增强。在教师方面，教师的教学资源整合与更新能力、信息化教学工具应用能力以及因材施教和教学管理能力都得到了提高。

未来，随着人工智能技术的不断发展和完善，应进一步深化数智技术在"Python程序设计"课程教学中的应用。一方面，继续探索更智能化的教学工具和方法，为学生提供更加个性化、精准化的学习支持；另一方面，加强与企业的合作与交流，及时了解行业的最新需求和技术发展趋势，不断优化课程教学内容和体系。同时，还应加强对教师的培训和支持，提高教师的数智素养和教学能力，确保教学创新改革能够持续推进并取得更好的效果。相信在数智技术的赋能下，"Python程序设计"课程教学将不断创新和发展，为培养更多适应时代需求的高素质电子商务专业人才做出更大的贡献。

编写人："Python程序设计"课程教学团队

"数据挖掘与可视化"课程教学数字化改革与实践

一、课程简介

"数据挖掘与可视化"是我校电子商务专业开设的一门实验实践类课程。本课程是电子商务专业必修课，主要面向本科3年级学生开设，设置2学分48学时，从2023年开始开展数智化混合式教学探索。本课程融合了统计学、机器学习、商务知识等领域的理论和技术，旨在从各种复杂数据中提取高价值的知识和信息，提高学生使用数据的能力，在电子商务、市场营销、金融投资等领域具有广泛的应用。本课程主要聚焦商务智能中的数据挖掘与可视化环节，内容涵盖数据挖掘基础、数据挖掘算法以及可视化实践等核心模块，有效衔接了前面的数据采集与预处理等实践课程，为后续的电子商务案例分析和电商大数据分析与实战等课程奠定了基础。通过本课程的学习，学生能够理解数据挖掘的基本概念和原理，熟悉数据分析的操作步骤，掌握数据挖掘与可视化的实现方法，了解数据挖掘在商业中的应用，能运用Python语言、DeepSeek、Kimi和豆包等人工智能工具结合数据挖掘算法和可视化技术等相关知识完成数据采集、建模与可视化呈现等工作，真正挖掘数据潜力，发挥决策支撑作用。本课程的开设不仅可以培养学生的数据分析、处理和挖掘能力，拥有数据驱动决策思维与跨领域问题解决能力，还有助于工匠精神和职业素养的培养。

二、课程的教学理念和教学目标

（一）教学理念

本课程的智慧化改革贯彻"以学生为中心"的核心理念，强调学生的主体地位，重新定义教育主体的价值坐标，关注学生个性化需求，提供多样化的学习资源与路径选择。对课程的数智化教学改革，重点关注三大转变：一是从"统一化"转向"个性化"，即在满足整体教学目标的前提下，通过数字化和智能化手段，以学生为中心，探索学习路径从统一化到个性化的转变；二是从"被动接收"转向"主动求学"，即通过开放性问题场景激发学生积极性，从任务场景中去寻找、分析和解决真实问题，完成学习过程的转变；三是从"工具使用"升级为"思维贯通"，即让学生不仅能够驾驭数据挖掘与可视化的相关技术工具，还要引导跨学科融合、批判性思维与伦理意识等思维贯通，引导学生在数据挖掘与可视化的过程中平衡技术理性与人文价值，让教育回归人的主体性发展，实现"铸商魂、育商智、强商能"的教学目标。

（二）教学目标

本课程旨在全方位培育学生，致力于让学生在知识储备、实践能力以及个人素养方面均得到提升，为后续的学习与工作打下坚实的基础，成为具备高素质的应用创新型电商人才。

在知识储备方面，应牢牢掌握数据挖掘与可视化的基础概念、运作原理和各类实操方法；通透理解数据预处理、特征提取以及模型构建等关键环节；熟练运用聚类分析、分类分析、关联规则挖掘等常见的数据挖掘算法与技术，并能够借助可视化工具，清晰且有效地展示数据。

在能力塑造方面，要形成扎实的数据分析、处理与挖掘能力，构建起数据驱动决策的思维体系，从而具备解决跨领域问题的本领；学会将 AI 技术融入学习实践，熟练操作数据挖掘工具，从数据预处理开始，到模型构建，再到结果解读，每个步骤都能游刃有余；熟知从问题提出、数据收集，到分析与展示的全过程，能依据实际问题，精准挑选合适的算法与技术，凭借可视化工具，直观呈现数据成果，拥有独立或者与团队协作完成数据挖掘项目的能力。

在素质提升方面，须提升国家与民族自豪感，树立自信自强的信念，培育独立自主、敢于创新的爱国主义情怀；助力学生养成严谨的学术和工作作风，强化商业道德与数据伦理意识，激发合规、创新和探索精神，提升团队协作和沟通能力，领悟与时俱进、实事求是的工匠精神，做到知识的学以致用与灵活运用。

三、课程内容

本课程主要围绕数据挖掘与可视化的核心内容展开，包括数据挖掘的基本概念、原理和方法，数据预处理技术，常用数据挖掘算法和技术，数据可视化原理和方法等，并紧跟行业发展趋势，引入最新的 AI 相关数据挖掘算法与案例，运用可视化工具与技术进行实践运用。在数字化与智能化赋能的课程改革框架下，商务数据分析教学体系深度融合大数据、人工智能技术与工具：从商务数据采集（智能爬虫与自动化清洗）、分析方法（机器学习驱动的分类聚类、时序预测及 NLP 文本分析）、到可视化应用（动态图表与智能推荐），构建覆盖全流程的实训场景。课程以 Python/SQL/Tableau 为核心工具，结合关联规则挖掘、用户画像建模、社交电商分析等实战案例，融入 AutoML 自动化建模、跨境店铺客户忠诚度智能分析等前沿技术，通过商品促销优化、客户细分等综合项目，培养学生运用网易 BI、DeepSeek、豆包、通义千问等工具实现多模态数据处理及商业决策支持的能力，同时依托大数据技术发展历程等思政案例，强化数据伦理与技术创新意识。

四、数智赋能教学改革

（一）数智赋能教学模式改革

利用大数据、5G 网络、人工智能等技术优化教学内容呈现方式，设计了基于"二维三端三阶"的线上混合式教学模式，增加互动式教学活动与任务（如图 1 所示）。

数据挖掘与可视化的"二维三端三阶"的混合式教学模式

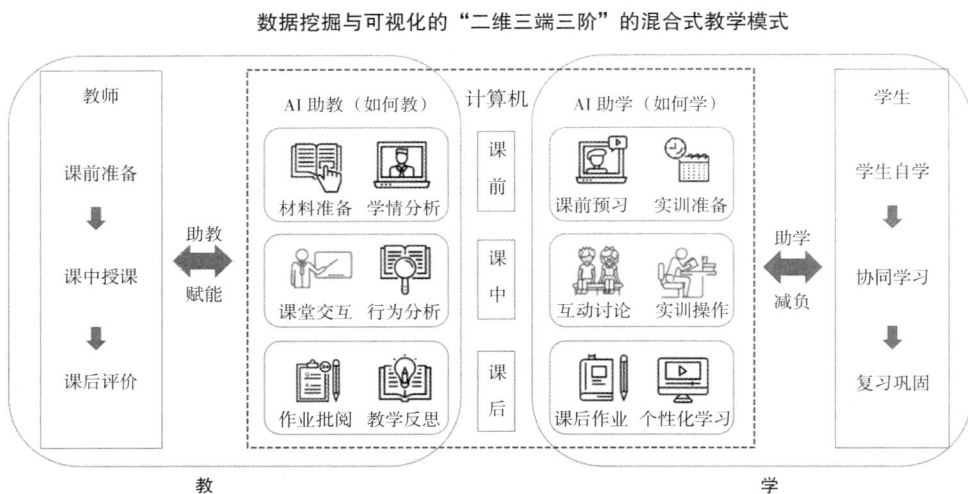

图 1　"二维三端三阶"混合式教学模式

"二维"指的是教和学两个维度，数智赋能的教学改革将主要围绕如何教和如何学开展，从中形成了 AI 助教和 AI 助学两个部分。

"三端"分别为学生端、教师端和机器端。随着人工智能融入教育领域，学与教的关系从单纯的师生关系，转变为教师、机器、学生三者共同参与的新型模式。在学生端，生成式人工智能发挥着重要的学习辅助作用。它不仅能解答学生学习中的疑问，还能如同贴心的学习"搭子"，依据学生的具体情况，提供个性化学习支持，拓展多样化的学习途径与方法，助力学生更高效地学习。在教师端，生成式人工智能成为提升教学质量的有力工具。它赋能教学过程，帮助教师优化教学策略，提升教学水平，促进教师的专业成长。而教师专业素养提升后，又能更好地引导学生，促进学生核心素养的培养与落实。在机器端，人工智能依托数据、算法和算力，在教育中扮演着协同者的角色。一方面，它能有效辅助教师开展教学工作，减轻低阶简单劳动，提供教学决策参考等支持；另一方面，可为学生量身定制个性化学习路径，促进学生的个性化发展。通过机器端的桥梁作用，实现学生、教师和机器之间的和谐协作，共同推动教育的进步。

"三阶"具体包含课前、课中、课后这三个关键阶段。从时空层面分析，这三个阶段不仅在时间上依次推进，存在明显的跨度，在空间上也有所转移。课前阶段，教师通常会在办公室或者家中开展备课工作。此时，生成式人工智能成为得力助手，教师围绕课程标准、学生学情、教学目标、教学活动设计以及评价量规等关键要素，借助人工智能进行备课。"学教评一体化"的备课模式，成功地将以往基于教师个人经验的备课活动，升级为更为专业、规范的流程。而这一标准化的流程，又为生成式人工智能在备课环节充分发挥赋能作用，提供了坚实可靠的依托。课中阶段，其核心任务聚焦于促进学生学习效果的达成，本质上就是要确保学习目标得以有效落实。教学过程以教学活动的九大教学事件作为重要参考依据，从激发学生兴趣入手，紧紧围绕教学目标精心展开各类活动任务，并对学生的学习行为进行精准评价。在此过程中，实现了从传统依靠经验教学，向基于数据进行精准教学的转变，从而有力地精准赋能课堂教学，而教室便是这一阶段的主要活动场所。课后阶段，教师会针对课堂教学中出现的问题，开展二次备课工作，以此来反思教学过程中的不足，进而实现教学水平的提升。与此同时，学生则充分利用大模型的强大功能，进行作业辅导、复习已学知识以及预习新知识，助力自身学习能力的巩固与提升。

1.课前：精准分析，高效备课

备课阶段，AI工具让教学准备更科学、更高效。在学情分析上，传统经验判断常存在"颗粒粗、针对性弱"的问题，而AI能通过数据统计精准定位学生的知识盲区，帮老师找到教学起点。设计教学目标时，AI能对照课标、教材和学情，自动检测目标是否满足"行为主体+表现+条件+程度"四要素，还能建议"分析""设计"等具体动词，避免目标空泛。课件和图片制作则能借助Kimi、即梦等工具一键生成，例如用"图生视频"让课本插图动态呈现，或是快速制作流程图、数字人，既节省时间又丰富素材。此外，AI还能辅助分析课标、设计课堂活动，让备课从"凭感觉"转向"有依据"。

2.课中：动态互动，思维进阶

课堂上，AI让知识"活"起来。例如，在经典知识讲解或案例背景介绍中，用数字人技术让当事人"穿越"到教室，让学生能更加真实地融入场景中。另外通过设置课程智能体，可以让学生与其进行对话问答；还可以让 AI 化身辩论对手与学生进行辩论，锻炼逻辑思维，培养批判性思维。教师还能调用 AI 拓展知识边界，将历史事件背后的社会背景、科学原理的实际应用通过关键词快速生成，让课堂内容更贴近生活，激发学生的高阶思考。

3.课后：数据驱动，精准提升

课堂教学结束后，可以结合学习通平台和人工智能平台进行高效的作业批阅和反思教学，让评价和反思更深入。传统的作业批改费时费力，数字化改革后，可以结合学习通的客观评阅和 AI 技术主观评阅的优势，能够更全面更高效实现作业情况分析，标记典型错误，让教师快速定位班级薄弱点，分析教学的痛点，为每个学生生成专属学习计划奠定基础。另外，在教学反思环节，利用 AI 模拟"教研专家"视角，指出课堂设计的逻辑漏洞，比如"目标与活动是否匹配""提问是否层层递进"，帮老师跳出经验局限，找到优化方向。这些数据还能沉淀为教学档案，为下一节课提供参考，真正实现"教—学—评"闭环。

（二）数智驱动交叉融合创新

"数据挖掘与可视化"课程是电子商务专业课程体系中体现经济学、管理学和工学（计算机）三个学科融合的课程，可以通过数智化课程建设全方位推动商务智能课程群的交叉融合创新，提升学生的综合能力素质和技术应用水平。本课程积极重构商务智能课程群教学模式，全力打造"平台支撑—仿真模拟—虚实联动"的智慧化教学体系。在商务智能课程群 AI 化重构上，以"数据采集与预处理→数据挖掘与可视化→电子商务综合运用"的能力链路为导向，充分借助 AI 技术，实现课程群各部分的深度耦合，促进知识与技能的无缝衔接。在学习通教学平台的基础上构建起智能教学生态，从而达成"学—练—训—评—创"的闭环。其中，通过知识图谱动态串联，构建起跨课程知识关联网络，并运用大数据和 AI 技术，根据学生学习情况自动推荐最合适的学习路径；借助智能学情导航，对学习通中记录的学生数据和操作日志等进行深入分析，为每一位学生量身定制个性化的学习建议；还有虚拟助教系统，结合学习通的知识图谱，设置 AI 课程助教问答机器人，能够全天候 24 小时解答学生在学习过程中遇到的各类课程问题。通过这些数智驱动的改革举措，本课程在教学中可以"真实问题域"为纽带重构知识边界，并根据电子商务专业特性，结合电子商务全链路业务场景，将协同过滤算法、时序预测模型等技术与电商平台实战深度耦合，例如通过爬虫抓取跨境商品评论数据训练情感分析模型，驱动学生理解数据挖掘与商业洞察的共生逻辑。课程打破了技术工具与人文社科的壁垒，例如引入社会科学中的网络传播理论解析社交电商裂变规律，构建"技术工具—商业逻辑—社会价值"三重认知框架。通过项目制学习，学生既能用

Python 绘制电商漏斗转化热力图，也能从管理学视角评估模型对零售决策的支持效能，最终培养在复杂系统中实现技术落地与价值创造的"跨界问题解决者"。可以依托跨境电商评论情感分析（社会学+语言学）、直播电商实时流量预测（传播学+运筹学）等跨学科项目。

五、课程思政设计

本课程思政设计围绕学院"铸商魂、育商智、强商能"总体教学目标以及"商道铸魂、粤韵润心、践悟并行"育人理念，以"五新"育人框架为内核。秉持以学生为中心的新理念搭建课程体系，从新视角出发，将思政教育深度融入社会实践与数字化场景之中，借助新技术推动教学手段革新，运用新素材让时政热点与红色文化资源焕发生机，通过新实践强化数字化教学与实践育人的协同效应。在此架构上，推行实施"情感共鸣、师生共情、价值共振"的教学策略。借助案例教学、情景模拟等互动形式，激发学生兴趣，从价值观等现实议题入手，实现师生间的情感共鸣；依托小组讨论、角色扮演等活动，促进师生共情，在价值观的碰撞交流中深化学生认知；最终，通过项目式学习以及实践成果展示，达成价值共振，把社会主义核心价值观巧妙融入专业教学的各个环节。这种"理念—方法—效果"的闭环设计，不仅契合大学思政课一体化建设需求，还能凭借动态评估机制，持续优化教学策略，切实增强思政教育的实效性与感染力，助力学生商魂的铸就、商智的培育以及商能的强化。

六、数字化资源建设

(一) 基础教学资源

在数字化改革中，以学习通为基础搭建了本课程的在线学习平台。通过教学改革，在学习通成功构建起"数据挖掘与可视化"在线课程。其内容丰富多样，拥有融合代码模板、可视化案例以及行业报告的 AI 驱动资源库，具备自然语言搜索与智能推荐功能。平台精心设置了 32 个章节，其中 16 个为任务章节，包含 14 个生动的视频以及 12 个实用文档。题库规模达 410 条题目，涵盖了单选、多选、简答、填空、论述、案例分析等各类题型。还有 62 个课程资料，包含 3 个视频、48 个文档以及 11 个其他资料。同时开展了 86 个课堂活动，进行了 20 个话题讨论，课程访问量突破上万次。这个基础教学资源库的建设为本课程的智慧化改革提供了有力的支撑，充分满足了目前混合式教学的需要。

（二）数智平台资源

随着人工智能和大数据等前沿技术的快速发展，本课程将结合前沿技术和工具进行智慧化赋能，进一步提升教学质量，满足学生多样化的学习需求。本课程在实施"二维三端三阶"混合式教学的过程中，综合相关资源形成了一套智慧教学资源（见表1）。

表1　　　　　　　　　　　　　　　　数智平台资源

阶段	环节	平台资源	说明
课前	学生预习（学生）	超星学习通	提供电子教材、教学视频、音频等预习资料，记录学生学习数据，教师可发布预习任务
	学情分析（教师）	利用 DeepSeek、通义千问等平台和学习通数据	结合学习通平台数据和任务完成情况提供学情分析材料
	课件优化（教师）	AIPPT、即梦 AI、可灵 AI 和剪映等	利用这些 AI 工具进行图片、文字优化，以及制作数字人视频
课中	教学实践	Juptyer notebook、网易 BI 和 SPSSAU 等实训软件	支撑学生课堂实训，满足数据挖掘与可视化上机要求
	教学互动	本课程智能体（商务智汇）、豆包、学习通助教等	通过文字或语音进行交互讨论，解答学生提出的基础问题，并记录分析学习掌握情况
课后	课后作业	学习通、ideone网站等	可以结合ideone在线编译平台或学生电脑编译环节在学习通上完成课后作业
	作业批阅	学习通+腾讯元宝、天工 AI	自动批改客观题，统计成绩，教师可输入个性化评语
	拓展资源	中国大学 MOOC、CSDN 和秘塔 AI 搜索等平台	提供学术论文、科普文章、趣味视频等拓展资料，拓展学生的学习知识面

（三）实践教学资源

"数据挖掘与可视化"课程是一门实践类的专业课，在数字化改革过程中要将课堂教学与实践活动有机结合，培养学生的创新精神和实践能力，为了提供更多的实践机会和发展空间，在本课程的数字化实践过程中也非常重视实践教学资源建设。

首先，基于现有校内实训室的基础，借助学习通、雨课堂、SPSSAU 和 ideone 等平台，结合 DeepSeek、通义千问、豆包等大模型共同搭建起云端实验环境，使学生不仅能够在实验室进行上机实训操作，也可以通过远程利用高性能计算资源，顺利完成数据挖掘与可视化的相关任务，让学生能够更全面地参与实训。

另外，为了更好地增强学生实践动手能力和利用现有知识解决现实问题的能力，本课程遵循商学院的"真场景，敞开式，深耦合"理念，发挥"校、政、行、企"多方力量，积极开展校企合作，现与天天互动、天擎天拓等校外实践基地企业建立了紧密的合作关系。多方一起开展课程建设，将企业的项目结合到教学中来，并根据企业实际操作流程，优化课程内容和数据挖掘与可视化实践项目。不仅提高了学生的实践动手能力，也让学生接触到前沿的行业信息和发展方向。

七、教学评价设计

本课程的考核评价体系以"学生学习成效"为核心，重构多维多元化评价体系，打破传统期末笔试的单一权重分配，注重全过程考核，聚焦能力培养。

（一）评价体系

本课程采取全过程性考核的模式，涉及预估性评价、形成性评价和总结性评价三个部分，考核内容包括2次平时作业、5次项目实训+平时考勤和课堂表现，所有过程性考核成绩经折算后计入期末考试成绩，具体框架如图2所示。

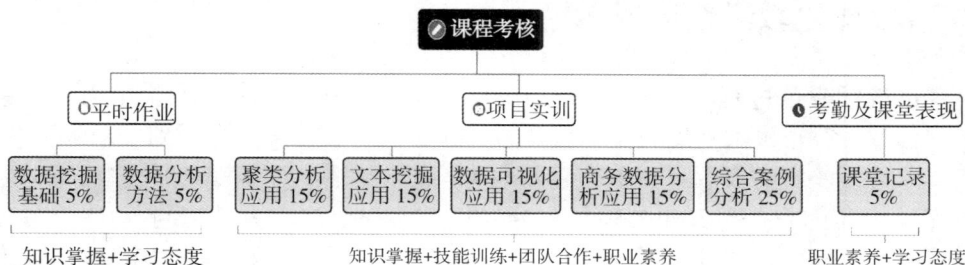

图2　课程考核具体框架

（二）评价标准

在评价标准方面，本课程主要从知识、能力和素质三个维度设置评价标准。

1.知识维度

通过课堂测验、布置作业这些常见方式，来考查学生对数据挖掘与可视化基础理论和方法的掌握状况，进而判断知识目标是否达成。

2.能力维度

借助上机实操和项目实践这些实操性手段，重点考查学生运用数据挖掘与可视化工具的熟练程度，以及面对实际问题时解决问题的能力，以此来衡量能力目标的实现程度。

3.素质维度

综合考虑学生作业、实训完成情况，还有考勤情况以及课堂上的表现，全面评价学生在爱国情怀、职业素养、工匠精神、科研道德，以及团队协作和沟通能力等方面的表现，最终确定素质目标的达成情况。

（三）评价方法

本课程充分利用超星学习通平台的学习大数据和平时课堂教学信息数据进行多元多维评价方式。系统评价主要是利用学习通教学系统对课堂测验结果、考勤记录等客观内容进行系统评价统计。教师评价则主要是针对主观题考核、项目汇报以及课堂表现等方面，由教师开展综合评价。同学评价则体现在小组实训环节，通过引入小组互评机制提升学生参与度，让评价更客观公正。同时还鼓励自我评价，积极引导学生进行自我反思与评价，助力其自我提升与成长。

八、数智化教学改革成效

在教学改革进程中，"数据挖掘与可视化"课程在多方面取得了显著成果。本课程教学改革极大地助力了学生学习，让学生实现由被动接受到主动学习的转变，取得了一定的成效。在参与学习本课程的学生中，到课率几乎全勤，实训项目完成情况优秀，超30%的项目评分优秀，课程通过率更是达到100%。另外，受课程良好氛围与教学成果的带动，约70队学生踊跃参加全国大学生电子商务"创新创意创业"挑战赛和中国国际大学生创新大赛，还取得了包括国赛一等奖在内的优异成绩。

通过教学改革也激发了教师的教学积极性。在整个教学过程中，教师团队积极借助AI赋能数智化教学，学生满意度评分平均提升8分以上，深受学生认可。同时，团队教师发表相关论文10多篇，申报课题6项，参与教师技能大赛中获奖1项，指导学生参加竞赛获奖50余项。

编写人："数据挖掘与可视化"课程教学团队

"网络广告策划与设计"课程教学数字化改革与实践

一、课程简介

（一）课程概况

"网络广告策划与设计"是电子商务的专业核心课程，是一门融合管理学、设计学、心理学、计算机科学、经济学的多学科交叉课程，在学科体系中起到承上启下和综合能力培养的作用。课程通过挖掘中国传统文化元素，结合现代数字智能技术，培养学生的商业素养和创新能力，同时强化学生对中华优秀传统文化的认同感和责任感。课程创新聚焦点和目标是结合区域人才需求、学校办学定位、专业培养要求培育数智时代下兼备跨学科知识整合思维、数智驱动全链路广告实践能力、知数字伦理践行中国情怀的应用型商科人才。

（二）建设历程

本课程在智慧化实践中，经历了从简单的信息化工具到智能化应用的发展历程，不断推动教学模式的变革与创新。在早期，课程主要依托基础的信息化工具，如多媒体课件和在线学习平台，实现教学资源的数字化呈现和初步的在线学习功能。随着技术的进步，课程逐步引入智能导学系统、个性化学习推荐等智能化应用，通过大数据分析和人工智能技术，实现精准教学和个性化学习路径规划。如今，课程已全面融入智能化教学全流程，支持多模态数据的收集与分析，为学生提供更加沉浸式和个性化的学习体验。这一过程不仅提升了教学效率，更推动了教育理念从"知识传授"向"素养培养"的转变。目前，课程已进入增质提效阶段，以产教共育、德能兼修、协同共创、数智赋能培育懂产业、会技术、懂策划、有情怀的网络广告策划与设计人才助力产业经济发展为课程宗旨。

二、课程的教学理念和教学目标

(一) 教学理念

随着人工智能技术（AI）的飞速发展，教育领域正经历着深刻的变革。"网络广告策划与设计"课程作为电子商务专业的核心课程，亟需引入人机协同教学模式，以提升教学效果和学生能力。本课程旨在通过"商道铸魂、粤韵润心、践悟并行"育人理念指引，培养适应数字时代需求的高素质广告专业人才（如图1所示）。

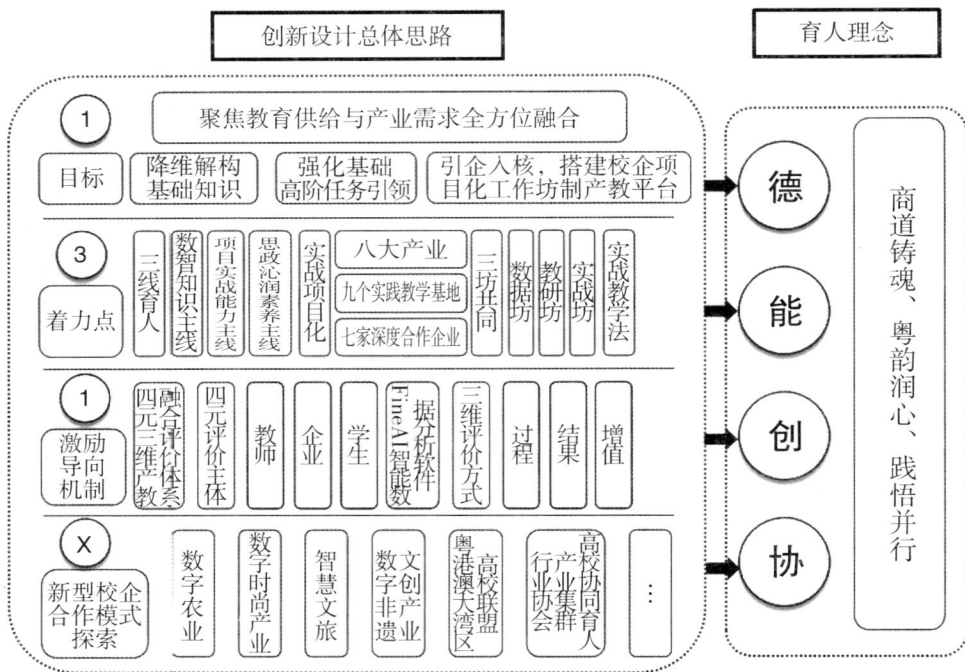

图1 课程育人理念总体思路

(二) 教学目标

知识目标：能阐述网络广告策划的核心理论与跨学科知识；熟悉数字技术在广告策划中的应用逻辑；知晓网络广告设计前沿动态。

能力目标：会运用数据分析工具智性分析广告需求、制定广告策略、优化广告效果；熟练利用AI技术创新完成和优化广告全链路策划；能根据前沿研究分析和解决实际问题。

素质目标：坚定国家发展战略和心系行业发展，形成信商、知商、爱商、强商、兴商的强国信念和坚定职业信仰；塑造科学求真、创新进取、合作拼搏、敢于竞争、不畏失败、自强不息的美好品质，践行中国情怀。

三、教学创新改革背景

人工智能技术的飞速发展为教育领域带来了新的机遇和挑战。AIGC 等技术的出现，不仅改变了广告设计的创作方式，也为教学提供了新的工具和方法。人机协同教学成为教育数字化转型的重要方向。国家教育政策强调教育信息化和数字化转型，推动人工智能与教育教学的深度融合。人机协同教学模式的探索与实践，符合教育改革的总体要求，能够有效提升教学质量和学生能力。

（一）课情分析

1.课程内容
网络广告策划与设计课程知识体系分为策划理论基础与设计制作实践两大板块。

2.课程特点
课程天然拥有着理实交融、跨学科知识延展多、创意与设计要求高、技术应用强、多媒体应用广泛的课程特点。

3.教学特点
在实际教学中，课程教学时间为32学时，学时有限且授课时间不集中加之教学知识点繁多，学生人数较多，所以也造就了课程内容讲授浮于表面、以传统授课方式为主，大班授课小组合作，评价方式统一化的教学特点。

（二）学情分析

通过对 2022 级 255 名学生进行的问卷调查及访谈分析后发现，大部分学生认为网络广告策划与设计课程一般偏难，整体感觉能学会但学不深。

1.学习偏好
学生在学习偏好上呈现出轻理论重实践的趋势，认为策划营销理论知识应用不强和创意设计不落地，学习内驱力不足。

2.学习能力

在学习能力上，大部分同学的策划设计理论储备少且美学基础薄弱、缺乏思维锻炼、喜欢利用 AI 快速生成内容且对内容要求不高，从而导致复杂技能突破难，创意思维固化，对行业发展问题意识不强，不清楚行业未来需求什么，自己应该学什么，追求卓越度不高。

3.学生思想

在学生思想方面，大部分同学对网络广告策划与设计对所学专业的支撑不太清晰，职业规划不明确，对课程的归属感、获得感、价值感不强。

（三）问题分析

通过对课情、学情的深入分析，我们认为当前网络广告策划与设计课程中存在三大核心问题：

1.技术与课程融合不足，迭代慢

课程内容滞后，缺乏对新工具和新技术的系统性融入，教学内容未能及时更新，缺乏对 AIGC、数据分析等前沿技术的系统性融入，导致学生毕业后难以适应行业需求。

2.跨学科知识储备欠缺，能力弱

学生跨学科知识储备欠缺，创新思维和实践能力薄弱；在信息爆炸的时代，学生的信息检索和分析能力较弱学生"搜商"不足，信息检索和分析能力欠缺，缺乏对结果的批判性思考和独立创新能力

3.资源与行业需求不匹配，成效低

实践教学与行业实际需求脱节，学生缺乏真实的项目经验，难以将所学知识转化为实际能力。

四、教学创新理念与设计

（一）教学创新理念

课程团队探索出"融智、塑魂、育能"的教学创新理念，即以技术赋能为驱动，推动知识更新与能力提升"融智"，以课程思政为核心，塑造学生职业精神与

社会责任"塑魂",以实战项目为导向,提升学生实践能力和创新思维"育能"。

1."塑魂"与"融智"的融合

在课程思政模块中,通过案例分析和讨论,引导学生思考AI技术对社会、文化和商业的影响,培养学生的科技伦理意识。例如,分析AI生成广告对消费者认知的影响,引导学生树立正确的技术应用观。

在技术赋能模块中,融入思政元素,强调技术应用的社会责任。例如,在AIGC工具的使用中,引导学生关注内容的真实性和合法性,避免虚假信息传播。

2."融智"与"育能"的融合

在实战项目中,结合AIGC技术,让学生在真实场景中体验技术赋能的高效性和创新性。例如,在广告策划项目中,利用AI工具进行市场调研、创意生成和效果评估,提升学生的实践能力和技术应用能力。

在人机协同教学模式中,通过AI助教和虚拟教学场景,为学生提供个性化的学习支持,帮助学生更好地完成实战项目,提升实践能力和创新思维。

3."塑魂"与"育能"的融合

在实战项目中,通过课程思政模块的引导,让学生在实践中践行社会责任和职业道德。例如,在产教融合项目中,引导学生关注广告的社会影响,避免过度营销和误导消费者。

在课赛融合项目中,通过思政案例的分析,引导学生在竞赛中关注社会热点问题,设计具有社会责任感的广告作品,提升学生的综合素质(如图2所示)。

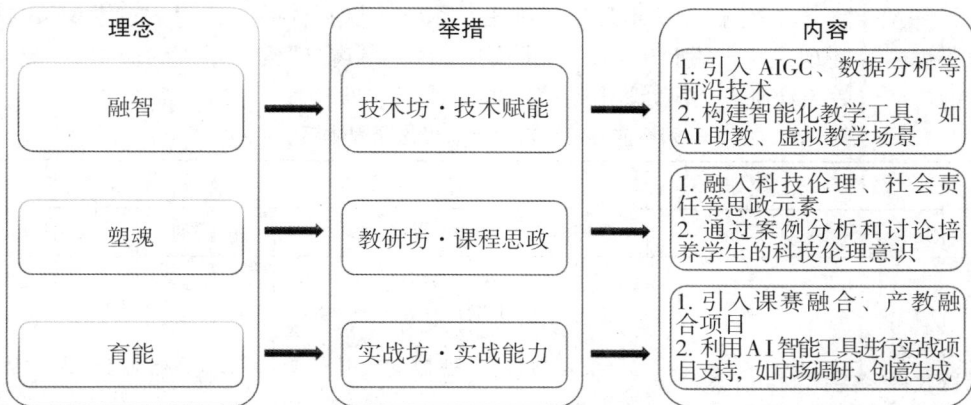

理念	举措	内容
融智	技术坊·技术赋能	1. 引入AIGC、数据分析等前沿技术 2. 构建智能化教学工具,如AI助教、虚拟教学场景
塑魂	教研坊·课程思政	1. 融入科技伦理、社会责任等思政元素 2. 通过案例分析和讨论培养学生的科技伦理意识
育能	实战坊·实战能力	1. 引入课赛融合、产教融合项目 2. 利用AI智能工具进行实战项目支持,如市场调研、创意生成

图2 课程"融智、塑魂、育能"教学设计

（二）教学创新设计

（1）以"融智"为驱动，构建"技术坊"，引入 AIGC、数据分析等前沿技术，更新传统教学工具和方法。通过技术与课程内容的深度融合，培养学生运用新技术解决实际问题的能力，推动知识向能力的转化，实现从传统设计到智能创作的跨越。

（2）以"塑魂"为核心，构建"教研坊"，将中国传统文化、审美观念、粤商精神、伦理道德和法律法规融入课程教学。通过专题模块设计、案例分析、讨论互动以及课内外实践活动，实现知识传授与价值引领的有机统一，帮助学生在专业学习中筑牢思想根基。

（3）以"育能"为导向，构建"实战坊"，引入课赛融合项目和产教融合项目，让学生在真实场景中完成广告策划、设计、投放和效果评估等任务。通过人机协同教学模式，利用 AI 助教和虚拟教学场景，为学生提供个性化的学习支持，提升学生的实践能力和创新思维。

五、创新教学创新措施

（一）创新思路

1.技术赋能与课程融合

（1）课程内容重构

将 AIGC、数据分析、虚拟现实等前沿技术纳入课程体系，构建"技术坊"，推动课程内容的现代化。设计专门的技术模块，如"AI 在广告创意中的应用""数据分析与广告效果评估"，帮助学生系统掌握新技术（见表 1、表 2）。

表1　　　　　　　　　网络广告策划与设计项目化课程体系

数智知识主线		项目实战能力主线		思政沁润素养主线	
重构前	重构后	重构前	重构后	重构前	重构后
传统教材	数字教材	广告策划基础能力	1.融入企业真实项目，了解产业真实需求 2.构建"技术坊"，通过智性数据筑基，明确项目开展方向 3.构建"教研坊"，探索产业痛点需求，构建产业问题库	无思政核心	构建课程思政体系

续表

数智知识主线		项目实战能力主线		思政沁润素养主线	
广告创意表现章节 广告媒介选择章节	开展数智背景下的广告策划前沿专题	设计制作基础能力	构建"实战坊",搭建实战教学平台,AI技术赋能	无目标任务	自我反思增加共情奉献社会
资源建设不全面	线上引入慕课广告策划设计领域国家级精品课程、建设全媒体视频资源案例库、优秀原创案例库、竞赛案例库	独立完成创意设计	1. 建立五人制项目合作模式 2. 人机协作	无课程思政体系	1. 搭建线上课程思政库 2. 一核心三大目标构建课程思政体系

表2　　　　　　　　　网络广告策划与设计课程思政体系

模块	定义	目标	思政主题
引热点	以当前社会热点事件、流行趋势或行业动态为背景,激发学生的学习兴趣和创新思维	提升学生对社会热点的敏感度,培养从热点中挖掘创意的能力	中国电商崛起、乡村振兴、数字赋能产业升级
融数智	通过数据分析挖掘用户需求、市场趋势和广告效果,为广告策划提供科学依据	培养学生的数据分析能力和数据伦理意识,提升广告策划的科学性和精准性	大数据技术、人工智能生成内容(AIGC)、数据造假案例
情共鸣	通过故事化的方法增强广告的吸引力和感染力,传递品牌价值和社会责任	培养学生用故事传递情感和价值观的能力,增强广告的文化底蕴和社会影响力	传统文化元素、民族品牌故事、公益广告案例
新应用	鼓励学生将新技术、新理念应用于广告策划与设计中,提升广告的创新性和科技感	培养学生的技术应用能力和创新思维,推动广告策划与设计的创新发展	新兴技术应用、跨领域融合、创新实践项目

（2）应用能力提升

利用AI工具（如ChatGPT、百度文心一言）对广告市场数据进行分析,帮助学生快速了解市场趋势和社会热点,为广告策划提供数据支持;引入AI创意生成工具（如Midjourney、Stable Diffusion）,帮助学生生成广告创意草图和文案,提升创意设计的效率和多样性;开发AI伦理评估工具,对广告策划方案进行伦理审查,帮助学生识别潜在的虚假宣传或不当内容,确保广告策划符合道德规范。

（3）人机协同ATAO实战教学

引入AI助教,承担部分基础知识讲解、作业批改和答疑任务,释放教师精力,专注于高阶思维培养。利用虚拟教学场景，增强学生的学习体验，提升教学效果。

2.学生能力提升与思维培养

（1）跨学科知识融合

开设跨学科选修课程，如"数据分析与广告优化""计算机图形学基础"，拓宽学生的知识面。在课程中融入跨学科项目，鼓励学生运用多学科知识解决实际问题。

（2）"搜商"培养与信息素养提升

教授学生如何使用搜索引擎、数据库和专业工具获取高质量信息。在实战项目中，要求学生通过搜索获取市场数据、用户画像和竞争对手信息，并结合这些信息进行广告策划。

（3）批判性思维与AI工具的合理使用

在AI工具使用中，引导学生对生成内容进行批判性分析，培养独立思考和创新意识。制定AI工具使用规范，明确工具的辅助定位，避免学生过度依赖AI生成内容。

3.课程思政与实践环节强化

（1）课程思政融入

构建"思政坊"，将中国传统文化、粤商精神、广告伦理和法律法规融入课程教学。设计思政专题模块，如"广告与社会责任""传统文化与广告创意"，通过案例分析和讨论，引导学生树立正确的价值观。

（2）实践环节强化

构建"实战坊"，引入课赛融合项目和产教融合项目，让学生在真实场景中完成广告策划、设计、投放和效果评估。与广告公司和互联网企业合作，建立校外实训基地，为学生提供真实的项目经验和职业氛围。

（3）校企合作与项目驱动

建立校企共营、共建、共商、共评机制，将"三创"项目（创意、创新、创业）引入课堂。设立课前"项目制"、课中"赛事制"、课后"导师制"，通过项目驱动提升学生的实践能力和创新思维。

（二）实施方案

课程应用 AOTO 实战教学法，AI 辅助线上线下混合式教学。

1.课前：个性化学习路径规划

利用 AI 工具分析学生的学习基础和兴趣点，为每位学生生成个性化的学习路径。通过智能推荐系统，推送与广告策划与设计相关的慕课资源和预习资料，帮助学生更好地理解课程内容和思政目标。预习资料推送：AI根据课程大纲和教学目标，自动筛选和整理相关预习资料，包括理论知识、行业案例等，确保学生在课前能够掌握基础概念。任务发布与讨论引导：教师通过AI平台发布工作坊新任务，AI助手辅助引导学生展开头脑风暴，组织线上讨论，激发学生思考与互动。

2.课中：实时分析与智能反馈

在课堂讨论环节，利用AI工具实时分析学生的发言内容，识别关键观点和问题，提供智能反馈和改进建议。例如，AI可以识别讨论中的逻辑漏洞或思政元素的缺失，并及时提醒学生。情境式教学支持：AI辅助教师导入真实实战项目，通过虚拟场景模拟和案例分析，引导学生分组合作，深度参与项目讨论。AI工具可以根据学生的表现动态调整教学节奏，确保每个学生都能充分参与。协作学习与项目推进：在学生分组合作完成项目时，AI助手实时监控学习进度，提供个性化提示和资源推荐，帮助学生解决项目推进中的技术难题。

3.课后：智能批改与反馈

AI工具对学生提交的作业和项目报告进行智能批改，提供详细的评分和改进建议。AI可以根据学生的作业内容，推荐相关的学习资源，帮助学生巩固知识。在线答疑与复盘：利用AI助手和智慧伴学平台，为学生提供24小时在线答疑服务。AI助手可以自动回答常见问题，对于复杂问题，AI可以整理问题并推送给教师或企业导师进行解答。成果拓展与应用：在竞稿PK阶段，AI工具辅助搭建实战演练模拟平台，支持学生互评和教师点评。对于优胜方案，AI可以协助企业导师进行优化；对于淘汰方案，AI可以提供改进建议，帮助学生参加创业大赛，形成产业成果。

4.课外：智能辅导与个性化学习

在课外学习中，AI工具通过智能推荐系统为学生提供个性化的学习资源和练习题，帮助学生巩固课堂所学，拓展知识面。创新竞赛与研究：鼓励学生利用AI工具开展创新竞赛和研究项目，如基于AI的广告创意生成、市场调研分析等，培养学生的创新能力和跨学科思维。AI驱动的课外活动：利用AI技术创建沉浸式课外活动，如虚拟仿真实验、智能孪生实践环境等，帮助学生在实践中提升跨学科综合能力。

（三）评价体系

为了更精准地把握学生的学习潜能，在课程评价体系中强化过程考核，细化评价量规，做到主体多元要素多元、维度多元、方式多元。

构建由形成性过程评价、可视化结果评价、成长性增值评价组成的三维评价方式。在形成性过程评价中由课前的平台理论前测，课中三坊能力表现、学习主动性、应变抗压能力，课后成果产出、创业导师评价组合表现形成；在成长性增值评价中对学生职业素养提升（职业认同感、追求卓越度、团队协作贡献）、技能水平提升（数据分析能力、AI辅助应用能力、实际案例解决能力）、知识素养提升（产业问题拓展）、心理素质提升（小组竞争压力应对、三坊适应度）协同进行评估，从而激励学生全面卓越发展（如图3所示）。

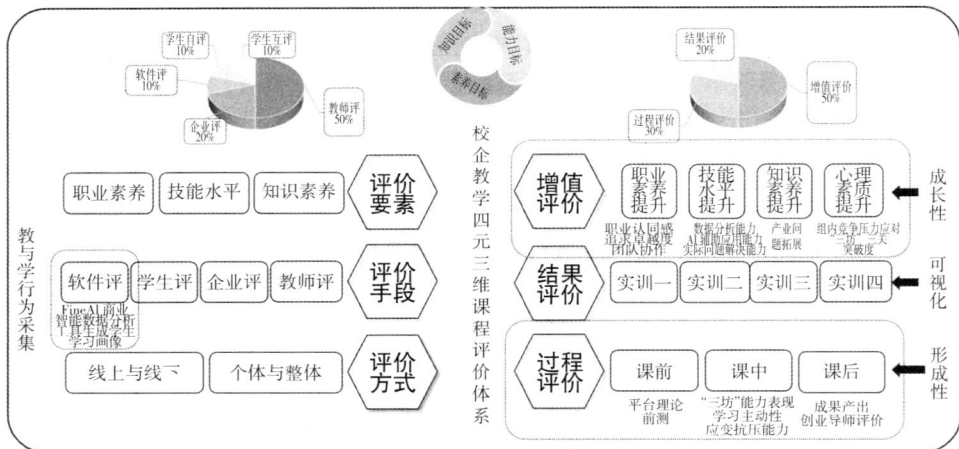

图3　课程评价体系

六、教学创新成效

（一）以生为本：魂定·智汇·实能促学生全面成长

通过实施工作坊制产教融合教学创新实践，在校内多次组织的专家评价中团队所有教师均在评价前20%；获兄弟院校评价教学理念新颖，教学方法、手段及效果好，积极进行产教融合探索，教学成果丰富并具有领先地位；校企合作单位反馈，学生敬业爱岗，尽职尽责，富有创新精神，专业课程思政教育成效好；学生评价课上学得懂，课下有成果，有参与感，获得感。

（二）教学相长：促教学团队、课程建设全面发展

通过实施课程产教融合创新实践，学生综合素养全面提高，形成积极创新氛围。学生参与各种科技创新活动的积极性有效提高，比赛参与率逐年上升，相关竞赛成绩优异，高阶能力有效提升。近三年团队教师指导学生参加包含创新创业大赛等各类竞赛获奖56项，其中包含16项国家级奖项；指导学生在省级或以上期刊发表学术论文28篇；就业方向与人才培养目标匹配度高，专业及课程就业覆盖率达95%；指导学生为5家企业网站撰写了近150篇网站推广软文并获得收益；带领学生参加攀登计划项目、做三产融合汇报、为乡村振兴项目做社会调研。

（三）同频共振：成果推广促多方教学深度改革

产教融合的实施不仅提高了教学质量及促进学生成长，更是促进了课程团队教师全面发展。教师团队荣获包含省级青年教师教学大赛三等奖、省级高校美育教师教学基本功比赛一等奖、校教学创新大赛一等奖等教学成果；教师团队发表相关教科研改革论文20篇，获批教改项目11项；在师德师风建设中成效显著，教师团队积极践行师以德立身、以德立学、以德施教、以德育德，多次参与社会爱心活动，团队教师多次获得"最喜爱的教师""优秀党员""优秀教职工"等荣誉称号。

课程团队同步卓越成长，课程获批校级一流课程、线上线下混合式一流教学课程，并立项质量工程项目，被超星平台作为"优质课程"收录为"示范教学包"。课程辐射班级率达17个，受益人数3 000余人次，教学视频43个，共发布课堂活动583余次，超星讨论区话题78个，回复互动3 700余次。

编写人："网络广告策划与设计"课程教学团队

"网络营销" 课程教学数字化改革与实践

一、课程简介

"网络营销" 是我校电子商务专业的核心课，同时也是市场营销专业（省一流专业）和国际经济与贸易专业（省级一流专业、国家级一流专业）的主干课，3学分48学时，面向本科三年级学生开设。本课程自2015年开始建设并于2020年开始进行基于数字化的混合式教学的探索，并取得了丰富的教改成果。课程主要经历了以下几个改革阶段（如图1所示）。

（一）课程内涵建设阶段

根据应用型人才的培养定位，明确立足区域经济提高学生实践应用能力为核心构建课程内容和知识体系。以新内容、新思路、新技术、新方法、新案例重构课程内容，深度挖掘了课程内涵。

（二）教学方法改革阶段

以 "学生为主"，运用PBL、OBE、"双驱动" 等教学方法，持续改进教学手段，全面提高课堂教学效果和教学质量。相关研究立项校级教改课题和质量工程项目，凝练了教改特色。

（三）数字资源建设阶段

开发线上教学平台，以 "四线、五化、六式" 为特色开发教材、PPT、案例库、习题库等教辅资料，满足线上线下混合式教学的需求。编写了具有鲜明教改特色的《新网络营销》校级规划教材，并建设了配套的线上教学资源库，极大地方便了教学活动的开展和创新教学方法的实施。

（四）教学团队打造阶段

组建一支成长迅速、年龄和职称结构合理、教科研能力不断增强的教科研团队，创造丰富的教科研成果。团队成员近年主持了省级一流本科专业建设点1项、省级一流课程1项、省级教改项目逾5项，总经费超过150万元；出版特色教材和专著6部，发表教改论文十多篇，团队教师获奖20项。

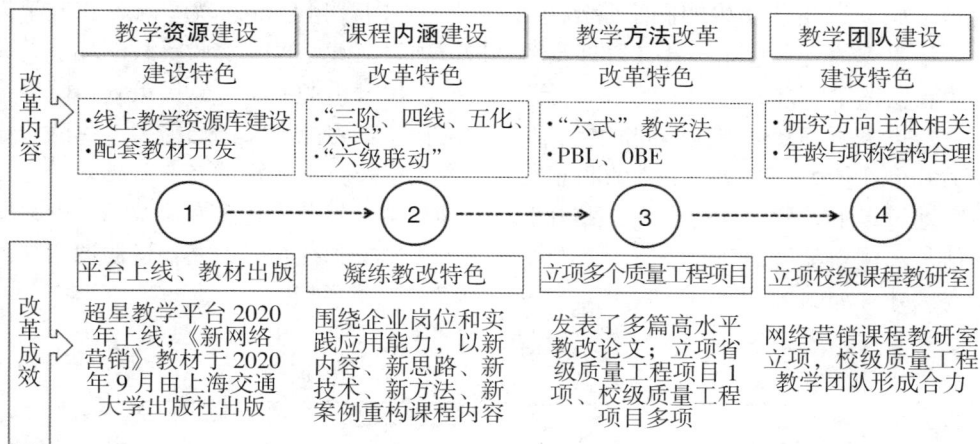

改革内容	教学**资源**建设	课程**内涵**建设	教学**方法**改革	教学**团队**建设
	建设特色	改革特色	改革特色	建设特色
	·线上教学资源库建设 ·配套教材开发	·"三阶、四线、五化、六式" ·"六级联动"	·"六式"教学法 ·PBL、OBE	·研究方向主体相关 ·年龄与职称结构合理
	①	②	③	④
改革成效	平台上线、教材出版	凝练教改特色	立项多个质量工程项目	立项校级课程教研室
	超星教学平台2020年上线；《新网络营销》教材于2020年9月由上海交通大学出版社出版	围绕企业岗位和实践应用能力，以新内容、新思路、新技术、新方法、新案例重构课程内容	发表了多篇高水平教改论文；立项省级质量工程项目1项、校级质量工程项目多项	网络营销课程教研室立项，校级质量工程教学团队形成合力

图1　"网络营销"教学改革历程

二、课程的教学理念和教学目标

（一）教学理念

在新时代教育背景下，课程教学紧紧围绕"立德树人"根本任务，秉持"德能兼修、爱商强国"的价值引领开展教学。"德能兼修"强调品德与能力的协同发展，要求学生在学习专业知识、提升专业技能的同时，注重自身道德品质的培养，具备敬业精神、团队合作精神、社会责任感等良好品德素养。"爱商强国"则倡导培养学生对国家、对社会的热爱之情，将个人的发展与国家的繁荣、民族的复兴紧密联系起来，激励学生运用所学专业知识和技能，为国家的经济发展和社会进步贡献力量。

深度渗透"新文科"理念。在教学过程中，打破传统文科专业之间的壁垒，促进多学科交叉融合，将市场营销、管理学、经济学、社会学、心理学等多学科知识有机结合，培养学生的综合素养和创新思维能力。同时，紧跟时代发展步伐，引入互联网、大数据、人工智能等新兴技术，推动网络营销课程的数字化、智能化转型，使学生能够适应数字经济时代的发展需求。

精准定位服务区域经济。充分认识到高校服务社会的重要职能，将课程教学与区域经济发展紧密结合。深入研究所在区域的经济特点、产业结构和市场需求，以网络营销课程为依托，为区域内企业提供有针对性的营销策略和解决方案，培养出符合区域经济发展需要的专业人才。通过与区域内企业的合作，为学生提供实践机会和就业渠道，实现学校、企业和学生的共赢发展。

以能力导向夯实专业基础。明确能力培养是应用型人才培养的核心目标，在课程教学中，以培养学生的网络营销专业能力为导向，精心设计教学内容和教学方法。注重理论与实践相结合，通过案例分析、项目实践、模拟实验等教学环节，让学生在实践中掌握网络营销的基本理论和方法，提升市场分析、营销策划、网络推广、数据分析等专业技能。同时，培养学生的自主学习能力、沟通能力、团队协作能力和创新能力，为学生未来的职业发展和个人成长打下坚实的专业基础。

通过以上教学理念的实施，致力于培养具有高尚品德、扎实专业基础、较强实践能力和创新精神的高素质应用型专业人才，为国家和社会的发展输送源源不断的优秀人才（如图2所示）。

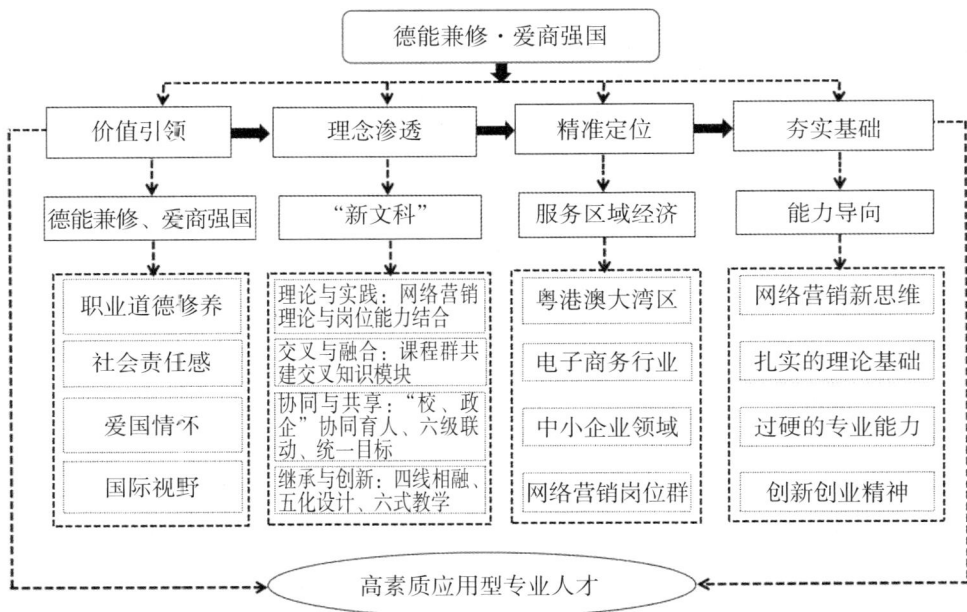

图2 "网络营销"课程教学理念

（二）教学目标

本课程精准锚定中小企业网络营销领域，深度洞察该领域对于专业人才的迫切需求与独特要求，致力于为其输送适配的优质人力资源。秉持多学科相融的先进理念，在教学过程中，引导学生综合运用多学科知识，从不同视角分析和解决网络营销中的实际问题，培养学生的跨界思维和综合素养。以服务区域经济与国家发展为重要使命，紧密围绕区域经济的产业结构和发展特色，以及国家的宏观经济政策和战略布局，调整和优化课程内容与教学方式。深入了解区域内中小企业的网络营销现状和需求，与企业建立紧密的合作关系，开展产学研合作项目。坚持思想与能力并重的多维目标。在注重培养学生扎实的网络营销理论基础和较强的实践操作技能的同时，高度重视学生的思想道德教育和职业素养培养。通过课程思政的融入，将社会主义核心价值观、职业道德、爱国情怀、社会责任感等思想教育元素贯穿于教学全过程。

通过以上全方位、多层次的培养模式，致力于培养学生具有扎实的理论基础，能够熟练掌握网络营销的各种理论和方法；具备较强的实践操作技能，能够独立开展网络营销活动，解决实际问题；拥有良好的职业道德修养，诚实守信、敬业奉献；具备国际视野，能够适应全球化竞争环境；怀有浓厚爱国情怀和社会责任感，愿意为国家和社会的发展贡献力量的高素质网络营销应用型人才，为中小企业网络营销领域的发展注入新的活力和动力（如图3所示）。

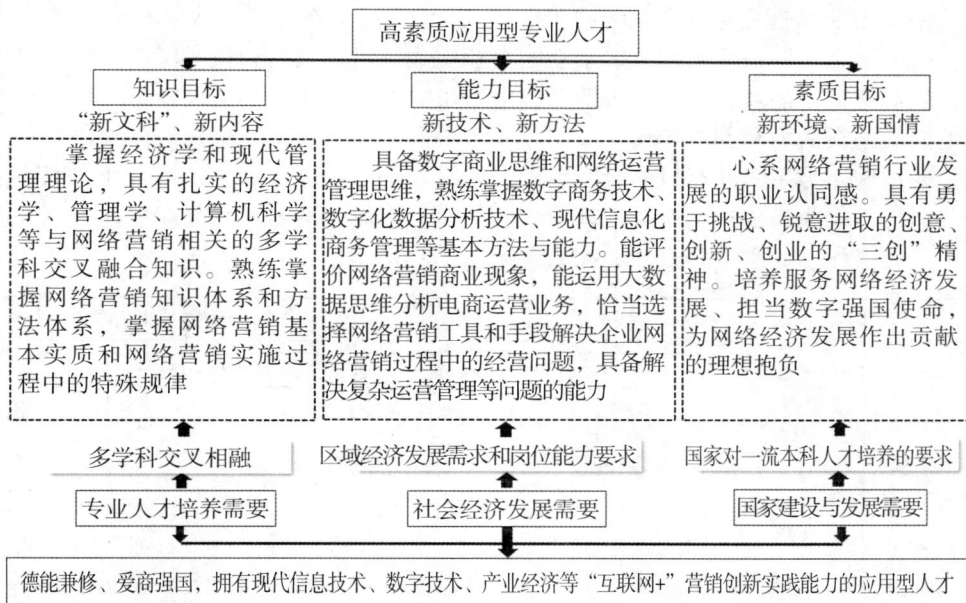

图3　"网络营销"课程教学目标

三、课程内容

在"网络营销"课程的教学改革与创新进程中，深度融合新时代教育理念与行业发展需求，精心编织"思想引领+理论夯实+专业技能提升+创新创业赋能"的四维主线。

以思想引领为核心，将正确的价值观、社会责任感以及职业道德等思政元素巧妙融入课程，引导学生树立正确的营销观念，培养其敏锐的市场洞察力与社会担当意识。通过剖析网络营销领域的经典案例，深入挖掘其中的思想内涵，使学生在学习专业知识的同时，汲取精神养分，筑牢思想根基。

在理论夯实方面，系统梳理网络营销的基础理论与前沿知识，涵盖市场营销学、消费者行为学、传播学等多学科理论，构建起完整且深入的知识体系。不仅让学生掌握网络营销的基本原理和方法，还引导他们关注行业动态和学术研究进展，培养批判性思维和理论创新能力。

专业技能提升作为关键环节，紧密围绕网络营销的实际操作流程，设置一系列实践教学项目。从网络市场调研、目标客户定位、营销策略制定，到网络推广、数据分析、客户关系管理等方面，全方位提高学生的专业技能。借助模拟软件、实际项目操作等方式，让学生在实践中积累经验，提升解决实际问题的能力。

创新创业赋能着眼于培养学生的创新思维和创业能力。引入创新创业教育内容，鼓励学生在网络营销领域探索新的商业模式、营销策略和技术应用。通过组织创新创业竞赛、创业项目孵化等活动，为学生提供展示才华和实现梦想的平台，激发他们的创新活力和创业热情。

通过这四维主线的有机融合，重构"四线相融"的课程内容体系，使"网络营销"课程不仅成为传授专业知识和技能的平台，更成为培养具有创新精神、创业能力和社会责任感的高素质人才的摇篮（如图4所示）。

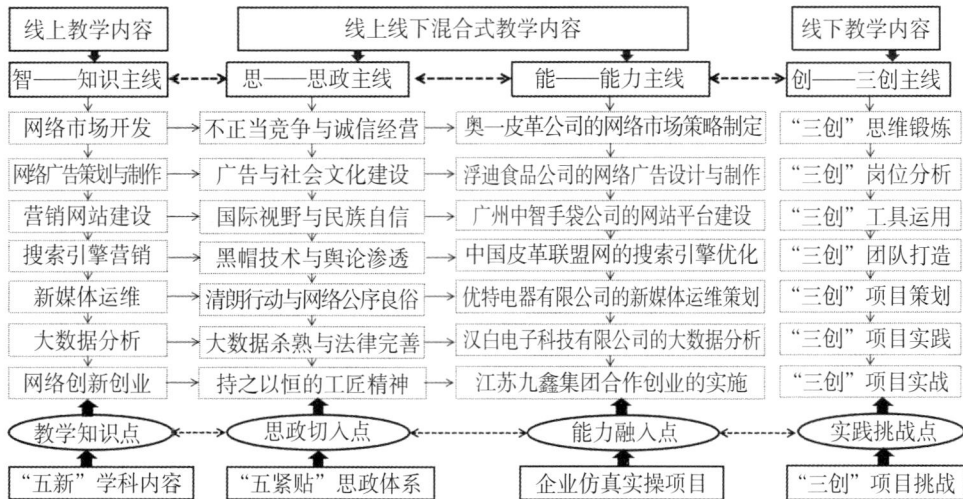

图4　"网络营销"课程内容体系

四、基于"三育融合"的混合式教学模式

以新文科"三育融合"（知识传授、能力培养、价值塑造相融合）思想为指引，秉持"六级联动"的全局性思维，从宏观层面统筹规划课程教学。在此基础

上，精心构建起"四线、五化、六式"的创新课程教学模式（如图5所示）。通过这一模式，对学生的学习过程、专业能力以及价值观进行全方位、系统化且深入的培育，致力于实现学生在知识、能力和素养等多维度的全面发展，充分发挥课程教学的育人功能。为切实达成"两性一度"（高阶性、创新性、挑战度）的教学目标，精心规划并有序组织各阶段教学活动：

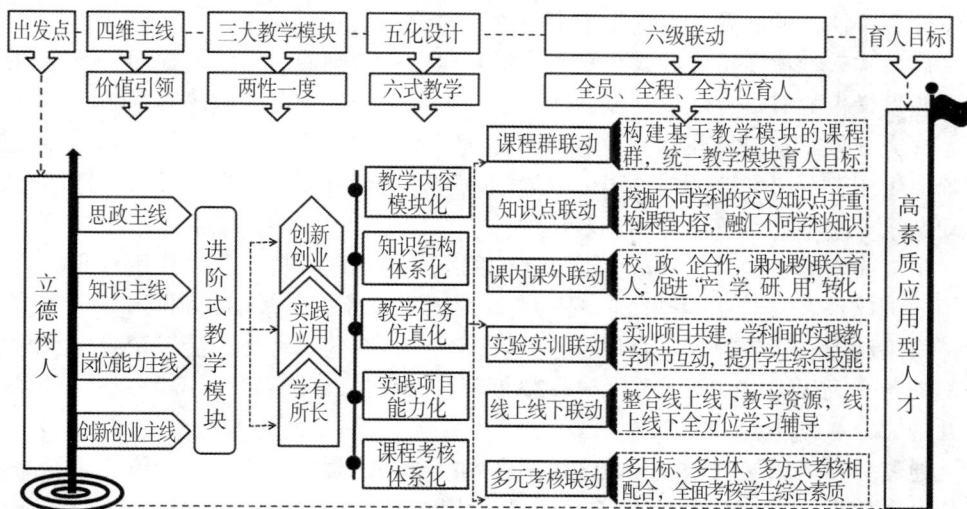

图5　"四线、五化、六式"的教学模式

　　课前：采用多样化的引导与启发方式，充分调动学生的自主学习积极性，促使学生主动探索课程内容，初步理解并掌握相关的基本理论与方法，为后续深入学习奠定坚实基础。

　　课中：积极开展翻转课堂教学模式，鼓励学生在课堂上分享见解、交流心得，激发思维碰撞。同时，设置丰富的课内实训项目，引导学生将理论知识应用于实际操作中，在实践过程中培养高阶创新思维，有效提升专业技能水平。

　　课后：组织学生广泛参与各类课外实践项目，让学生在真实的实践场景中锻炼和成长，将所学知识与技能灵活运用到实际工作中，切实提升实践应用与实战能力，实现从理论到实践的有效转化。

　　在网络营销课程的教学过程中，始终坚定不移地以学生成长为中心，深度聚焦学生的学习需求、兴趣特点以及未来职业发展方向，致力于为学生搭建一个优质、高效的学习平台。为切实达成这一目标，精心采用混合式、参与式、讨论式、启发式、探究式、仿真式的"六式"教学法，力求实现"知识传授、技能培养、思维拓展、品德塑造、实践锻炼、创新提升""六位一体"的全方位育人效果。

　　混合式教学法有机融合线上与线下教学的优势。线上，借助丰富多样的网络教学资源，灵活安排学习进度，满足个性化的学习需求。线下课堂则侧重于知识的深入讲解、案例分析以及师生间的互动交流。

参与式教学法充分调动学生的学习积极性和主动性，让学生真正成为课堂的主人。在课程中，通过组织小组项目、角色扮演等活动，鼓励学生积极参与到教学过程中。

讨论式教学法营造活跃的课堂氛围，激发学生的思维碰撞。教师精心设计具有启发性和争议性的问题，引导学生进行深入讨论。

启发式教学法注重引导学生自主思考和探索。教师通过巧妙的提问、引导和提示，激发学生的好奇心和求知欲，让学生在思考中发现问题、解决问题。

探究式教学法鼓励学生自主探究和研究网络营销领域的前沿问题和热点话题。教师提供相关的研究课题和资源，引导学生进行文献查阅、数据分析、实地调研等活动，培养学生的科研能力和创新精神。

仿真式教学法为学生创造接近真实的网络营销实践环境。通过使用专业的网络营销模拟软件，让学生模拟企业的网络营销运营过程，包括市场调研、产品定位、营销策略制定、广告投放、客户服务等环节。学生在仿真环境中能够亲身体验网络营销的各个流程，发现问题并及时调整策略，提高自己的实践操作能力和应对实际问题的能力。

通过综合运用这"六式"教学法，在网络营销课程中实现了"六位一体"的全方位育人效果（如图6所示）。学生不仅系统地掌握了网络营销的专业知识和技能，还培养了创新思维、团队协作能力、沟通能力、批判性思维能力和实践操作能力，同时树立了正确的价值观和职业道德观，为未来的职业发展和个人成长奠定了坚实的基础。

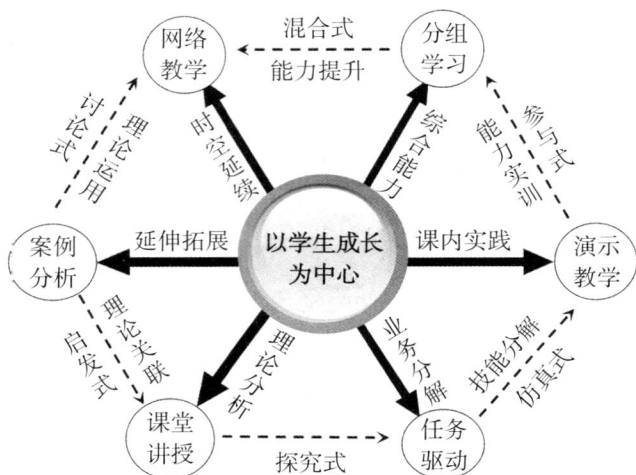

图6 以学生为中心的"六式"教学法

五、课程思政设计

在课程思政教学中，首先明确四层次思政目标，并将课程思政教学任务进一步细化，从而为课程思政教学提供清晰的指导方向。在教学内容方面，通过"五挖、五扣"的方式，深度挖掘并夯实思政教学内容，实现思政内容在五个维度的有机渗透，使思政教育与专业知识紧密结合。教学活动的开展依托"三个平台"，构建起线上线下、课内课外全方位的思政沁润模式。这种线上线下结合、课内课外联动的方式，极大地丰富了思政学习资源，拓展了思政学习空间，为学生营造了良好的学习氛围。在教学过程中，紧扣课程知识点，秉持紧贴国情、紧贴实际、紧贴生活、紧贴学生的原则，将思政要素全面融入全教学过程和全教学环节，实现思政教育的无缝衔接。此外，借助导向、促学、督学、助学"四学相助"的机制，进一步强化思政育人效果，确保课程思政教学目标的达成，真正做到在传授专业知识的同时，实现育人的根本任务（如图7所示）。

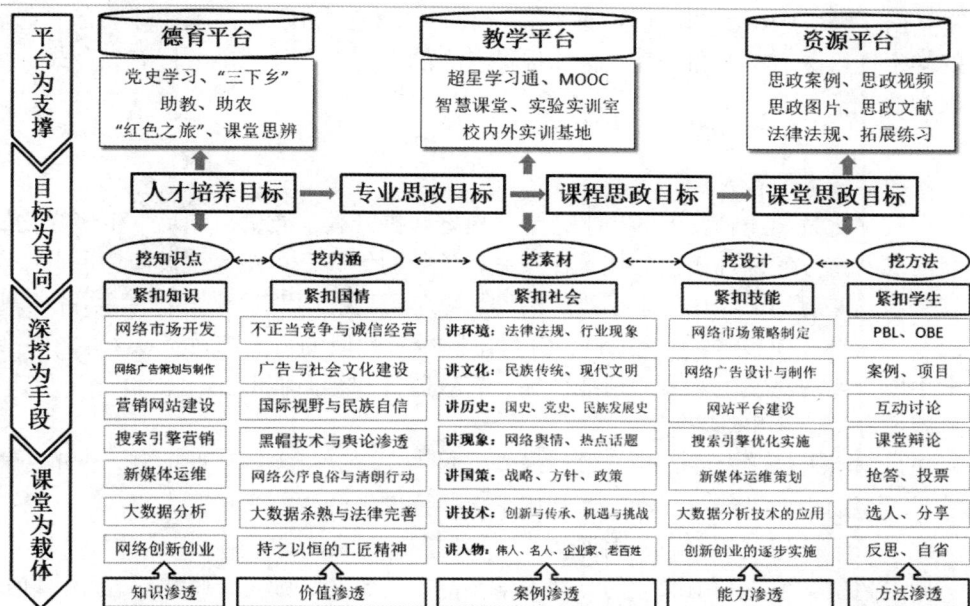

图7　思政内容设计

六、数字资源建设

(一) 智慧教学平台建设及应用

1.智慧教学平台建设

为了更好地满足学生多样化的学习需求，提升教学效果，积极搭建了线上分阶分层教学资源库。"网络营销"在超星泛雅上建有在线教学平台，该平台涵盖了丰富多样的教学资源，目前已拥有超过1 200个教学文档，包括授课视频：149个，总时长1 470分钟；课程资料：300份，包括教学大纲、课件、实训项目指导书等（不断完善中）；非视频资源：338份，包括思政案例、教学案例、创新创业、项目案例、名人故事、相关研究报告等（不断完善中）；习题库：367道，低阶、高阶两类难度，题型包括单选、多选、简答、填空、论述、案例分析等（不断完善中）。无论是对于初学者快速掌握网络营销的基本概念和原理，还是对于有一定基础的学生进行深入学习和研究，都能提供有力的支持，充分满足了目前混合式、翻转课堂的教学需要。

2.数字技术的融入

在数字化教学蓬勃发展的当下，为了更好地提升教学质量，满足学生多样化的学习需求，充分发挥现代信息技术在教育教学中的优势，本课程积极构建了贯穿课前、课中、课后的一体化教学模式。借助超星学习通、雨课堂等先进的网络教学平台以及微信群、QQ群等社交工具，针对不同教学阶段的特点与目标，采取相应的教学手段，实现对学生学习的精准引导、有效监督和全面辅助。

课前导学：超星学习通。

通过网络教学平台发布学习单、教学资料、在线教学视频、课前测、课前思考题等手段帮助学生进行课前学习，利用平台数据助老师掌握学情。

课中督学：超星学习通、雨课堂。

运用超星学习通和雨课堂的互动教学功能，如签到、弹幕、投稿、投票、随机点名、分组讨论等，覆盖线上线下教学场景，增加课堂趣味性，提高学生的课堂专注度和参与度，充分调动学生学习积极性，全面提高课堂教学效果。

课后助学：超星学习通、微信群、QQ群。

通过网络教学平台发布课后作业、单元测试、拓展阅读、高阶实训材料等方式引导学生开展深度学习，通过平台数据跟踪学习效果，评定学习成绩。利用该平台搜集学生每次课后的反馈意见，为课程的持续改进提供依据。此外，部分个性化或一对一问题咨询和辅导通过微信和QQ解决。

（二）企业资源建设开发

为了培养学生的创新创业能力，使其更好地适应社会发展的需求，积极调动"校、政、企"三方力量，课程与多达10家本地知名企业建立了紧密的合作关系，共同开发仿真创新创业实践项目。这些项目涵盖了网络营销的各个领域，如电子商务、社交媒体营销、搜索引擎优化、数据分析等。学生在这些项目中，模拟真实的商业环境，从市场调研、项目策划、团队组建到项目实施和运营，全面锻炼自己的创新创业能力。不仅为学生提供了实习实训机会，企业还参与到课程设计和教学过程中，为学生带来了最前沿的行业信息和实践经验。

通过课内课外联动的方式，将课堂教学与实践活动有机结合，不仅丰富了教学内容和形式，还为学生提供了更多的实践机会和发展空间，培养了学生的创新精神和实践能力，为学生的未来发展奠定了坚实的基础（如图8所示）。

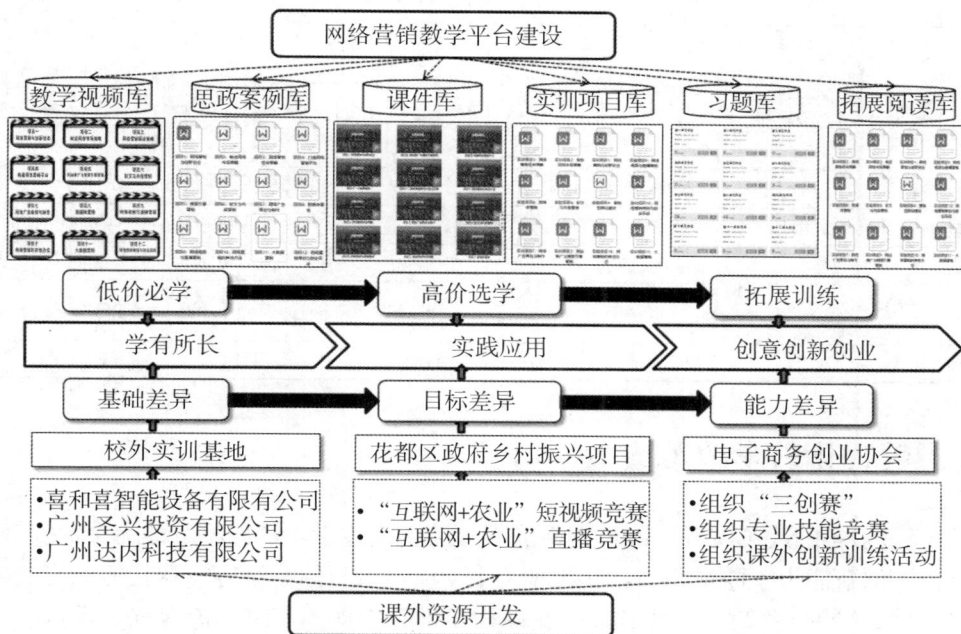

图8 教学资源建设情况

七、教学评价设计

以学生成长为中心，促进学生可持续发展为目的构建课程评价体系，灵活运用线上线下评价、职业能力评价和学习过程评价等多种评价方式，全方位考核学生的学习效果、实践能力、专业素养及双创能力（见表1）。

课前，诊断性评价。利用网络教学平台，通过教学视频、习题、课前测等数据，评估学生自主学习效果，协助教师掌握学情。

课中，形成性评价。设置课堂表现、项目实训、期末考核三大模块。结合小组互评、教师评价、校外导师评价，从理论掌握、实践应用、职业素养等维度评价学生学习成效，协助教师反思教学不足，调整教学方法。

课后，创新性评价。设置加分模块，鼓励学生积极参与各项课外实践活动，拓展双创思维，锻炼专业技能，达到知识和能力双向培养的教学效果。

表1　　课程考核和评定方式

成绩构成	线上评价 40%				线下评价 60%											加分项		
	平台成绩				课堂表现×30%				项目实训×30%					期末考核×40%			顶格10分		
	平台数据				教师评价+平台数据				教师评价+生生评价					教师评价			企业评价		
二级指标	教学视频完成率	课前测一低阶	课后测一高阶	单元综合诊断	课堂互动	小组任务	课堂小测	考勤	操作过程	任务成果	职业素养（小组互评）合作精神	岗位能力	职业操守	基础知识	综合应用能力	知识拓展	校企合作项目	专业技能竞赛	课外实践
	30%	30%	20%	20%	50%	30%	10%	10%	20%	30%	10%	30%	10%	60%	20%	20%	4分	3分	3分
类型	诊断性评价				形成性评价									结果性评价			实战能力评价		
等级	不及格				及格				良好					优秀			合格	良好	优秀
赋分	<60				70~80				81~90					91~100			1~3	4~6	7~10
目标	以学生成长与发展为出发点，兼顾知识、能力、素养目标																		

八、数智化教学改革成效

经过多年的改革实践，改革创新成效显著，实现学生"四维"能力全面提升，"数智"创新能力不断增强，学生发明专利7项，参与国家级等专业技能竞赛奖项200多项；"网络营销"获评省级一流课程，推荐参评国家级一流课程（评审中）；思政改革成果获评省级思政示范课堂和省级思政示范课程一等奖，上线新华思政网；课程创新成果获第三届广东省教学创新大赛"新文科"组二等奖，产教融合成果获第四届广东省教学创新大赛产教融合组三等奖；课程团队获全国高校混合式教学设计创新大赛特等奖和设计之星奖（全国民办唯一），以及省级或以上奖项37项；成果孵化省部级等教科研项目16项，开发21世纪应用型人才培养"十三五"规划教材《新网络营销》1本。

教学创新经验和产教融合模式获教育部专家高度认可，并在全国范围推广应用，其中，为地方政府制定产教融合地区标准，引领产教融合创新。网络教学平台被87所院校引用（全国最高），平台累计浏览量超300万，资源共享使超50 000名师生受惠；团队累计为超过1 500名企业家进行培训，辐射超130家省内外科创企业，服务粤港澳大湾区和地方经济社会高质量发展，课程的社会影响力不断提升。

编写人："网络营销"课程教学团队

"电子商务概论"课程教学数字化改革与实践

一、课程简介

"电子商务概论"是电子商务的专业核心课，为专业必修课，是引领学生学习电子商务专业知识的"奠基石"型的课程。课程面向大学本科一年级学生开设，旨在系统介绍电子商务的基本理论、技术框架、商业模式、行业应用及前沿趋势。作为一门理论与实践并重的课程，其教学目标在于帮助学生建立对电子商务行业的全景认知，培养基础业务分析能力与创新思维。课程改革经历了以下阶段：

（一）搭建"四位一体"混合式课程体系，增强课程"两性一度"

本课程在"新文科"建设背景下，以学生为中心，针对教学痛点，搭建"专创融合空间+资源拓展平台+智慧学习环境+多元评价系统""四位一体"混合课程体系。强化了课程创新实践能力的培养，提升高阶性；拓展了课程内容的广度和深度，推进了现代智慧教学工具方法的融合使用，突出创新性；增强了学习目标的达成高度和评价的系统性，增加挑战度。

（二）构建"引导—感悟—践行"链条式的思政育人模式，增强了育人成效

课程探索"专""思""创"系统有机融合，在教学环节中构建课程思政融入场景，将"守正筑基、商以载道"的课程核心价值观基因式嵌入到教学各个环节，通过"引导—感悟—践行"链条实现全方位思政育人的同时，实现了培养目标，形成育人和育才的协同效应。

本课程已获批广东省线上线下混合一流课程、上线新华网新华思政示范课程、获广东省电子商务教指委课程思政优秀案例。

二、课程教学理念与教学目标

(一) 课程教学理念

本课程以"新文科"建设为指导，以立德树人为根本任务，坚持社会主义核心价值观培养，面向粤港澳大湾区区域经济发展需求，围绕"学科链、价值链、学习链"三链融合，构建电子商务人才培养新模式，着力打造适应数字经济时代需要的复合型应用人才。

1."价值链+思政链"深度耦合，提升立德树人效能

坚持专业知识教育与价值引领并重，显性化开展课程思政教学。通过"跨境电商助力中国制造出海""农村电商激活非遗经济"等区域特色案例教学，培育学生守正创新、商业向善的核心价值观；同时以"电商助农"公益实践为载体，在实践体验中深化学生的社会责任担当。通过跨境贸易合规分析等职业情景，持续渗透契约精神、合规意识与国际视野，促进学生职业素养的全面提升。实现价值观塑造从"说教"到"体悟"的升级。

2."学科链+产业链"双轨贯通，强化跨界融合能力

围绕电子商务专业特色，以管理学、经济学和信息技术为核心骨架，融合社会学、法律学等人文社科元素，构建"商业—技术—社会"三维交互的课程体系，培养学生跨学科综合分析能力。通过产业需求反向驱动课程设计，将企业需求精准转化为教学任务，以"企业需求清单→课程任务库→实战项目包"的链式结构，推动人才培养与区域经济发展同频共振。

3."学习链+创新链"闭环共生，激发服务区域经济新动能

构建线上线下深度融合的混合式学习生态。线上依托"湾区电商案例库""政策法规动态数据库"等特色资源平台，引导学生自主探究、深度学习，培育创新思维和数字素养；线下通过"企业导师进课堂""校园电商创新创业竞赛"等实践平台，实现知识学习与产业需求的深度对接，鼓励学生在真实场景中创新实践。打造贯通课堂、企业与社会的创新链条，以粤港澳大湾区区域产业转型升级为导向，引导学生开展产业难题分析与创新方案设计。培育学生的产业洞察力与创新实践能力，持续激发服务区域经济发展的新动能。

综上所述，本课程致力于培养具有扎实专业知识、跨界融合能力、良好职业素养和强烈社会责任感的"新文科"电子商务人才，以满足数字经济时代和区域经济

高质量发展的现实需求。

(二) 课程教学目标

本课程基于新文科背景下电子商务专业基础性和服务性的要求，以"厚基础、强实践、担使命"为核心理念，形成"三维目标体系"，即知识目标、能力目标与素质目标，着力培养具备扎实专业基础、突出实践能力和社会担当意识的新时代电子商务人才（如图1所示）。

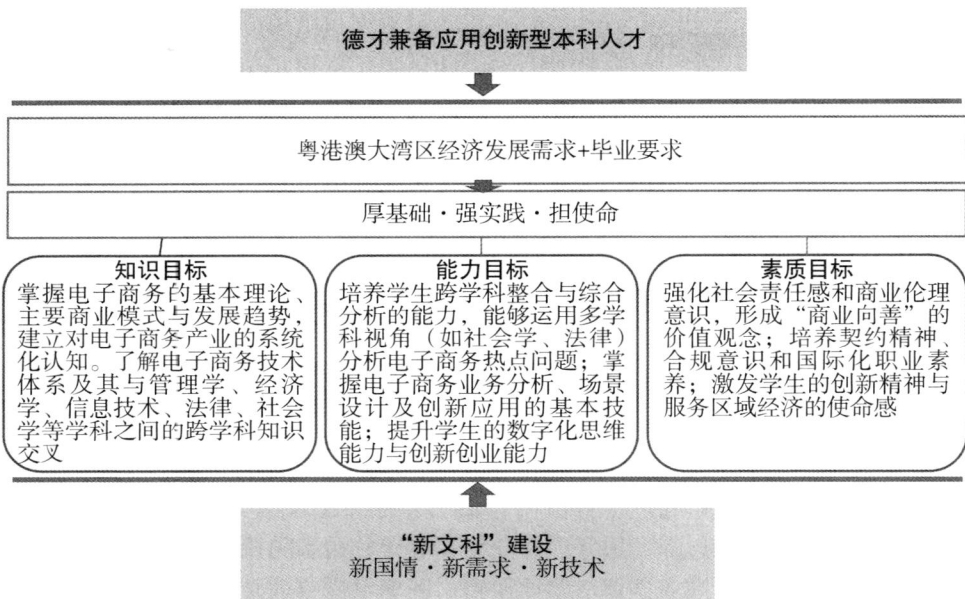

德才兼备应用创新型本科人才

粤港澳大湾区经济发展需求+毕业要求

厚基础·强实践·担使命

知识目标
掌握电子商务的基本理论、主要商业模式与发展趋势，建立对电子商务产业的系统化认知。了解电子商务技术体系及其与管理学、经济学、信息技术、法律、社会学等学科之间的跨学科知识交叉

能力目标
培养学生跨学科整合与综合分析的能力，能够运用多学科视角（如社会学、法律）分析电子商务热点问题；掌握电子商务业务分析、场景设计及创新应用的基本技能；提升学生的数字化思维能力与创新创业能力

素质目标
强化社会责任感和商业伦理意识，形成"商业向善"的价值观念；培养契约精神、合规意识和国际化职业素养；激发学生的创新精神与服务区域经济的使命感

"新文科"建设
新国情·新需求·新技术

图1 课程目标体系

1.知识目标

以电子商务"四基"为核心内容，引导学生系统掌握：

基础理论：明确电子商务的基本交易模式、支付与安全理论，理解线上商业运行规律；

基本技术：掌握电商平台架构、数据分析基础技能，认识电子商务关键技术在实际中的应用；

基础法规：了解《中华人民共和国电子商务法》《中华人民共和国网络安全法》等法律法规，明确平台责任与合规经营要求；

基本趋势：了解跨境电商、社交电商、直播电商等新兴趋势，把握行业发展方向。

通过"四基"体系，培养学生扎实的专业知识，奠定稳固的行业认知基础。

2.能力目标

本课程根据电子商务专业岗位要求，构建"认知能力—基础技能—进阶能力"的分阶递进能力培养体系，具体目标如下：

认知能力目标：能够辨析主流电子商务模式的差异与适用场景，建立清晰的商业模式认知；能够准确解读电子商务领域重要政策及其对行业发展的影响；能够及时追踪区域电子商务发展动态。

基础技能目标：能够独立完成网店开设、商品上架、订单处理与基础数据分析等基础电商业务操作；能够撰写简易的商业策划书，初步掌握目标市场分析、竞品调研方法，具备基础业务分析能力。

进阶能力目标：能够针对区域企业真实需求设计运营策划方案，形成问题分析和方案设计能力；能够通过全国大学生电子商务"三创"赛等项目实践，培养团队协作与沟通能力，掌握项目管理与业务实施流程，提升综合创新实践能力。

3.素质目标

以职业精神培育为核心，贯穿家国情怀与国际视野，培养综合型素养；培养学生的抗压能力、责任意识、职业操守及团队协作精神，强化职业适应性；激发学生立足区域经济发展，服务粤港澳大湾区建设的责任感和使命担当；引导学生树立"商业向善"的社会责任感；鼓励学生关注全球数字经济发展趋势，通过跨境电商模拟实践和国际案例分析，培养学生开阔的全球视野和跨文化理解能力，提升其全球胜任力。

通过上述三维目标的有机统一，实现知识、能力与素质的协同发展，推动学生成为厚基础、强实践、有担当的高素质应用型电子商务人才，以满足新时代区域经济和社会发展的现实需求。

三、"四位一体"混合式课程体系设计

根据"新文科"建设方案及本校专业特色，为解决教学痛点，课程从内容、资源、方法、考核评价等方面进行创新性改革，形成了"四位一体"混合式课程体系。

（一）课程内容重构

以"专创融合"为核心，以"产业需求导向"为主线，构建"思政引领—认知启发—实践构建—创新管理"四阶段递进的课程模块体系，实现思政融入、专业知

识学习与创新创业实践的深度融合，提升学生理论素养、实践能力和创新意识，助推课程与企业发展同频共振（如图2所示）。

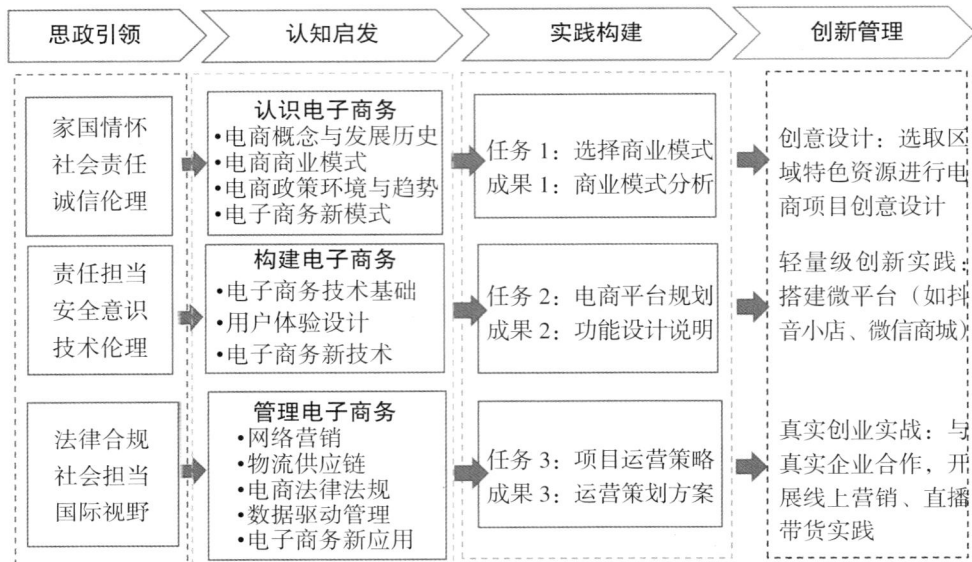

思政引领	认知启发	实践构建	创新管理
家国情怀 社会责任 诚信伦理	**认识电子商务** •电商概念与发展历史 •电商商业模式 •电商政策环境与趋势 •电子商务新模式	任务1：选择商业模式 成果1：商业模式分析	创意设计：选取区域特色资源进行电商项目创意设计
责任担当 安全意识 技术伦理	**构建电子商务** •电子商务技术基础 •用户体验设计 •电子商务新技术	任务2：电商平台规划 成果2：功能设计说明	轻量级创新实践：搭建微平台（如抖音小店、微信商城）
法律合规 社会担当 国际视野	**管理电子商务** •网络营销 •物流供应链 •电商法律法规 •数据驱动管理 •电子商务新应用	任务3：项目运营策略 成果3：运营策划方案	真实创业实战：与真实企业合作，开展线上营销、直播带货实践

图2　课程内容体系

课程以创意、创新、创业实战项目为驱动，分解三任务模块为：电商项目选择、平台规划、运营策划，开展实践教学，实现创新意识培养、能力提升和成果孵化的协同与融通。以实践项目为抓手，模块化设计三大理论教学模块：认识电子商务、构建电子商务、管理电子商务。把握行业前沿，拓展探索电商"新模式、新技术、新应用"。通过课程内容体系重构，打造了"专创融合"的学习空间，强化了课程创新实践能力的培养，提升高阶性；拓展了课程内容的广度和深度，突出创新性；提升了学习目标达成高度，增加挑战度。

（二）数字化课程资源建设

本课程遵循"专创融合、分层递进"教学理念，构建"SPOC+MOOC"融合的多元立体学习资源库，形成课内课外一体化、线上线下协同的资源使用模式：

1.多元立体的资源建设

关于线上资源，建设省级一流MOOC课程，涵盖基础理论视频、专题案例库、政策法规动态数据库等，满足学生自主学习与深度探究需求。建设校内SPOC课程，针对性地提供实践指导、创新创业资源包和企业真实案例，实现本地化、差异化教学资源精准供给。

关于线下资源，整合校内电商创业孵化基地，直播运营实训室等设施，支持实践教学与创新孵化；引进企业导师与产业专家，组织专题讲座和实践指导，实现理论与产业前沿融合。

2.分阶分层的资源使用

根据学生认知、实践、创新三个能力培养阶段，构建"低阶必学、高阶选学"的资源使用路径，保障基础内容普及与个性化学习需求协调并行；低阶必学资源突出电子商务基本理论与方法，引导学生掌握学科基础知识；高阶选学资源提供创新创业、跨学科融合及产业最新动态，激励有余力学生深入探索与提升。

截至目前，在线课程访问人数已达1 200人次，累计网站活动次数达20余万次，体现出学生高频次、高强度的学习互动；后续将继续优化学习资源供给结构，进一步扩大资源使用范围与辐射面，不断提升教学资源利用效率，打造具有示范效应的线上线下混合式学习生态圈。

（三）教学模式设计

本课程采用"线上理论—线下研讨—创新实践"的三段式教学模式，围绕课前、课中、课后三个阶段，突出知识导入、能力培养、素质提升，实现线上与线下、理论与实践、专业与创新创业之间的有机衔接（如图3所示）。

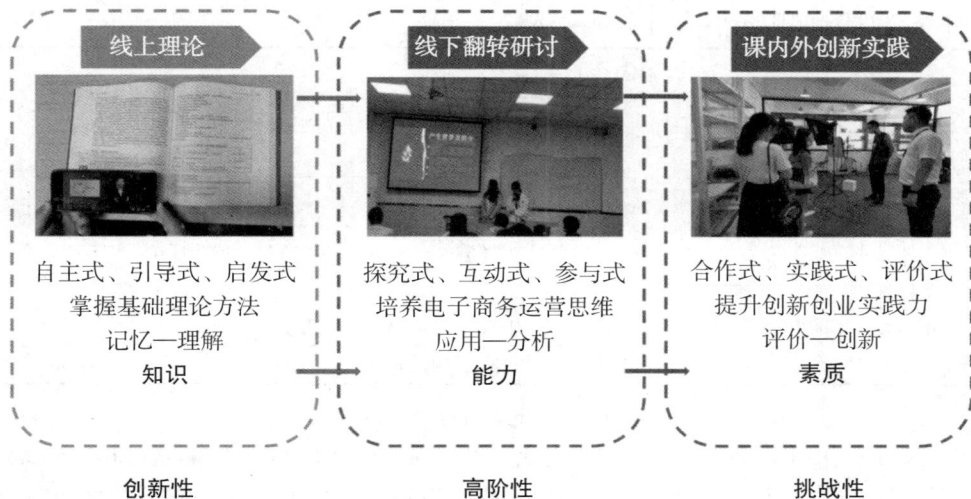

图3　教学模式设计

课前：学生通过MOOC/SPOC自主学习理论知识。教师在课程平台发布导学任务、案例视频，引导学生提前构建知识框架。教师提供清晰、分层次的学习资源，学生自主选择学习内容；教师发布学习引导问题，明确学习重点；设置启发式问题情境，如典型电商案例分析、政策法规解读，激发学生主动思考。AI知识图谱辅助学生梳理核心知识点，帮助学生建立关联认知体系。

课中：实现知识巩固、深化理解，培养学生分析与表达能力。教师引导下，以小组为单位开展案例分析与课堂汇报；组织主题辩论、角色扮演、情景模拟、企业运营问题研讨；教师及时点评，促进学生对理论与现实的融合理解。课中采用探究式、互动式和参与式教学方式，以"电商新模式、新技术应用"等主题为引导，启发学生深度研讨；通过课堂汇报、小组交流、互动辩论，强化学生参与感；鼓励全员参与汇报讨论，教师组织开放式、非结构化的课堂讨论，激发学生积极性。

课后：学生基于真实企业需求开展实践项目，提升应用能力与创新素质。围绕电商项目选择、平台规划与运营策划，明确项目任务；以小组形式自主开展具体实践活动，如微店运营、社区电商策划、直播带货实践；教师和企业导师联合指导，形成阶段性成果。学生合作组建团队，自主分工协作完成实践任务；在校内电商孵化基地或校外企业进行真实场景实操；组织阶段性成果展示与评价活动，通过企业专家点评、师生互动交流，形成实践反馈闭环。

（四）考核评价体系

课程构建基于多目标（知识目标，能力目标，素质目标）、多方式（阶段性、形成性与结果性相结合）、多主体（组内自评、组间互评、师评）的多元化考核评价体系，具体细则如图4所示。

总评成绩构成及比例	平时成绩（50%）							期中考核（10%）			期末成绩（40%）		
	线上学习（60%）			课堂表现（15%）			实训（25%）						
二级指标及比重	课程视频学习（60%）	章节测试（30%）	章节学习次数（10%）	课堂考勤（40%）	随堂活动（30%）	问题讨论（30%）	小组任务（实训+分享）（100%）	完整性（50%）	规范性（30%）	创新性（20%）	基础知识 0.6	技能应用 0.3	拓展提升 0.1
类型	过程性考核（其中小组任务中的实训任务成绩由组内自评、组间互评、师评获得）										终结性评价		
目标	知识目标、能力目标、素质目标（含思政目标）												

图4 多元过程评价体系

平时成绩由平台成绩和实训成绩构成，更加侧重于学生学习的过程性评价。小组任务和项目策划在原有"师评"的基础上，增加"自评""互评"等方式，通过评价量表对小组合作探究式学习进行全面综合考评。通过知识目标、能力目标和素质目标达成度形成最终的考核标准。通过多元系统的评价体系，学生能够自行检查学习目标达成度，反思学习中存在的问题，及时改进。教师则通过看学生学到了什么、分享了什么、建构了什么、创造了什么，反思教学过程中的问题，制定应对措施和改进计划。

四、课程思政融入思路

以"守正创新，商以载道"为课程核心价值观，围绕"引导—感悟—践行"的链条式思政育人模式，将专业教育与思想政治教育深度融合，构建"微拓展—微翻转—微论坛—微创新"四位一体思政教学框架，明确思政点、融入思路与融入方式，通过分层次、递进式地设置思政内容，形成学生从认知理解、情感共鸣到实践践行的完整闭环。达到润物细无声的育人效果（如图5所示）。

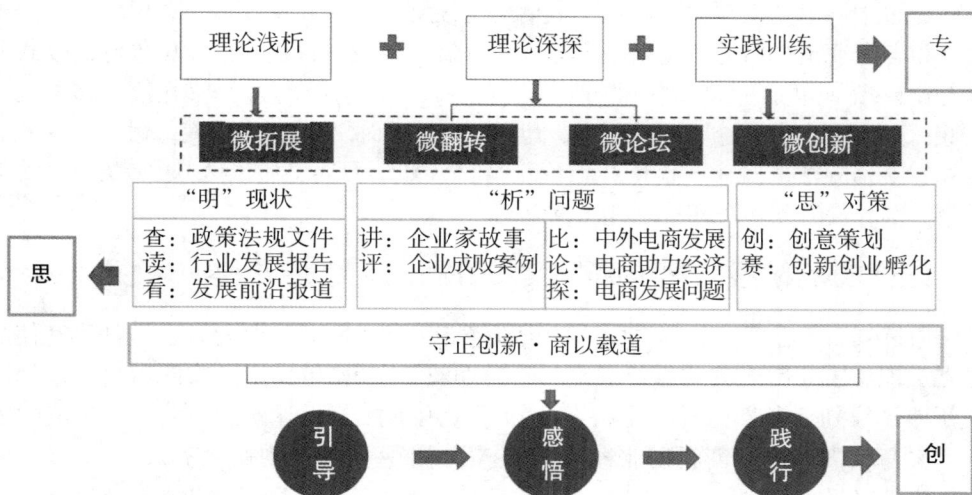

图5 课程思政融入

（一）引导阶段："微拓展"明确现状，引导认知共鸣

以电子商务行业现状和发展趋势导入，引导学生树立正确的行业认知和发展观念。主要的融入方式包括：查阅最新的电商政策文件（如《中华人民共和国电子商务法》、粤港澳大湾区跨境电商政策），明确国家战略与电商发展关系，培养学生家国情怀与责任意识；阅读行业发展报告（如电商白皮书、行业数据），了解国家电商发展优势，增强民族自信；观看科技发展前沿报道视频（如人工智能、大数据赋能电商发展），明确科技兴国的重要性，树立科技责任担当意识。

（二）感悟阶段

1."微翻转"案例分析，深化价值认同

通过企业案例的正反面分析，引导学生深入理解社会主义核心价值观的重要

性，强化诚信意识与社会责任感。主要融入方式：以"电商企业家创业故事"（如刘强东创业经历）为正面案例，鼓励学生学习创新精神、奋斗精神，树立积极进取的人生态度；以"电商企业失败案例"（如电商企业数据泄露、虚假宣传案例）为反面教材，引导学生思考诚信经营的重要性与社会责任的担当意识；课堂采用案例分析、分组讨论、线上线下混合模式，学生主导交流研讨，强化价值认同与情感共鸣。

2."微论坛"对比研讨，提升道德修养

通过中外电商发展模式对比、电商助力经济发展的多角度探讨，增强学生的法治意识与职业道德修养。主要融入方式：开展专题研讨论坛，如"中外电商模式差异对比论坛""电商推动乡村振兴与社会发展研讨"，引导学生从多角度、多维度深入探讨；通过小组辩论、互动研讨，培养学生主动求真务实的态度，树立良好职业道德与诚信守法的观念；借助线上论坛平台（如学习通、讨论区），实现线上线下融合互动，提升学生思辨能力与人文素养。

（三）践行阶段："微创新"实践引领，落实创新担当

通过创新创业实践，培养学生的创新意识、团队精神，强化社会责任感和使命担当意识。主要融入方式有：围绕"电商助农""社区电商"等实践项目，设计微创新项目策划任务，引导学生将专业知识应用于社会公益项目；鼓励学生组建团队，参与校内外电商创新创业大赛（如"互联网+"创新创业大赛），在实践中体会开拓进取与团队协作的精神；运用真实项目与企业需求，通过线上线下互动评价（企业导师指导、教师点评、团队成果展示），实现学生创新精神与社会责任感的双重提升。

通过以上思政融入设计，形成"教师引导—学生感悟—实践践行"的思政育人闭环。达成以下育人成效：实现专业知识与思想政治教育的高度融合，提升学生的综合素养；培养学生具有家国情怀、社会责任感、诚信敬业精神和法治观念；激发学生创新意识与开拓精神，为社会培养具有担当意识和创新实践能力的应用型人才。

五、数智化技术赋能

1.智慧引导学习方向，明确学习路径

建立"课前寻学—阶段引导—任务提醒"三位一体的导学机制；教师制定学习导航图、课程学习任务清单。借助教学平台（如超星学习通、雨课堂等）发布学习

导航任务；利用知识图谱和思维导图可视化展现课程知识结构，帮助学生明确"学什么""怎么学"。具体措施有：课前推送学习资源与重点提醒；每章节发布导学视频、知识结构图、问题导引；引入课程学习"成长地图"，帮助学生明确阶段性目标与评估点。

2.数字化过程管理，保障学习进度

构建"教师—平台"双重监管网络；设置学习进度提醒与学习行为监测机制。教学平台自动记录学习时长、访问频率、测验成绩等数据；设置"红黄绿灯"式学习进度预警系统，对学习进度滞后的学生推送提示。具体措施有：每周定期生成学习数据报告（包括观看视频时长、完成任务率、活跃度等）；对学习进度异常学生开展"一对一"在线督导或约谈；利用学习行为数据辅助教师精准识别"风险学生"。

3.任务驱动与互动反馈激发学习动力

设立"每周一任务、每月一展示、每阶段一评估"促学节奏；搭建线上互动社区与主题讨论区，激发学生学习热情。发布任务型学习单元（如"搭建一个微店""设计一份电商营销方案"），激励学生边学边做；利用教学平台开展在线测试、打卡挑战、排行榜激励机制。具体措施有：建立学习积分制度，与课程成绩或奖励挂钩；实施"学生互评+教师点评"的多元评价；引入学生学习成果展示环节，提升成就感与参与度。

4.精准化个性支持，保障学习成效

构建"线上答疑—师生辅导—同学互助"三重助学体系；设置学习支持小组机制。建立FAQ知识库和专题答疑区；教师定期开展"直播辅导课"或制作"案例答疑视频"；组织学习小组，优秀学生结对帮扶基础较弱者，形成同学互助网络。

通过以上举措，实现学生学习全过程数字化管理与支持，提高学生学习的自主性、参与度与获得感，构建"教—学—评—辅"一体化的数智化学习支持服务体系，为电子商务人才培养提供高质量的教学生态保障。

六、数智化教学改革成效

"电子商务概论"作为电子商务专业的基础核心课程，在"新文科"建设背景下，持续推进课程体系、教学方法、实践模式与思政育人的融合创新，取得了显著成效。

课程搭建起涵盖"认识—构建—管理"三大知识模块的课程内容体系，并依托

认知层、实践层、创新层的递进教学模式，实现从理论理解到应用实践、再到创新能力的逐步提升。课程内容贴近产业前沿，融合"电商新模式、新技术、新应用"，有效提升了课程的高阶性、创新性与挑战度。

依托 MOOC+SPOC、案例库与政策数据库，形成课前自主导学、课中翻转研讨、课后创新实践的"三段式混合教学模式"。通过"每周一案例、每月一实训、每学期一项目"的任务链，构建"教—学—做"闭环式互动场景，学生学习积极性显著提升，形成了知识掌握、能力提升与成果输出的良性循环。

借助 AI 辅助平台构建"导学—督学—促学—助学"四维支持体系。通过知识图谱、学习行为数据分析、智能推送与自动答疑等功能，实现了学习全过程的个性化、数据化、精准化管理。学生学习路径更加清晰，薄弱环节及时诊断，整体学习成效显著提高。

基于"引导—感悟—践行"的思政育人链条，将爱国情怀、科技兴国、诚信经营、社会责任等思政元素有机融入教学全过程。依托"微拓展—微翻转—微论坛—微创新"四类教学活动，结合电商企业案例、法律法规解读、乡村振兴项目、电商助农实践，学生形成了良好的价值观、责任感与使命感。

课程积极对接区域企业与地方产业需求，建立"企业需求清单—课程任务库—学生项目包"的反向开发机制，学生围绕真实企业问题开展电商策划、平台运营、直播推广等实践任务。有效提升了课程服务区域经济的能力，也拓展了学生的就业创业路径。

通过系统教学改革，"电子商务概论"课程实现了从"知识传授"向"能力培育"和"价值引领"的全面跃升，已入选广东省线上线下混合一流课程，上线新华网"新华思政"平台示范课程，并获评省电子商务教指委课程思政优秀案例。未来将进一步强化数智赋能与实践驱动，持续推动课程高质量发展，打造具有区域影响力与专业引领力的标杆课程。

自开展混合式教学改革与实践以来，该模式在本校本专业及相关专业（如跨境电子商务、物流管理等）都得到了推广。同时也与多所同类院校开展课程改革方面的探索与合作。通过课程教学的不断深入，教师对于党的方针政策、国际国内社会经济形势及行业态势的讲解更加细致，学生爱党爱国思想政治素养得到显著提升。同时，学生积极参加各种赛事，能在各类双创项目中为民生问题献计献策。学生获得攀登计划、省级大学生创新创业等项目立项 10 余项，参加各类技能竞赛获国家级、省级奖项 40 余项，参与校企合作运营项目产生直接收益 30 余万元。

编写人："电子商务概论"课程教学团队

"计量经济学"课程教学数字化改革与实践

一、课程简介

"计量经济学"是商科教育中一门理论与实践并重的核心课程，也是我校2022年立项建设的校级一流课程。本课程以庞皓教授主编的《计量经济学》（第五版）为主要教材，旨在通过深入的理论学习与丰富的实践应用，实现数学、统计学和经济学的交叉融合，培养学生建立经济模型、分析实际经济问题的能力。课程以"提出问题—理论建模—数据验证—政策建议"为主线，结合中国经济增长、家庭汽车市场、股票价格波动等典型案例，系统阐述计量经济学的核心理论与方法，包括简单线性回归、多元线性回归等，以及回归过程中涉及的变量选择、参数估计、模型检验及预测分析等问题。课程始终强调理论与实践的紧密结合，通过案例分析、实践操作等多种教学手段，引导学生将理论知识灵活应用于解决复杂的经济问题。

"计量经济学"课程不仅注重理论知识的系统传授，更强调提升学生的数据处理与分析能力。随着人工智能技术的迅猛发展，传统计量经济学的教学体系正面临着前所未有的挑战与机遇，首先面临的便是数据处理与模型复杂度的提升。在过往的教学中，受限于计算能力和数据获取的难度，我们往往依赖于小规模、结构化的数据集，以及相对简单的线性模型进行分析。然而，在人工智能技术的推动下，我们如今面对的是海量、多维，甚至非结构化的数据海洋，以及复杂多变的非线性关系，这要求我们必须掌握更为高效、智能的数据处理工具和技术，以应对数据规模的爆炸式增长和模型复杂性的显著提升。

此外，人工智能技术的蓬勃发展，特别是机器学习、深度学习等领域的突破，为计量经济学的研究和应用开辟了全新的视野，进一步推动了跨学科融合的迫切需求。这些技术不仅能够提高数据分析的精度和效率，还能够揭示传统方法难以捕捉的深层经济规律。因此，将人工智能技术与计量经济学深度融合，不仅是对课程内容的一次全面革新，更是对教学方法和教学模式的深刻变革。这要求我们在教学中注重培养学生的跨学科思维，鼓励他们探索新技术在经济学研究中的应用潜力，以适应未来经济发展的新趋势。

二、课程目标

在快速发展的数字经济时代，数智赋能商科教育成为主流，计量经济学作为连接理论与实践、传统与现代的重要桥梁，不再局限于传统的理论掌握与基础应用能力培养，而是向着更高层次、更宽领域的综合能力塑造迈进。为进一步深化教学改革，契合数字化时代对复合型商科人才的需求，本课程突破传统框架，结合"铸商魂、育商智、强商能"总体教学目标，以"技术赋能、交叉融合、知行合一"为导向，构建"三维六层"目标体系。下面分别从知识、能力以及素养三个维度进行展开探讨。

（一）知识维度：深度融合，创新引领

课程目标一：夯实计量经济学理论根基

在知识维度上，首要目标是使学生深入理解计量经济学的经典理论框架，包括但不限于简单线性回归、多元线性回归、时间序列分析、面板数据分析等核心内容的数学推导与经济学内涵，理解"模型假设—参数估计—假设检验—模型应用"的逻辑链条。结合中国本土案例（如GDP增长预测、居民消费结构分析），深化对异方差、多重共线性、内生性等问题的理论认知。

课程目标二：构建跨学科知识网络

课程还将着重探讨认知计算机科学、统计学与计量经济学的交叉融合点，例如利用大数据处理平台实现海量经济数据的并行处理，以及借助Power BI等可视化工具动态展示模型结果与政策模拟效果。通过编织跨学科的知识网络，旨在培养学生的创新思维与综合能力，引领他们在计量经济学与AI技术交融的新时代中勇立潮头，开创未来。

（二）能力维度：技术赋能，实践导向

课程目标三：掌握技术应用能力

在能力维度上，课程强调提升学生的数据科学与编程技能。学生需熟练掌握Python、R等主流编程语言，以及Pandas等数据科学库，用于数据清洗、预处理和特征工程。与此同时，学生还需具备使深度学习框架进行复杂模型训练的能力，包括模型架构设计、损失函数选择、优化算法应用等。通过这些实践技能的训练，学生能够独立完成从数据收集、处理到模型构建、验证的全过程，有效提升解决实际问题的能力。

课程目标四：培养实践协作能力

通过团队项目（例如"大数据驱动的城市房价预测系统"），本课程将构建一

个从需求分析到全流程开发再到成果转化的能力闭环。学生将与企业并肩作战，明确业务目标（如助力某房地产公司精准制定区域投资策略）；亲历全流程开发，从数据采集（爬取链家网挂牌数据）、模型构建（结合空间计量模型与神经网络）到系统部署（搭建可视化平台）；最终通过撰写技术报告或政策建议书实现成果转化，并通过参与行业路演或学术竞赛，展现团队风采。这一系列实践不仅将锻炼学生的团队协作与项目管理能力，更将激发他们的创新思维与领导力，为未来的职业生涯奠定坚实基础。

（三）素养维度：伦理为先，责任为重

课程目标五：培养数据伦理意识

在素养维度上，课程尤为注重培养学生的数据伦理意识和社会责任感。随着AI技术的广泛应用，数据隐私保护、算法偏见等问题日益凸显。学生需深入理解数据伦理的基本原则，包括但不限于数据最小化原则、透明度原则、公平性原则等，学会在数据收集、处理和分析过程中遵循这些原则，避免侵犯个人隐私或产生不公平的结果。此外，学生还需具备识别算法偏见的能力，了解偏见产生的根源，学会通过数据预处理、模型调整等手段减少或消除偏见。同时，课程将强调数据保护法规的重要性，教育学生如何在合法合规的前提下进行数据分析和应用。

课程目标六：强化社会责任和政策洞察力

本课程将通过"数字赋能+计量经济"的模拟实践，让学生亲身体验政策影响的深远。例如，利用因果推断模型（如双重差分法），评估"碳税政策"对制造业企业成本结构的潜在影响，为政策制定提供科学依据；借助仿真技术，预测"数字经济促进乡村振兴"的长期效果，为乡村发展描绘蓝图。这一系列实践不仅将提升学生的政策洞察力，更将激发他们的社会责任感，使他们成为推动社会进步的重要力量。

数智赋能后的计量经济学课程目标不仅要求学生掌握扎实的理论基础和前沿的人工智能技术，更强调实践操作能力和数据伦理素养的培养。通过这一系列的课程目标设定，旨在培养出既具备深厚经济学理论功底，又精通数据科学与AI技术的复合型人才，为应对未来经济社会的复杂挑战提供坚实的人才支撑。

三、教学创新改革背景

在21世纪的今天，教育正经历着前所未有的变革。这场变革的驱动力多元而复杂，其中，技术驱动、行业需求、教育痛点以及政策牵引，共同构成了教学创新改革的时代背景。

(一) 技术驱动: AI重塑教育生态

随着AI技术的爆发式增长, 全球数据处理能力实现了跃迁。据IDC预测, 到2025年, 全球数据总量将达到惊人的175ZB, 其中非结构化数据占比超过80%。这一数据洪流对传统计量经济学的结构化数据分析方法提出了严峻挑战, 如EViews等操作工具已难以满足当前需求。然而, AI技术的崛起, 特别是自然语言处理和计算机视觉等领域的发展, 为非结构化数据的经济信号提取提供了可能。例如, 谷歌Trends利用搜索指数预测区域消费趋势, 其预测准确度 (R^2达0.72) 甚至优于传统调查数据; 而卫星图像识别技术则能够识别港口集装箱数量, 进而研判外贸景气度, 这一方法已被国际货币基金组织 (IMF) 纳入全球经济监测体系。

算法创新更是突破了学科边界, 为商科教育带来了新的启示。深度学习等先进算法能够破解传统计量经济学中的非线性、高维度难题。例如, MIT团队利用长短期记忆网络模型预测原油价格波动, 其预测误差较传统的自回归积分滑动平均模型降低了34%。

在教育工具智能化方面, 生成式AI正在重塑教学交互模式。ChatGPT等类似工具已经能够实现经济模型代码生成、文献综述撰写、案例数据模拟等功能, 极大地提升了教学效率。斯坦福大学的实验显示, 在AI的辅助下, 学生的实证分析效率提高了60%。此外, 虚拟仿真技术也在教育领域大放异彩, 它构建了沉浸式的学习场景。例如, Meta与沃顿商学院合作开发的 "虚拟华尔街" 项目, 使学生在虚拟现实 (VR) 环境中能够实时调整货币政策参数, 观察其对股市、汇市的连锁影响, 从而将抽象的经济理论转化为可视化的决策体验。

(二) 行业需求: 数字经济催生人才能力矩阵升级

在数字经济浪潮的推动下, 行业需求正经历从 "单一技能" 向 "复合能力" 的深刻转变。这一趋势在金融领域尤为明显。高盛2023年的报告揭示, 高达85%的量化分析师如今需兼具计量经济学与机器学习技能。例如, 传统的向量自回归模型在捕捉高频交易中的市场情绪方面显得力不从心, 而引入BERT模型分析新闻情感则成为新的解决方案; 信用评分模型也从传统的Logistic回归向XGBoost等先进算法转型, 实现了AUC值的显著提升, 达到0.89。

在咨询与政策制定领域, 这一转变同样显著。麦肯锡的 "AI+经济预测" 项目便要求顾问能够融合计量经济学模型 (如动态随机一般均衡模型DSGE) 与强化学习算法, 以模拟政策干预的长期动态效应, 为政策制定提供更为精准的科学依据。

面对这一趋势, 企业参与教育生态共建的迫切性日益凸显。一方面, 企业通过数据开放与平台赋能, 为高校提供丰富的学习资源和实践机会。例如, 腾讯联合高校推出的"云+AI经济学实验室",便提供了高达 10PB 级的社交与经济行为数据,支持学生训练广告投放 ROI 预测模型等实践项目,有效提升了学生的实战能力。另一方面,产教融合标准的缺失也成为制约人才培养质量的关键因素。世界经济论坛的调查显示,高达 67% 的企业认为当前高校课程与 AI 时代岗位需求之间存在显著的"技能鸿沟"。因此,亟需通过课程改革等方式,实现教育与产业需求的精准对接,培养出更多符合时代要求的复合型人才。

(三)教育痛点:传统教学的系统性滞后

在快速变化的经济环境中,传统计量经济学教学逐渐显露出与现实经济脱节的迹象。具体而言,教学内容方面,案例静态化问题尤为突出。例如,在庞皓的经典教材中,"中国居民消费函数估计"的案例仍基于多年前的截面数据,难以全面反映近年来直播电商兴起、Z 世代消费习惯变化等新变量的影响,导致教学内容与实际经济现象之间存在明显的时间差。

此外,教学方法的单一化也是制约教学质量的关键因素。传统计量经济学教学过度侧重于参数估计方法,如普通最小二乘法(OLS)等,而忽视了非参数估计、因果推断等现代统计方法在大数据背景下的应用价值。这种教学导向不仅限制了学生的视野,也未能充分培养其应对复杂经济问题的能力。

在教学方法上,单向灌输的教学方式仍占据主导地位。课堂上大部分时间用于公式推导和理论讲解,缺乏对学生批判性思维的激发和引导。例如,对于"内生性问题是否必然导致估计偏误"等关键议题,学生往往缺乏深入的讨论和思考,导致对模型经济含义的理解不够深刻。同时,实践环节的薄弱也是不容忽视的问题。传统实验课程主要局限于 EViews 等软件的操作,未能涵盖数据爬取、模型部署等真实工作流程中的关键环节,从而限制了学生实践能力的培养。

在评价体系方面,传统计量经济学教学也存在明显偏离能力培养目标的问题。期末试卷中理论计算占比过高,往往忽视了对学生模型适用性判断、伦理风险辨析等软技能的评估。这种考核方式不仅无法全面反映学生的综合能力,也难以激发其学习和创新的积极性。

(四)政策牵引:全球教育创新浪潮下的中国行动

在国家战略布局层面,我国以前所未有的决心推动教育现代化进程。《中国教育现代化 2035》明确提出推动人工智能与教育教学深度融合,以此引领教育领域的深刻变革。在此背景下,教育部启动了首批"AI+高等教育"试点项目,其中 12 所高校聚焦于商科教育的改革与创新,旨在通过人工智能技术的融合应用,提升商科教育的质量和水平。

与此同时,"新文科"建设的浪潮也在中国高等教育领域悄然兴起。这一建设理念倡导"文理交叉",旨在打破传统学科壁垒,培养具有跨学科素养和创新能力的复合型人才。复旦大学经济学院积极响应这一号召,率先开设了"计算社会科学"方向,并在计量经济学课程中融入了社会网络分析、代理基模型(ABM)仿真等前沿内容,为学生提供了更为广阔的学习视野和实践平台。

在国际竞争日益激烈的背景下,我国教育改革也面临着来自外部的挑战和倒逼。美国国家自然科学基金(NSF)资助的"Computational Economics"计划,要求本科生掌握 PyTorch 等先进技术进行经济仿真,这一举措无疑提升了美国商科教育的国际竞争力。欧盟则通过"Erasmus+ AI in Education"项目,将"AI 赋能量化分析"列为商科学生的核心能力指标,进一步推动了商科教育的国际标准化进程。

面对这些国际竞争的压力和挑战,我国商科教育也在积极对标国际标准,加快改革步伐。通过引入国际先进的教学理念和方法,加强与国际一流高校的合作与交流,我国商科教育正在不断提升自身的国际竞争力和影响力。

四、教学创新理念与设计

在深化教学改革的过程中,本课程秉持"商道铸魂、粤韵润心、践悟并行"的育人理念,将'计量经济学'课程与数字技术深度融合,不仅通过数据建模、算法分析等数字化手段挖掘课程中的思政元素,强化学生的商业伦理意识与社会责任感,更将岭南文化精髓(如粤商精神、改革开放实践智慧)融入教学内容,以数据为纽带连接传统与现代,让学生在计量分析中感悟岭南文化的独特魅力;同时,通过校企协同项目、跨学科课程设计及虚拟仿真实验等多元化实践路径,推动学生从"理论学习"向"知行合一"跃迁,实现专业能力与人文素养、创新精神与社会担当的协同提升。

(一)核心理念:构建"四位一体"教育生态

认知逻辑重构,实现"知识传授"到"认知增强"的过渡。基于建构主义理论,本课程将利用 AI 技术实现"动态知识网络"构建。通过知识图谱化,将教材中的知识点与 AI 技术关联,形成可交互的 3D 知识地图。同时,利用 GPT-4 生成渐进式问题链,引导学生自主探索解决方法,构建了认知脚手架,促进了学生的认知发展。

教学模式转型,加强 OMO(Online-Merge-Offline)全场景融合。课前,学生通过 AI 虚拟助手完成知识盲点诊断(如混淆横截面数据与面板数据)和案例数据预加载(如自动爬取最新 CPI 数据关联教材第三章的消费模型),实现智能预习。课中,运用多模态大模型实现实时代码纠错和经济决策沙盘模拟,促进了深度交互。课后，通过AIGC工具完成个性化习题生成（例如针对投资学专业学生生成"期权定价模型与GARCH结合"的拓展题）和学术论文辅助（例如AI自动提取教材参考文献，生成文献综述框架），以此实现能力延展。通过全场景融合的教学模式，提高教学效果和学习效率。

中台架构支撑，搭建"计量经济学数字孪生平台"。课程将组建金融大数据实验室，搭建计量经济学数字孪生平台，提供模块化组件库和虚实联动实验功能。其中模块化组件库将集成经典方法（庞皓教材案例代码）与AI扩展包，学生可以通过拖拽式建模快速搭建混合模型。与此同时，学生还可通过虚实联动实验，AR呈现中国各省份GDP数据的3D地理热力图，以及模拟货币政策传导效应等实验，提高建模能力和实践操作能力。

顶层能力孵化，打造基于大模型的"创新创业加速器"。课程将利用大模型构建科研预训练和创业沙盒等功能，为学生提供科研和创业的全方位支持。通过输入研究主题，AI自动推荐融合框架并生成模拟结果，帮助学生快速开展科研工作。同时，学生团队可以利用平台开发智能经济预警系统等项目，接入大模型API实现自然语言政策查询等功能，培养学生的创新能力和创业精神。

（二）教学设计：根植中国场景的"三维融合"

1.数据融合，构建中国特色经济指标新体系

在计量经济学教学过程中，应特别注重结合中国经济发展的实际情况，对传统教材案例进行本土化改造与创新。通过引入诸如抖音消费指数、拼多多下沉市场渗透率等一系列反映中国数字经济特征的指标，以及基于大数据和先进算法构建的政策不确定性指数等，实现传统数据指标与新时代中国特色经济数据指标融合，这些指标不仅丰富了中国特色经济指标的开发和应用，也使得教学内容更加贴近现实、更具时代感。通过这些创新的数据融合方式，学生能够更加深入地理解中国经济运行的内在逻辑和特征。

2.方法融合，推动原创性方法论的创新实践

针对中国经济转型期的特殊问题和挑战，本课程积极探索并设计一系列原创性的方法论。例如，将动态随机一般均衡模型与深度强化学习相结合，模拟国内国际双循环的互动机制，为理解中国经济的复杂性和动态性提供了新的视角。以及利用空间计量模型与计算机视觉技术，对区域发展差距进行精确测度，为制定更加精准的区域发展政策提供了科学依据。这些原创性方法论的创新与实践，不仅提升了教学质量，也为学生未来的学术研究和职业发展奠定了坚实的基础。

3.评价融合，构建多元能力雷达图评估体系

为了更加全面、准确地评估课程教师的教学能力，本课程进一步开发 AI 督导系统，并构建多元能力雷达图评估体系。该体系从理论指导、技术应用、经济洞察、伦理合规、协作效能和学术严谨等六个维度出发，对教学能力进行动态评估，以数据支持教学评价优化。通过雷达图的多维指标，学生可以更清晰地进行教学反馈，同时雷达图的结果成效也可让教师更直观认识到自己的优势与不足，从而有针对性地调整教学策略和提升自我。这种评价融合的方式，不仅增强了教学的针对性和有效性，也提高了学生对教学反馈的积极性。

基于以上数据融合、方法融合及评价融合的"三维融合"教学设计策略，计量经济学教学得以与中国本土场景实现深度交融与创新发展。这一创新性的教学框架不仅显著提升了教学质量与成效，更为学生未来的学术探索与职业道路铺设了坚实的基石，让他们在全球化与本土化交织的复杂环境中，能够游刃有余地应对挑战，展现卓越才能。

五、教学创新改革措施

（一）课程内容重构：打造数字化教学资源库

在原有计量经济学课程基础上，通过新增 AI 前沿专题，例如"机器学习与计量模型优化""生成式 AI 在经济预测中的应用"等，并结合庞皓教材中的经典案例（如 GDP 影响因素分析），引入神经网络等先进算法进行时间序列预测，使学生紧跟 AI 技术在计量经济学中的最新应用。同时，积极拓展社交媒体舆情数据等新型数据源，与传统宏观经济数据库（如 Wind、国家统计局）相辅相成，实现数据源多元化，打造数字化教学资源库，通过丰富的数字化案例教学训练学生处理非结构化数据的能力，并深化他们对大数据环境下经济现象的理解和分析能力。

（二）教学手段革新：虚拟仿真与智能助教相结合

在传统教学方法基础上，搭建金融大数据综合实验室以及虚拟仿真实验室，利用 VR 技术构建高度仿真的"股票交易大厅"或"宏观经济调控"场景，学生得以在虚拟环境中自由调整参数并实时观察模型结果，从而极大地增强了学习的互动性和实践性。同时，部署智能问答机器人作为 AI 助教系统，提供全天候在线技术支持，实时解答学生在模型构建、算法实现等方面的疑问，并根据学生的个性化学习进度和兴趣推送相关学习资源，有效提升了学习效率。

（三）跨学科协作机制：促进学科交叉融合

通过与其他学院紧密携手，联合开发双师课程，例如"AI+计量经济学"等，由商科教师与AI领域专家联合授课，旨在实现理论与实践、技术与经济的无缝对接与深度融合。此外，本课程还将积极与企业开展实战项目合作，涵盖基于大模型的金融风险预警系统设计、智能投资策略开发等多个领域，让学生在真实商业环境中亲身体验并锻炼解决实际问题的能力，从而培养出既具备深厚理论功底又拥有实战经验的复合型人才。

（四）教师能力提升：从传统到现代的转型

教师能力提升是实现教育从传统模式向现代模式转型的重要一环。为了顺应时代发展的需要，本课程定期组织上课教师参与一系列专题研修班，例如与深圳点宽网络科技有限公司合作培养金融科技骨干师资，助力科任教师考取Python大数据分析、工智能算法应用师，由工业和信息化部颁发高级证书，旨在全面提升教师的AI技术应用能力和数据科学素养。这些专题研修不仅涵盖了最新的AI技术和数据分析方法，还注重培养教师的创新思维和实践能力。通过参加研修班，不断拓宽自己的知识视野，掌握最新的教学理念和教学方法，从而更好地引导学生探索未知、解决问题。同时，也鼓励教师们将所学知识和技能积极应用于教学实践中，推动其从传统的"知识传授者"向"学习引导者"转型，为学生创造更加开放、互动和富有创造性的学习环境。

（五）伦理与创新并重：培养负责任的创新人才

本课程将在案例教学中增设伦理模块，通过融入数据隐私保护、算法公平性讨论等议题，如借助"计量经济学"中的"家庭汽车销量预测"案例，深刻剖析用户数据使用的边界与潜在风险，从而有效培养学生的伦理意识和责任感。此外，还将定期举办计量经济学与AI融合的创新竞赛和学术论坛，为学生提供将所学知识应用于实际问题解决的平台，同时促进学术交流与合作，进一步激发他们的创新思维和创业精神，为他们成为具有社会责任感和创新能力的未来领袖奠定坚实基础。

上述一系列改革措施协同作用，共同搭建起一个全方位的教学改革架构，其核心目的在于构建一个深度融合理论与实践、技术与经济、伦理与创新的高水平计量经济学教学体系。这一体系致力于培育具备国际视野、创新精神及卓越实践能力的复合型人才，使他们不仅能够紧跟时代潮流，掌握前沿科技，还能在复杂多变的经济环境中展现出高度的伦理素养和问题解决能力。

六、教学创新成效

（一）学生能力全面提升

在AI技术的助力下，学生们的计量经济学分析能力得到了质的飞跃。通过利用AI智能工具，学生们能够更快速、更准确地构建经济模型。对比数据显示，使用AI工具后，学生的建模效率从平均每天5个模型提升至10个模型，模型构建时间缩短了近一半，而预测准确率从60%提升至80%，提升幅度高达20%。这不仅大大提高了他们的学习效率，也让他们在实践中积累了宝贵的经验。

同时，学生们的创新思维和实践能力也得到了显著增强。在参与基于AI的计量经济学项目研究和竞赛中，他们展现出了出色的问题解决能力和团队协作精神，其中团队解决问题的能力提升了30%，团队协作效率提高25%。部分学生的研究成果甚至被企业采纳，应用于实际业务中，实现了从理论到实践的完美跨越。

（二）教学资源智能化升级

人工智能技术的引入，使得计量经济学的教学资源得到了全面智能化升级。利用AI技术动态更新教材案例库，确保了学生所学内容的时效性和前沿性。数据表明，数智赋能后，教材案例库更新周期缩短至每周一次，更新频率提升了40%。同时，通过开发基于AI的计量经济学实验平台，为学生提供了更加便捷、高效的实验环境。这一平台不仅丰富了教学资源，也大大提高了学生的学习兴趣和参与度，调查结果表明，学生的学习参与度提高了35%，在使用案例时的满意度已提升至90%。

（三）教学评价多元化发展

在AI技术的支持下，课程的教学评价方式也实现了多元化发展。通过引入智能评估系统，能够更加客观、全面地评价教师的教学能力和学生的学习成果。同时，利用AI技术对学生的学习行为进行数据分析，为每位学生提供了个性化的学习建议和反馈。数据表明，采用六维雷达评估后，学生反馈满意度从75%提升至90%，学生的自我评价能力和学习动机显著提高。这种多元化的评价方式不仅更加公平、公正，也能够帮助教师和学生更好地认识自己，明确未来的提升方向。

（四）产学研合作深化拓展

AI赋能的计量经济学教学改革不仅局限于校园内，还进一步深化了产学研合作，将科研成果转化为实际应用，例如开发国家级实用新型专利和国家级发明专利等实际项目。具体数据表明，通过与企业、研究机构合作后，学生参与的专利申请量从每年5件增长至15件，专利申请量增加200%，其中7件成为国家级专利。产学研深化不仅将学生所学知识应用于实践中，还为学生提供了宝贵的实习和就业机会。同时，通过与研究机构合作开展前沿课题研究，进一步推动了计量经济学的理论创新和技术进步。

综上所述，AI赋能"计量经济学"教学创新改革探索与实践取得了显著成效。未来，我们将继续深化教学改革，探索更多创新性的教学方式和方法，为学生们的学术研究和职业发展奠定更加坚实的基础。

编写人："计量经济学"课程教学团队

"金融学"课程教学数字化改革与实践

一、课程简介

"金融学"是我校省级一流专业"国际经济与贸易专业"的必修基础课，也是我校投资学专业的专业基础课，3学分48学时，面向本科3年级学生开设，本课程自2012年开始建设并于2022年开始进行基于数字化的混合式教学的探索，2022年被评为校级线下一流课程。经过12年的建设，形成了较为完备的课程教学体系，2023年立项省级线下一流课程（如图1所示）。

图1 "金融学"课程建设基础

（一）教学改革层层深入

根据应用型人才的培养定位，明确立足区域经济提高学生实践应用能力为核心构建课程内容和知识体系。以岗课赛证融通、"四驱动五融合"等教学模式、新案例重构课程内容，深度挖掘了课程内涵。

本课程秉承学生中心理念，岗课赛证融通，将"双创比赛、互联网金融、专业技能大赛、从业资格证"等要素融入课程教学，构建"四驱动五融合"的教学模式，积极倡导以"主动参与，乐于探究，交流与合作"为主要特点的学习方式；搭建满足需求的多元资源库，建立以能力为导向的双层评价体系，实现以评促学；以课程思政为切入点，将立德树人内化到课程教学各方面、各环节，深入挖掘专业课程中蕴含的思想政治教育元素。团队获教育部产学合作协同育人项目2项，省级以上教研项目5项，校级教改项目13项，发表教改论文30多篇。

（二）课程团队教学能力大幅提升

课程多次进行公开示范课程评比，团队成员荣获南粤优秀教师、广东省民办优秀教师，荣获2022年广东省第六届青年教学大赛文科组二等奖，学校选拔赛文科组一等奖，荣获2019年广东省教育"双融双创"行动高教组课件三等奖，荣获广东省首届金融学课程思政教学大赛校级三等奖，获校级创新大赛三等奖，校级综合教师比赛副高组二等奖1项，讲师组二等奖2项。课程团队成员潜心教学，教学热情高涨，教学能力大幅度提升。

（三）课程教学方法改革层层深入

课程从传统的理论讲授逐步转向"线上线下混合+项目驱动"的创新模式。依托智慧教学平台（如超星、雨课堂），实现课前知识传递、课中案例研讨与课后拓展训练的闭环设计；引入"翻转课堂"，通过金融热点辩论、模拟投资决策等互动形式深化理论学习；同时结合"金融科技工坊""量化交易模拟"等实战项目，让学生在真实业务场景中应用Python数据分析、区块链技术等工具，培养解决复杂金融问题的能力。此外，通过校企共建"金融创新实验室"，引入行业导师参与案例教学，确保教学内容与金融业数字化转型需求同步。

（四）数字资源建设稳步提高

课程构建了"三位一体"的立体化资源体系：一是开发金融大数据分析、智能投顾等模块化微课视频，配套在线题库和虚拟仿真实验；二是整合Wind、同花顺等金融终端数据资源，搭建量化投资与风险管理实训平台；三是建设金融科技案例库，涵盖数字货币、绿色金融等前沿主题的交互式学习场景。同时，利用AI助教实现学习行为分析，为个性化教学提供支持。这些资源通过校级在线开放课程平台共享，并持续更新以适应金融行业的技术演进，为学生提供"理论—工具—实践"无缝衔接的学习体验。

二、课程目标

（一）铸商魂——价值引领与职业伦理目标

"金融学"课程将重点培养学生恪守金融伦理与社会责任的职业价值观。课程将深入剖析金融活动的社会经济影响，引导学生树立"金融回归本源、服务实体经济"的核心理念，强化防范系统性风险的底线思维。

通过分析次贷危机、P2P爆雷等典型案例，使学生深刻认识金融道德失范的严重后果；结合数字货币、算法金融等新兴领域的数据伦理问题，探讨金融科技发展中的隐私保护、算法透明性等前沿议题，并对照《金融数据安全分级指南》等监管政策，系统培育学生在数字化环境下的合规意识与社会担当，塑造兼具专业素养与人文精神的现代金融人才。

（二）育商智——知识体系与数字思维目标

课程致力于构建"传统金融理论+数字化应用"的复合型知识体系。在夯实货币银行学、资本市场、风险管理等核心理论的基础上，引入 Python 金融数据分析、量化建模等数字化工具，通过实证方法验证 CAPM 模型、利率期限结构等经典理论，实现理论与技术的深度融合。

同时，系统讲解区块链在支付清算、人工智能在智能投顾等场景的创新应用，剖析大数据征信、社交网络舆情分析等前沿技术对传统金融逻辑的重构，培养学生运用数据思维解决金融问题的能力。通过金融科技沙盘推演、数字孪生仿真实验等教学手段，帮助学生建立"理论—数据—决策"的闭环认知框架，适应数字经济时代对金融人才的知识迭代需求。

（三）强商能——实践应用与创新能力目标

课程聚焦数字化金融场景下的实践创新能力培养。依托 Wind、同花顺等专业金融终端和量化交易模拟平台，训练学生完成行业研究、投资组合优化等实务操作；通过设计智能投顾系统原型、开发供应链金融区块链解决方案等实战项目，提升学生在金融科技领域的工具应用能力。针对绿色金融、普惠金融等国家战略需求，组织学生开展碳金融衍生品定价、农村数字普惠金融等课题研究，培养其将技术工具与业务需求相结合的创新能力。同时，通过金融科技黑客松、RegTech 案例竞赛等沉浸式教学，强化学生在跨学科团队中的协作能力与敏捷响应能力，最终形成"技术赋能业务、创新驱动发展"的综合性职业素养。

三、教学创新改革背景

（一）人工智能技术正深刻重塑金融行业格局

机器学习算法通过处理海量结构化与非结构化数据，显著提升了投资预测精度；智能投顾系统实现个性化资产配置，降低财富管理门槛；AI驱动的实时交易监测使欺诈检测准确率大幅提升。区块链技术催生的DeFi平台、基于深度学习的量化交易策略、计算机视觉支持的远程定损等创新，正在推动金融业向智能化、数字化加速转型。

（二）传统金融学教学模式已难以适应行业发展需求

教学内容更新滞后导致与实务脱节，教材难以及时纳入金融科技最新进展。单一的理论讲授模式缺乏编程实践、数据分析等实操训练，考核方式过度侧重知识记忆而非能力评估。这种教学模式无法培养学生所需的Python/R编程、机器学习应用、大数据处理等核心竞争力。

行业对复合型金融人才的需求呈现三大特征：跨学科知识结构（金融+计算机+统计）、数据分析能力（机器学习算法应用）、编程实践能力（Python金融建模）。调查显示，82%的金融机构将"AI技术应用能力"列为招聘核心指标，但现有培养体系下仅37%的毕业生能达到基本要求。

（三）教师队伍面临严峻的跨学科挑战

65%的金融学教师缺乏AI技术系统训练，难以开展智能投顾、量化风控等前沿内容教学。教学评价体系仍以论文发表为主，缺乏对金融科技教学成果的有效激励。

教学改革需从四个维度突破：首先，构建"金融+X"课程体系，开设"机器学习金融应用""区块链与数字货币"等新课，在传统课程中增设AI应用模块（如"公司金融"课程加入智能决策案例）。其次，推行"项目驱动"教学法，通过量化投资策略设计、金融舆情分析等实战项目，培养学生运用TensorFlow、PyTorch等工具解决实际问题的能力。再次，建设"金融科技实验室"，引入Wind终端、量化回测平台等数字化工具，开发虚拟仿真实验项目。最后，建立多元考核体系，将编程作业、创新项目、理论测试等纳入成绩评定。

四、教学创新理念

(一)"商道铸魂"维度

课程运用数字技术深度挖掘金融发展史中的思政元素。通过建设"红色金融数字博物馆"虚拟仿真项目,学生可沉浸式体验中国共产党领导的金融发展历程,如中央苏区货币改革、抗战时期金融斗争等重大历史事件。

结合大数据可视化技术,动态展示我国金融业服务实体经济、防范系统性风险的实践成果,如通过实时经济热力图呈现普惠金融对乡村振兴的支撑作用,强化学生"金融报国"的职业使命感。课程还引入区块链技术模拟"数字货币跨境支付"场景,让学生在技术实操中理解国家金融安全战略的重要意义。

(二)"粤韵润心"特色融合

课程依托数字平台构建岭南金融文化资源库,运用AI文本分析技术解读粤商票号、十三行贸易等历史文献,提炼"诚信为本、开放包容"的岭南金融精神。开发"粤港澳大湾区金融沙盘"数字孪生系统,学生可模拟大湾区跨境理财通、绿色金融创新等特色业务,在场景化学习中培养服务区域发展的家国情怀。

同时,通过采集分析广交会跨境结算、深港通交易等实时数据,制作"数字岭南金融案例集",展现广东改革开放前沿的金融创新实践。

(三)"践悟并行"教学实施

课程构建了"数字技术+思政实践"的双螺旋教学模式。运用Python金融数据分析工具,引导学生对"恒大债务危机"等典型案例进行量化归因,在数据挖掘中领悟金融监管的底线思维。开发"金融伦理决策模拟系统",通过AI生成式对抗网络创设虚拟道德困境,如算法歧视、数据隐私等场景,训练学生在技术应用中坚守职业操守。

此外,组织学生利用数字孪生技术为中小微企业设计"AI+供应链金融"解决方案,在服务实体经济的实践中深化对金融初心的理解,实现价值塑造与能力培养的有机统一。

五、教学创新改革措施

(一)构建"竞赛引领,岗课赛证融通"应用型人才培养模式

坚持以"学生为中心"的课程理念,坚持以赛促教、以赛促学、以赛促改、以

赛提技,多措并举构建"竞赛引领,岗课赛证融通"应用型人才培养模式,为中国式现代化提供高技能人才支撑。加强研赛,对接国赛、省赛、市赛,明确专业对应的竞赛项目,将赛项技术点和技术要求融入课程和学习任务,促进岗位要求、课程体系、竞赛体系、考证体系融通,工作过程、学习过程、评价过程一体,发挥技能竞赛对金融学一体化教学改革的引领作用。依托实现以证定标、以赛提技、以岗定课、以赛促学,提高学习效果。将"双创、互联网金融、技能大赛、从业资格证"等要素融入课程教学,提升学生的专业知识和专业技能(如图2所示)。

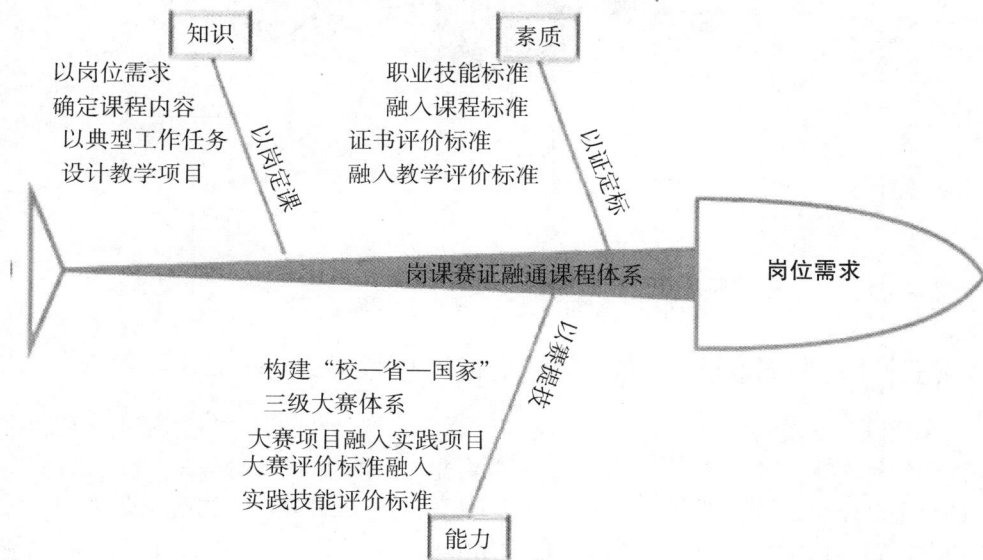

图2 岗课赛证融通体系

(二)构建"四驱动五融合"的教学模式

"四驱动",即以培养具有解决复杂金融问题能力的应用型创新人才为产出导向,实施"以学科交叉融合驱动课程重构,以建构知识理论驱动教学过程优化,以校企深度合作驱动实践平台建设,以四方多元参与驱动教学评价改革"的四驱动教学模式改革,培育金融科技领域数智型人才。

"五融合"教学模式,即教学过程中教学内容与思政融合,"新原理、新方法和新技术"与金融领域多学科融合,理论与实践递进推演与校企融合,线上线下、虚实结合的教学方式与创新大赛融合,课内课外、校内校外的教学时空与创业融合,破解应用型创新人才教学模式难题(如图3所示)。

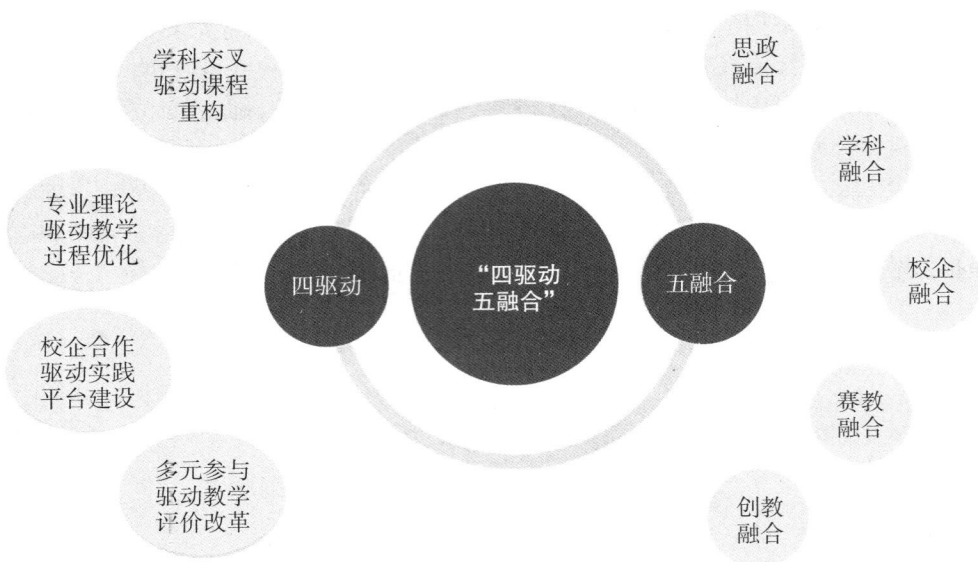

图3 "四驱动五融合"教学模式

（三）以"四驱动五融合"为中心的新型教学设计

课程以"新文科"建设为指导，将"四驱动五融合"的教学模式融入课程教学设计中，针对大学生存在的风险意识不强等问题开展思政建设，带学生走出课堂，走进校企合作单位进行课程内容实践，以比赛促教学，鼓励学生参加与该课程相关的各类比赛，以学生为中心，以高阶能力培养为目标进行课程重构，针对学生内驱力不足等教学"痛点"问题，找到问题成因，创新教学设计（如图4所示）。

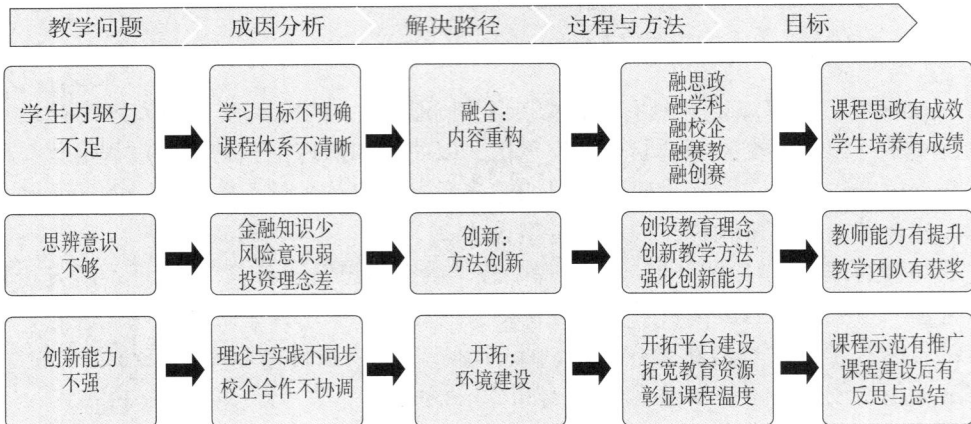

图4 教学设计

六、教学创新成效和数字资源建设

（一）学生能力全面提升

团队老师结合"互联网+"等各类比赛带领学生积极参加社会实践调研，服务乡村，助力乡村振兴。比如"红色浪鳗——助力广东茂名电白精准扶贫领航者"团队，从2018年起多次到电白地区实地调研，推出"产供销一体化帮扶模式"、首创"休渔期基金"，通过与电白当地龙头产业进行合作，打造与红色文化相结合的鳗鱼产品，并以电商平台为载体扩展销路，扩展电白鳗鱼线上销路，以形成良性收入循环，实现乡村振兴。该项目获得2020年第六届中国国际"互联网+"大学生创新创业大赛广东省银奖，得到众多媒体的宣传和报道，受到当地政府的肯定和支持。

近5年来，团队老师指导学生参加与本课程相关的国家级竞赛获奖13项，省级、市厅级等各类竞赛获奖超过28个，对接社会项目150多个，产学研社会服务乡村8个，总资产额约25万元，助力乡村振兴。2021年，广东省高等学校教育管理学会"金融学"课程思政建设项目得到省内示范学校报道和大力推广。

（二）数字资源建设得到发展

"金融学"课程内容重构时，要融入跨学科知识、融入职业岗位需求、融入各类竞赛需求（创新创业、互联网金融比赛、专业技能大赛）、融入职业证书需求、融入科研成果、融入思政案例。在"金融学"中教学过程中融入创新创业教育，包括金融与创新创业关系、货币形式的创新、新兴支付工具的创新、创业融资手段、"互联网+"背景下金融机构的形式、互联网金融盈利模式创新和风险、货币政策对创业融资的影响、参加各类创新比赛等。通过课程内容调整，提升学生创新精神、创业意识和创新创业能力（如图5所示）。

融入思政案例　　　　　　　　　　**融入跨学科知识**

融入科研成果　　　　　　　　　　**融入学科竞赛需求**

　　　　　　　　课程内容重构

融入职业岗位需求　　　　　　　　**融入职业证书需求**

图5　"金融学"课程内容重构

现有数字资源建设与使用情况：

（1）线上视频。本课程已上线的超星平台开放课程（微视频50个）。

（2）线上建设配套资源。线上测验题库（5个）、作业库10章、思政案例题库（10个）、线上讨论区等。

（3）线下翻转课堂库。每个模块配1~2次活动，总共4~8次。

（4）其他资源。建设智慧职教、爱课堂导师库、学银在线等资源库。

（5）实施情况。线上答疑和考核、线下活动设计、综合考核体系、目标达成度等均已实施。

七、课程思政和教学评价创新

（一）课程思政

"金融学"课程教学中融入"爱国情怀""职业操守""诚实守信""法治意识""民族自信""严谨求真"等方面的育人内容，使学生树立远大理想目标，端正为人、做事、求知的态度。引领学生树立正确的世界观、人生观、价值观。

围绕立德树人根本任务，课程思政要贯穿到学习的全过程，根据不同章节精心挑选思政映射与融入点，将学术思想、典型案例、时事热点，模拟综合实验室等有机融入课堂，通过多种教学手段，有效发挥"金融学"课程的"价值引领"作用和德育功能。

在金融概览章节，通过小组讨论融入，认识金融的重要性，引导学生坚定道路自信；在货币章节，通过新闻座谈融入，引导学生树立文化自信；在金融监管章节，通过案例导入，培养学生法治和风险意识；通过社会服务融入实习实践基地，把课堂内容与误外实践有机结合，引导学生培养家国情怀，助力乡村振兴；通过第二课堂融入，引导学生关注金融前沿理论，让项目化与课堂对接，引导学生了解国家政策；通过科技大赛融入金融自信，体现我敢创、我会创的中国国际"互联网+"大学生创新创业精神（见表1）。

表1   **"金融学"课程思政元素**

课程内容	课程思政主要渗透点	融入方式	思政育人预期成效
金融概览	金融是实体经济的血脉，为实体经济服务是金融的天职 金融的本质是服务实体经济	主题案例 视频 分组讨论	坚定道路自信，理解金融的重要地位和作用，树立金融服务实体经济的核心理念
彻解货币	中国货币制度发展史 人民币国际化的发展	视频 分组讨论	树立道路自信、理论自信、文化自信、制度自信（货币自信、金融自信）

续表

课程内容	课程思政主要渗透点	融入方式	思政育人预期成效
深思信用	道德诚信教育，融入传统美德、社会公德与职业道德等教育	案例分析 课堂讨论 联系实际	诚信做人、坚持职业操守、具备社会责任感，树立正确的世界观、人生观和价值观
金融市场	我国多层次资本市场发展 Shibor与我国国际地位的提升	视频 课堂讨论 联系实际	联系我国金融市场发展史，树立制度自信
金融机构	农行反洗钱微电影 纪录片《日昇昌票号》 亚投行的成立和发展 我国金融机构的发展和变化	视频 课堂讨论 联系实际	树立风险意识和法治意识，树立四个自信和金融自信
货币政策	疫情后货币政策的分析 我国创新型货币政策工具	案例分析 课堂讨论 联系实际	树立四个自信，理解货币政策的精准性和直达性，培养大局意识和核心意识，培养爱国主义情怀、经世济民的理念
金融监管	2008年次货危机爆发的过程和原因 总结金融危机的经验和启示	视频 课堂讨论 联系实际	树立法治和风险意识，理解金融行业安全性的重要性，注重防范金融风险和金融危机，保障金融安全和国家安全

通过课程建设，我院学生积极参与金融相关社会实践活动，近5年来，"红色浪鳗"金融公益团队先后在茂名电白、河源下屯、惠州墨园、湛江徐闻等多个乡村开展理论宣讲、支教助学、助农帮农等实践服务，产生了良好的社会影响，得到了地方政府与群众的广泛好评。2023年暑期，"红色浪鳗"金融公益团队深入粤东西北乡村基层，把专业知识和青春创意带进田间地头，将智慧结晶和丰收硕果留在村屯农家，为推进中国式现代化广东实践贡献青春力量。

团队成员大创项目指导经验丰富，负责人指导的"互联网+"大学生创新创业大赛《智鳗科技——国内首创高诱变鳗转雌智能控制系统》项目高教主赛道获得广东省金奖、《红色浪鳗——助力广东茂名电白精准扶贫领航者》项目在青年红色筑梦之旅赛道获得广东省银奖、《点墨成金——助力北山海渔业振兴添新墨》项目以及《蓝鳍一号——智能养鱼新模式，开启致富加速度》分别在青年红色筑梦之旅赛道和高教主赛道获得了广东省铜奖的好成绩。学生积极撰写并发表相关论文30多篇，获得各类奖项40多项，得到社会和多家媒体的广泛好评。

（二）教学评价创新

该课程成绩评定方式主要包括过程性评价、生生互评和结果性评价三部分组成，所占比重为45%、15%和40%。

在成绩评定中，设置加分项，充分体现学生能力培养，加分项目包括：立项相关创新创业项目、考取专业相关资格证书和加入教师科研项目（如图6所示）。

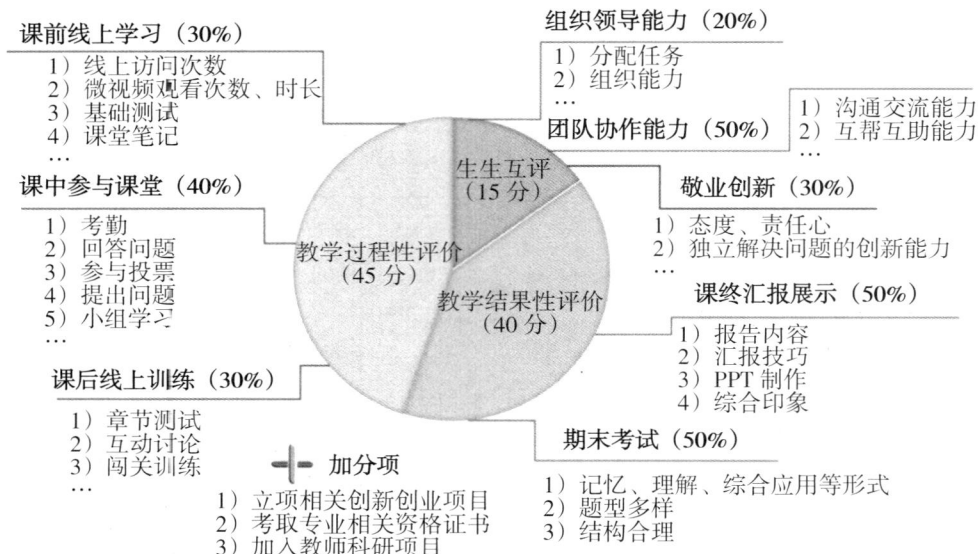

课前线上学习（30%）
1）线上访问次数
2）微视频观看次数、时长
3）基础测试
4）课堂笔记

课中参与课堂（40%）
1）考勤
2）回答问题
3）参与投票
4）提出问题
5）小组学习
…

课后线上训练（30%）
1）章节测试
2）互动讨论
3）闯关训练
…

加分项
1）立项相关创新创业项目
2）考取专业相关资格证书
3）加入教师科研项目

组织领导能力（20%）
1）分配任务
2）组织能力
…

团队协作能力（50%）
1）沟通交流能力
2）互帮互助能力
…

敬业创新（30%）
1）态度、责任心
2）独立解决问题的创新能力

课终汇报展示（50%）
1）报告内容
2）汇报技巧
3）PPT制作
4）综合印象

期末考试（50%）
1）记忆、理解、综合应用等形式
2）题型多样
3）结构合理

教学过程性评价（45分）　生生互评（15分）　教学结果性评价（40分）

图6　"金融学"课程考核成绩评定方式

过程性评价包括课外拓展资料阅读情况、读书笔记、金融学术讲座参与情况、线上资源的学习利用情况等内容，如线上平台的访问次数、章节测试与互动讨论等完成情况、课堂的参与度、回答问题与小组讨论情况等。总之，过程性评价主要考查学生课前课后对线上平台资源的学习利用情况和课堂表现。

生生互评是教师根据课程内容布置案例分享和专题调研报告等任务给学生，学生在课堂或者线上教学平台进行分享，针对其他学生的分享与提问情况，由学生自己制定评价标准，学生之间或小组之间互相评价，给出评价理由和分数。比如案例分享效果、调研报告的完整性、团队的合作能力、沟通能力、创新能力等。

结果性评价主要是教师对学生调研报告完成情况、案例分享情况、期末卷面成绩、专业综合素质等课程整体学习情况的考评。其包括调研报告的完整性、问题分析的深度，案例分享逻辑性与效果，PPT的整体内容与效果等。

期末考试以闭卷考试为主，考核形式包含记忆、理解、运用、分析探究等形式、试卷做到涵盖面广（试题要覆盖课程的所有重点知识、技能点）、题型多样、题量恰当、结构合理、难度适中、考评高效合理。

课程考核评价方法还结合校外专家评价、校内督导评价、校内同行评价、学生评价等方法，对课程进行充分评价，不断提升教学质量。

编写人："金融学"课程教学团队

"商业银行综合实训"课程教学数字化改革与实践

一、课程简介

（一）课程开设的目的和意义

"商业银行综合实训"课程是投资学专业学生的核心技能培养课程。以商业银行一线岗位的基本素质、能力、基本操作、基本规范和基本业务为索引来设计，突出对学生职业能力的训练。课程的开发和建设的定位是为学生未来就业的取向服务，通过实训操作，基于校内校外实习基地等教学资源，如我院的模拟银行实训室，帮助学生提前进入在商业银行工作中的情境，为以后竞争上岗做准备。根据我国商业银行业务发展的步调，课程的内容也会顺应时代的潮流做出改变。

（二）课程主要内容

"商业银行综合实训"课程涉及金融学、货币银行学等多学科知识，在实践教学中，需指导学生使用典阅银行仿真实训平台，掌握商业银行的资本业务、资产业务、负债业务、中间业务、国际业务、电子业务、风险控制、财务报表分析等基本内容，提高学生对知识的综合运用能力和实践水平，在实际操作过程中，学生利用教学软件、实训基地等熟悉商业银行理论的基础知识、注意要点、操作流程，提高动手能力、分析问题和解决问题的能力等，利于学生毕业后能够更快地适应工作岗位。

教学方法将结合理论授课、案例分析、小组讨论和实际项目，以促进学生的主动学习和实践能力培养。培养学生理论联系实际的工作作风，严肃认真的科学态度以及独立工作的能力，树立自信心。同时还将鼓励学生积极参与企业访问、行业研究等实际活动，加深对课程内容的理解和应用。具体开展以下项目：商业银行核心业务和绩效管理实验；商业银行会计与报表业务实验；中央银行对商业银行的评级和监管实验；商业银行信贷业务实验；商业银行风险管控实验；商业银行投资与理财实验。

（三）教学理念

在"商道铸魂、粤韵润心、践悟并行"育人理念下，"商业银行综合实训"课程以数字技术为引擎，创新思政育人范式。课程坚持立德树人，按照"定目标—挖元素—促融合—重评价"四流程，开展"润物细无声"的课程思政教育。瞄准"爱党、爱国、爱家"目标，遵循"思政"与"专业"相长、德育元素系统化等原则，结合宏观经济学特点，梳理了六大思政元素：家国情怀、社会责任、道德规范、法治意识、科学精神和文化素养。通过区块链智能合约将金融伦理规范转化为可执行代码，使学生在虚拟交易中感知合规边界；运用 AI 动态模拟系统，将金融风险与宏观经济数据、区域发展政策关联呈现，在数字推演中强化"金融安全关乎国家战略"的认知；借助虚拟现实（VR）技术复原岭南金融史重要场景，结合智能语音导览实现历史叙事与现代金融逻辑的跨时空对话；开发思政素养数字画像系统，通过行为数据分析精准定位学生价值观成长轨迹，实现个性化育人；搭建金融科技伦理决策沙盘，在算法权衡中培育"技术理性"与"人文关怀"的平衡能力。数字技术不仅重构了教学内容的呈现方式，更将思政元素深度嵌入专业实践，推动学生从"技术操作者"向"价值引领者"的转型。

二、课程目标

（一）铸商魂：厚植金融报国情怀，强化职业道德与风险意识

理解商业银行在国家经济体系中的战略地位，树立服务实体经济、防范金融风险的使命感。增强金融向善的价值观与社会责任感，树立职业底线思维，培养风险敏感性与合规操作习惯。

（二）育商智：构建数字金融思维，提升战略决策与创新能力

掌握金融科技在商业银行的应用场景，理解数字化转型趋势。通过分析国内外银行数字化战略案例，培养战略视野与路径设计能力。探索开放银行、场景金融等新模式，设计"银行+场景"跨界合作方案，激发产品创新与生态构建思维。

（三）强商能：锤炼全流程业务能力，打造实战型复合人才

提升核心业务实操能力，包括零售业务、公司业务、金融市场业务等。熟练使用商业银行核心系统，提升运营效率，实现业务流程自动化与场景化创新。在模拟银行项目中担任不同角色，完成跨部门协作与战略落地，同时培养团队管理、资源整合与变革推动能力。

三、教学创新改革背景

(一) 人工智能时代

当前，人工智能技术不仅正在加速第四次工业革命产业结构重组与经济社会转型，而且在促进人才培养和教育变革方面也发挥着巨大潜力。人工智能已逐渐渗透到社会的各个领域，引起经济结构、社会生活和工作方式的深刻变革，并重塑世界经济发展的新格局。人工智能在全球发展中的重要作用已引起国际范围内的广泛关注和高度重视，多个国家已将人工智能提升为国家战略，出台了相关政策和规划，力争抢占科技的制高点。在人工智能浪潮的冲击和影响下，教育领域正在经历一场深层次变革，技术正在重塑教育的新形态。在此背景下，研究如何应用新技术推动教育事业的发展具有重要意义。

2017年，《国务院关于印发新一代人工智能发展规划的通知》指出要利用智能技术加快推动人才培养模式、教学方法改革，构建包含智能学习、交互式学习的新型教育体系；2019年，联合国教科文组织发布《北京共识——人工智能与教育》，提到高等教育和研究机构要开发或加强人工智能相关课程及其研究，建立能够支持人工智能系统设计、编程和开发的大型人工智能专业人才库，形成了国际社会对人工智能高端人才培养的共同期愿；2019年，《中国教育现代化2035》指出，以人才培养为核心，通过提升校园智能化水平、探索新型教学形式、创新教育服务业态、推进教育治理方式变革，智能驱动教育创新发展；2021年，《关于推进教育新型基础设施建设构建高质量教育支撑体系的指导意见》提出要利用人工智能技术普及教学应用、拓展教师研训应用、增强教育系统监测能力等。在此背景下，我国政府部门从教育体系构建、教育评价改革、教师队伍建设等多方面采取政策措施，为稳步推动人工智能赋能、创新和重塑教育，提高教育发展质量提供了有力保障。

(二) AI模型在教育领域的应用

在教育领域，人工智能技术可以用来改善学习体验、提高学习效率以及提升学习成果。这些系统可以帮助教师理解学生的实时学习需求，并且可以提供更多的资源来支持学生的学习。

ChatGPT技术可以应用于多个教育领域，支持自动评分系统、自动答题系统、自动翻译系统、自动推荐系统、自动搜索系统、自动知识图谱系统等。可以迅速生成教学文案、回答常见问题，还可以生成个性化学习内容或提供学习建议，能够帮助教师更有效地管理课堂，提高学生的学习效率，并且可以提供更多的交互式学习体验。DeepSeek-R1模型通过知识检索技术，能够快速帮助教师找到所需教学资源，并结合对话教学功能，生成个性化的教学方案和学习材料。例如，教师可以利用 DeepSeek-R1 在课程备课中快速定位知识点，并通过对话功能与学生进行实时互动，提供针对性的学习建议。这种智能化的辅助工具不仅节省了教师的工作时间，还能够提升教学效果。

Runway ML 可以根据教学内容自动生成高质量的教学视频，涵盖多种教学场景（如实验演示、案例分析等）帮助学生更直观地理解抽象概念，还可以结合 AR/VR 技术，为学生提供沉浸式的教学体验。Runway ML 还可以根据学生的学习数据生成学习效果可视化报告，帮助教师分析教学效果并优化教学策略。Multimodal 模型则通过整合文本、图像和音频等多种模态信息，为教学提供更加全面的支持。同时，Multimodal 模型还支持跨模态交互，例如学生可以根据自己的学习节奏选择阅读文字、观看视频或听取音频，实现个性化的学习体验。

这些模型的应用不仅提升了教学效率，还为学生提供了更加丰富和个性化的学习体验。未来，随着人工智能技术的不断发展，这些模型将在教育教学中发挥更加重要的作用，推动教育领域的创新与变革。

（三）"商业银行综合实训"课程存在的问题

"商业银行综合实训"课程教学旨在让学生掌握商业银行的实际业务操作和管理技能，但在教学过程中存在着不少难点问题。

1.教学资源的局限性

目前实训平台难以完全模拟真实复杂的商业银行运营环境，在业务场景的多样性、市场变化的动态性以及客户需求的复杂性等方面存在欠缺。例如，对于一些新兴的金融业务，如金融科技驱动的创新业务，平台可能无法及时更新和提供相应的模拟操作。商业银行的业务和市场环境变化迅速，而现有的教学案例往往更新不及时，不能反映当前行业的最新动态和实际问题。学生在分析和处理这些陈旧案例时，难以与现实情况接轨，降低了案例教学的实用性和有效性。

2.学生学习的困难

一方面，学生金融、会计、管理等相关学科的知识基础参差不齐，导致在实训过程中对不同业务的理解和掌握程度存在较大差异。基础薄弱的学生可能在理解复杂的业务流程和金融概念时遇到困难，而基础较好的学生可能觉得实训内容缺乏挑战性。另一方面，学生在实际操作中往往缺乏独立思考和解决问题的能力，习惯于依赖教师的指导。当遇到实际问题时，如业务数据异常等，学生可能不知所措，无法灵活运用所学知识进行处理。

此外，部分学生对商业银行综合实训的重要性认识不足，缺乏学习的主动性和积极性。实训内容可能相对枯燥，尤其是一些重复性的业务操作（如凭证录入、交易码记忆）易使学生产生倦怠感，而缺乏创新性任务（如设计智能营销方案、优化业务流程）导致学习动力下降，这些问题容易使学生产生厌倦情绪，影响学习效果。

3.教学方法的不足

传统的教学方法以教师讲授为主，学生被动接受知识，缺乏互动性和参与性。这种单一的教学方法难以激发学生的学习兴趣和主动性，不利于培养学生的创新能力和实践能力。在大班教学的情况下，教师难以关注到每个学生的学习进度和需求，无法提供个性化的教学指导。学生在学习过程中遇到的问题不能及时得到解决，影响了学习效果。

同时，对于学生的高阶能力培养不足，实训多侧重基础技能训练（如系统操作），但对决策能力（如利率定价策略）、创新能力（如金融产品设计）的培养较弱。例如，在"数据驱动决策"模块中，学生仅能根据系统提示调整参数，却无法自主设计测试验证策略有效性。

4.理论知识与实践偏差

商业银行涉及存贷款、支付结算、风险管理、合规操作等多模块业务，流程繁琐且规则严格。学生缺乏实际工作经验，难以理解抽象的业务逻辑。例如，在典阅平台模拟贷款审批时，学生可能仅完成表单填写，却无法深入分析企业财务报表中的隐性风险。

当今商业银行行业法规和政策变化快，技术迭代迅速，导致教学内容相对滞后。金融科技（如区块链、数字人民币）与AI技术（智能风控、RPA流程自动化）的快速发展，使传统教材和案例难以同步更新。例如，多数实训仍聚焦传统柜面操作，而远程银行、智能投顾等新兴业务场景覆盖不足，导致学生技能与行业需求错位，学生所学知识与实际业务操作存在偏差。

四、教学创新理念与设计

在数字经济与金融科技深度融合的背景下，商业银行的运营模式和服务形态正经历深刻变革。传统的实训教学已难以满足行业对复合型、数字化人才的需求，而AI技术的引入为商业银行综合实训提供了新的突破口。基于此，"商业银行综合实训"的教学需要创新的理念和设计。

（一）"数智化"教学导向

AI技术驱动的数智化转型是当前银行业的核心趋势。实训教学以"数智化"为核心理念，通过模拟真实业务场景中的AI应用（如智能风控、客户画像分析、自动化流程处理等），帮助学生理解技术如何优化银行业务效率与客户体验。例如，设计基于大模型的客户服务模拟模块，让学生体验智能客服助手如何通过语义理解与多轮交互提升服务精准度。

（二）"个性化+动态化"学习路径

传统实训多采用固定案例，而数字技术可通过数据分析生成动态化学习内容。例如，利用典阅平台的案例管理功能，教师可上传实时银行业务数据，AI算法自动生成个性化训练任务（如根据学生操作习惯推荐专项练习），并通过智能反馈系统实时调整教学策略，实现"因材施教"。

（三）"虚实结合"的沉浸式体验

结合虚拟仿真技术与人工智能交互功能，构建高度仿真的银行操作环境。例如，在远程银行服务模块中，学生可通过语音或文本与AI模拟客户进行互动，系统实时分析对话内容并生成服务建议，强化实战能力。

（四）"全链路"能力培养

从基础业务操作到高阶能力，人工智能技术可贯穿实训全流程。例如，在对公信贷模块中，自动生成企业风险报告初稿，学生需结合数据分析工具进行修正与决策，从而培养综合业务能力。

五、教学创新改革措施

（一）数智赋能课程资源建设

1.网络教学资源整合

如今，大数据技术和互联网的飞速发展，为我们提供了前所未有的丰富教学资源。从知名的中国大学MOOC平台上的大规模在线开放课程，到广受年轻人喜爱的哔哩哔哩网站上的各类专业视频资源，再到专注于财经分析的公众号推文，这些资源构成了庞大的知识海洋，为"商业银行综合实训"课程资源建设提供了丰富的素材库。然而，面对如此海量的教学资源，如何高效精准地获取并整合，成为了一个亟待解决的问题。这正是人工智能技术大显身手的地方。通过先进的算法和模型，能够智能地分析这些资源的内容、质量、适用性等多个维度，从而帮助我们筛选出高质量、针对性强的教学资源。

数字技术通过对课程大纲、视频内容、讲师介绍等进行自然语言处理和文本挖掘，识别出与"商业银行综合实训"相关的核心知识点和技能点；同时结合学生需求，智能推荐最适合的课程和学习路径。在视频网站上，AI通过内容分析和评论挖掘，推荐银行业务相关的优质视频资源，如银行从业经验分享和业务流程演示，帮助学生加深理解。此外，AI还能从财经公众号和论坛中提取最新金融政策和市场动态，确保课程内容的时效性和实用性。

在整合这些教学资源的过程中，数字技术还能帮助我们实现资源的有效分类和标签化。通过智能分析资源的内容和特点，人工智能可以为每个资源打上相应的标签，教师在选择教学资源时就能更加方便快捷地找到最适合自己课程需求的资源。最后，AI技术还能根据学生的学习反馈和成绩数据，不断优化和调整教学资源的选择和整合方式。通过智能分析学生的学习行为和效果，AI可以识别出哪些资源更受学生欢迎、哪些资源需要改进或替换。这种基于数据的反馈机制，使得教学资源的选择和整合更加科学、有效。

2.数字教学资源生成

在"商业银行综合实训"课程资源建设的过程中，不应仅满足于现有的线上资源，而应深入挖掘学生的实际需求和学习状况，以此为基石，精心打造更具针对性、更符合学情的教学资源。利用人工智能的先进技术生成原创教学资源，可以为学生提供更加丰富、多样、实用的学习内容，提升学习效果和实践能力，为学生的未来发展奠定坚实的基础。

首先，针对学生需求和学习情况的多样性，通过多种渠道收集学生的反馈和学习成效数据，如在线问卷、课堂互动、学习平台数据分析等。随后，利用人工智能的先进分析能力，对这些数据进行深度挖掘和精准分析，识别出学生的学习难点、兴趣点以及期望的学习形式。基于这些分析结果，教师可以更加精准地设计教学资源，确保其内容既符合课程大纲的要求，又能贴近学生的实际需求，从而增强教学的针对性和有效性。

在原创教学资源的生成方面，人工智能的适用性尤为显著。例如，通过先进的图像处理和动画生成技术，人工智能可以迅速制作出形象生动、易于理解的概念解析动画，将抽象复杂的金融概念以直观的方式呈现出来，帮助学生更好地理解和掌握。在视频教学资源的制作上，人工智能同样展现出了强大的实力。通过智能语音识别、自然语言处理和音频处理技术，人工智能能够迅速地将教师的讲解内容转化为清晰、流畅的视频资源，并自动添加字幕，极大地提高了视频制作的质量和效率。这些视频资源不仅满足了学生随时随地学习的需求，更为他们提供了沉浸式的学习体验，增强了学习的趣味性和互动性。

此外，人工智能在文献分析领域的应用同样具有广阔的前景。通过智能追踪商业银行的经营情况、市场动态以及人才需求等关键信息，人工智能能够实时更新教学资源库，确保学生接触到的都是最新、最实用的知识信息。这一功能不仅提升了教学资源的时效性和实用性，更为学生提供了与商业银行实际业务紧密相关的学习内容，增强了他们的实践能力和就业竞争力。

（二）技术驱动教学模式创新

1. 模拟复杂场景

数字技术能够模拟出各种复杂的金融市场环境和业务场景，帮助学生在实训中面对多样化的挑战，提升其应对实际问题的能力。如模拟客户基础服务的客户行为和需求，包括客户预约、办理业务、售后服务等环节，帮助学生更好地理解客户体验和银行运营机制，还可以模拟不同类型的客户群体（如普通客户、高端客户、特殊需求客户等），并基于这些客户的行为模式生成相应的服务流程和互动场景。学生可以通过这些高度仿真的模拟点，观察和学习银行的客户服务流程，提升对基础服务操作的理解和应对能力。

再如，在投资与理财实验中，AI可以模拟不同市场行情下的资产价格波动，检验学生的资产配置和投资策略是否合理；在中央银行对商业银行的评级和监管实验中，AI可以模拟不同监管政策下商业银行的经营状况变化，帮助学生更好地理解银行经营与风险管理。通过这些高度仿真的场景，学生能够在实践中积累经验，提升解决复杂问题的能力。

2. 智能生成实训案例

依靠先进的人工智能技术，特别是自然语言处理（NLP）和大数据分析，旨在根据最新的金融政策、市场动态以及银行业务的实际变化，自动生成或实时更新实训案例。从海量的金融文献、政策文件、新闻报道和银行资料中，自动提取关键信息和数据。这些信息涵盖了金融市场的最新趋势、监管政策的变化、银行业务的创新和调整等。将这些复杂的文本信息转化为结构化的数据，可以为后续的智能生成案例提供基础。数据分析技术则对这些结构化的数据进行深度挖掘和分析，识别出数据中的模式、趋势和关联，从而预测银行业务的未来发展方向。这些分析结果不仅有助于我们理解当前的市场环境和银行业务状态，还能为生成具有前瞻性的实训案例提供重要依据。

借助AI技术创建出与真实银行业务高度相似的案例，涵盖了从基础的银行业务操作，如存款、取款、转账和贷款等，到复杂的金融产品设计、风险管理、投资策略制定等高级业务。每个案例都详细描述了业务背景、客户需求、操作流程、风险点和应对策略等关键要素，使学生能够在模拟的环境中全面了解和掌握商业银行的业务运作。同时，还能够根据学生的学习进度和兴趣点，智能推荐适合的案例。这有助于学生根据自己的实际情况，选择具有挑战性和针对性的实训任务，从而提高学习效果和兴趣。

（三）前沿技术创新教学手段

1.建立画像精准化教学

基于大数据分析和机器学习算法，利用从平台获取学生的学习时间、学习内容、学习路径等学习行为特征数据，构建多源信息融合的评价体系，实现成绩智能预测和提前预警。通过对海量学习数据的挖掘与分析，建立学生的学习行为模型，对学生的学习行为特征数据进行可视化处理，建立学生的学习状况综合画像，实现对学生全学习过程的跟踪。学生群体中学习程度呈现多样性，存在显著个体差异。因此在学习过程中，部分学生因进度滞后难以满足课程要求，而另一部分学生则因内容深度不足而未能得到充分挑战。而利用AI算法，可以为不同水平的学生设计分层任务：基础薄弱者强化基础，进阶者挑战复杂实证项目。通过分析学生作业、测试和课堂互动数据，识别其薄弱环节，推荐针对性学习资源。根据学生答题表现动态调整难度。

AI能够分析学生的学习能力、性格特点、团队协作能力等多方面因素，将学生智能分组，开展协作式学习项目。在商业银行综合实训的项目中，如商业银行会计与报表业务实验，AI根据学生的会计知识基础、数据分析能力等将学生分成小组，共同完成一套复杂的会计报表编制和财务分析任务。在小组协作过程中，AI实时监测小组的讨论情况和任务进展，当小组遇到问题时，提供适当的引导和提示，促进学生之间的交流与合作，培养学生的团队协作精神和沟通能力。

2.人工智能辅助教学

人工智能实时监测学生在实训过程中的表现，根据学生的学习情况和掌握程度，自动调整学习内容和难度，实现自适应学习。学生使用典阅银行仿真实训平台进行操作时，AI实时监测操作过程，一旦发现错误或不合理的操作，立即给予提示和指导。如在商业银行报表业务实验中，当学生编制的会计分录出现借贷不平衡时，AI及时指出错误并解释正确的处理方法；在风险管控实验中，若学生采取的风险应对措施不当，AI给出更合理的建议。

在实训报告评阅方面，AI可以快速扫描报告内容，运用自然语言处理技术分析学生对知识的理解和应用能力。自动识别报告中的关键要点，并与预设的标准或优秀案例进行对比，给出初步评分。同时，AI充当智能辅导教师的角色，为学生提供即时的辅导和支持。当学生在商业银行风险管控实验中对风险度量模型的应用出现错误时，AI立即指出错误并提供详细的解释和正确的操作示例；当学生在某个知识点上花费过多时间仍未掌握时，AI调整教学策略，提供不同的讲解方式或更多的练习题目，帮助学生逐步掌握知识和技能。

3.构建知识图谱

将数字技术融入教育场景中，通过分析学生的日常作业完成情况、考试成绩以及在学习平台上的互动数据，能够精准把握每位学生在计量经济学不同知识点上的掌握程度和理解深度，识别出学生的强项和弱点。利用这些信息生成学生专属的能力雷达图，以直观、图形化的方式展示各领域的能力分布，如理论基础、统计软件操作、模型构建与诊断等，使学生能够一目了然地认识到自己的优势领域和待提升的空间。同时根据学生的学习进展动态更新，为学生提供持续的学习反馈和个性化的学习建议，助力他们更有效地规划学习路径，克服学习难点，最终实现能力的全面提升。

（四）数据支持的教学评价优化

在"商业银行综合实训"的教学过程中，教学效果的评估与改进是确保教学质量和学生学习成果的关键环节。随着人工智能技术的不断发展，其在教学效果评估与改进方面的应用日益广泛且深入，为传统教学模式带来了革命性的变革。数据统计与分析能够帮助教师了解学生的整体学习情况和薄弱环节。教师可以根据这些数据调整教学重点和方法，如发现大部分学生在商业银行投资与理财实验中对资产组合理论的应用存在问题，教师可以在后续教学中加强这方面的讲解和练习。

1.学习成效分析

数字技术的引入，使得对学生的学习成效进行全面分析成为可能。通过收集学生在学习过程中的各种数据，如作业完成情况、课堂参与度、在线测试成绩等，AI能够运用先进的数据分析算法，对这些数据进行深度挖掘和精准分析。这不仅包括对学生知识掌握程度的评估，如哪些知识点学生已经熟练掌握，哪些还存在薄弱环节；还涉及对学生技能提升情况的跟踪，如学生在处理银行业务模拟场景时的操作熟练度、决策准确性等。AI的这种全面分析能力，为教师提供了丰富的学生学情数据，有助于教师更加准确地了解学生的学习状态和学习效果，从而有针对性地调整教学策略，为学生提供个性化的学习支持。

2.教学策略优化

基于AI的学习成效分析结果，可以进行更加精准的教学策略优化。首先，教师根据学生对知识点的掌握情况，对课程内容进行适当调整。对于学生普遍掌握较好的知识点，可以适当减少讲解时间，将更多精力放在学生难以理解的难点和重点上。同时，针对学生在技能提升方面的表现，设计更加贴近实际业务场景的模拟训练，以提升学生的实践能力和解决问题的能力。此外，AI技术还可以帮助教师实现教学方式的创新。例如，利用AI生成的虚拟实训环境，教师可以设计更加生动、有趣的教学场景，激发学生的学习兴趣和积极性。同时，通过AI的实时反馈机制，教师可以及时了解学生的学习动态，并根据反馈结果调整教学进度和教学方法，确保教学效果的最大化。

3.课堂行为分析

人工智能基于语音、表情等识别技术，通过采集和抓取课堂中教师及学生的声音、姿态、面部及生理信号，精准、快捷地分析教师教学与学生学习的全过程。借助人工智能技术对课堂语言进行分析，可以对学生的课堂学习状态进行判断，帮助教师优化课堂教学活动设置，推荐最佳教学方式，从而为教学效果和教学质量提升提供有力支持（如图1所示）。

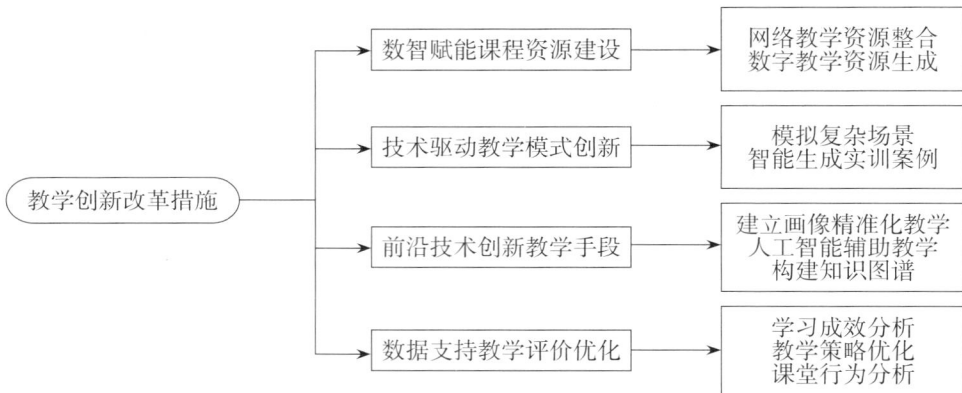

图1　教学创新改革措施

六、教学创新成效

人工智能技术凭借其强大的数据处理、智能分析和个性化服务等能力，为"商业银行综合实训"课程教学带来了全新的发展机遇，在完善教学资源、创新教学方法、提升教学效果以及促进实践与理论结合等方面取得了显著的创新成效。

（一）教学资源完善

借助数智赋能，通过整合互联网金融资讯、行业报告等，构建庞大教学资源库，实时跟踪金融动态，及时更新库内内容。不仅提供文本、图片资源，还能通过智能算法生成动画演示、虚拟场景模拟视频等。讲解核心业务流程时生成动画展示资金流转与操作要点；模拟央行监管场景时，创建虚拟场景视频，增强学习兴趣与理解效果。

学生实训时，无论是理论知识疑问，还是行业趋势了解，都能获取丰富且时效强的资料。同时，AI 依据学生学习数据，精准掌握知识掌握、进度及兴趣偏好，量身定制学习资料。例如投资与理财实验中，对资产配置理解好但风险评估不足的学生，推送风险评估方法等相关资料，满足个性化需求。

（二）教学方法多元

智能化教学场景重构通过高度沉浸化的体验，能够激发学生的学习兴趣，使其主动参与到课堂中，提升学生学习兴趣与积极性。个性化学习资源推荐则能够帮助学生找到适合自己的学习节奏，增强自信心，激发内在学习动力。个性化学习路径的定制化设计，能够帮助学生在学习中找到自己的薄弱部分，并通过针对性的学习资源逐步提升。协作式学习与团队任务则能够培养学生的团队协作能力、沟通技巧以及问题解决能力。通过完成跨学科的模拟实训项目，学生能够在实践中培养综合应用能力，为未来的职业发展奠定基础。

数智赋能的实训课程注重培养学生的综合能力和创新思维。在智能情境式教学和协作式学习中，学生需要综合运用金融、会计、管理等多学科知识，解决实际问题。同时，人工智能提供的开放性学习环境和多样化的学习任务，鼓励学生尝试新的方法和思路，培养学生的创新思维和实践能力。例如，在商业银行核心业务和绩效管理实验中，学生可以尝试运用创新的绩效管理方法，提高银行的运营效率和员工绩效，通过实践探索培养学生的创新意识和能力。

在多元化的教学环境中，学生通过多次模拟实践，能够积累丰富的实际经验，培养创新思维和解决复杂问题的能力。例如，在商业银行风险管控实验中，学生需要综合运用所学知识，分析风险并提出改进措施，这种过程能够培养学生的批判性思维和创新能力。这种教学模式不仅提升了教学效果，还注重综合素质的培养，为学生的终身学习和职业发展奠定了坚实基础。

（三）教学效果提升

数智化带来的丰富多样的教学资源和创新的教学方法，能够极大地激发学生的学习兴趣和主动性。例如，在商业银行投资与理财实验中，学生可以通过AI模拟的投资交易平台，自主进行投资决策和资产配置，观察投资组合的收益变化，这种实践操作的乐趣和成就感能够激发学生的学习兴趣，使学生更加主动地参与到学习中。AI的个性化教学和实时辅导功能，能够帮助学生更高效地学习。根据学生的学习进度和需求进行教学，能够避免传统教学中"一刀切"的情况。通过这种方式，学生能够更有效地掌握商业银行综合实训课程的知识和技能，提高学习效率和知识掌握程度。

对教师而言，AI技术可以实时监测学生的学习进度和成绩，对学生的学习数据进行深度分析，识别学生的学习难点和薄弱环节，为教师提供精准的教学指导。通过提供即时的反馈，辅助教师进行教学效果评估，通过对比学生的学习成果和教学目标，评估教学的有效性和针对性，为教学改进提供依据，从而及时调整教学策略和方法。

（四）理论融合实践

借助人工智能技术模拟的真实银行业务场景，使学生在虚拟环境中进行实践操作，将理论知识与实践相结合，通过实际操作可以验证和深化对理论知识的理解。通过AI驱动的案例分析和模拟训练，学生可以在接近实战的环境中学习和应用商业银行的业务知识和技能，提高他们的业务素养和综合能力。人工智能还可以支持远程实训和协作学习，使学生能够在不同地点进行实时互动和交流，共同解决商业银行业务中的实际问题，培养他们的团队协作和沟通能力。

人工智能能够实时跟踪商业银行行业的最新发展动态和实践变化，及时将这些新的实践经验和案例融入教学中，更新理论知识。当商业银行推出新的金融产品或业务模式时，人工智能可以将相关的实践案例和操作方法引入实训课程，同时更新相应的理论知识讲解，使学生所学的理论知识与实际业务实践保持同步，培养学生适应实际工作需求的能力。

编写人："商业银行综合实训"课程教学团队

"国际贸易技能综合实训"教学数字化创新改革与实践

一、课程简介

"国际贸易技能综合实训"是经济学专业本科生在第六学期开设的核心实践课程，在整个专业课程体系中占据关键地位。本课程以 POCIB 平台为依托，严格遵循《2020 年国际贸易术语解释通则》《跟单信用证统一惯例》《联合国国际货物销售合同公约》《中华人民共和国海关法》等一系列国际通行的贸易规则与惯例，精心搭建起一个高度仿真的国际贸易环境。

课程以"夯实基础、强化实战"为主线，构建"理论—模拟—实践"递进式教学模式，在课程实施过程中，学生全方位模拟进出口企业的实际运营流程，从最初的贸易机会搜寻、与潜在客户的交易磋商，到合同的正式签订，再到合同履行阶段的物流规划、资金结算以及各类单证的处理等，每个环节都进行深入实践。通过这一系列的模拟操作，学生不仅能够全面掌握国际贸易的实际业务技巧，还能清晰洞察不同贸易主体之间的互动关系，深入理解国际贸易活动中物流、资金流和业务流的内在运作模式。

此课程安排在本科第六学期，此时学生已积累了一定的经济学理论基础。通过参与本课程的学习，学生能够将前期所学的理论知识与实际操作紧密结合，进一步增强对国际贸易工作的感性认识，提前适应未来的职业环境，为顺利从事国际贸易相关工作储备坚实的技能。

二、课程目标

（一）知识目标

1.精通贸易流程细节

学生需深入钻研多种贸易模式下的详细业务流程，诸如 T/T 及 FCA 与空运搭配、D/A 及 CIF 与海运搭配、D/P 及 CIP 与空运搭配、L/C 及 FOB 与海运搭配等常见贸易模式。对于每个流程中的具体操作步骤、先后顺序、关键节点以及涉及的各类文件和手续，都要做到了如指掌，确保在未来实际业务中能够精确无误地执行各项任务。

2.精准把握贸易规则

深刻领会并熟练运用国际贸易领域的各类术语、规则和惯例。以《2020年国际贸易术语解释通则》为例，学生要对各术语的含义、风险转移界限、买卖双方责任与义务的划分等内容铭记于心，并且能够在复杂多变的实际业务情境中灵活运用这些知识，为解决各类贸易问题提供坚实的理论依据。

3.熟练掌握单证处理

熟练且精准地掌握国际贸易中各类单证的制作规范、填写要求以及流转程序。从商业发票、提单、装箱单等基础单证，到信用证这一国际贸易支付领域的核心单证，学生都要能够熟练制作，确保单证之间相互匹配、严格符合国际贸易结算和通关的要求，有效避免因单证问题引发的贸易风险。

（二）能力目标

1.敏锐的市场洞察能力

着重培养学生运用数据分析工具和市场调研方法，精准捕捉国际市场动态变化的能力。学生应能够深入剖析市场需求趋势、竞争对手策略以及政策法规变化对市场的影响，为企业制定具有前瞻性和竞争力的贸易策略提供有力的数据支持和决策依据。例如，通过对市场数据的分析，预测某类产品在特定市场的需求变化，从而帮助企业调整生产和销售计划。

2.卓越的沟通协调能力

全力提升学生在国际贸易交往中的沟通与协调能力。无论是与国内外客户进行商务谈判，与合作伙伴协商合作细节，还是与政府机构、银行等相关部门进行业务对接，学生都要能够运用专业、准确且恰当的商务语言进行有效沟通。在沟通中，不仅要清晰表达自己的观点和诉求，还要善于倾听对方意见，协调各方利益，妥善解决合作过程中出现的各种问题，确保贸易活动顺利推进。比如，在商务谈判中，能够根据对方的文化背景和谈判风格，灵活调整沟通策略，达成合作共识。

3.高效的问题解决能力

提高学生在面对国际贸易业务中复杂问题的应对与解决能力。当遇到贸易纠纷、政策法规变动、市场风险突发等棘手问题时，学生能够迅速运用所学专业知识和实践经验，对问题进行全面、深入分析。通过严谨的逻辑推理和综合判断，找准问题关键所在，并提出切实可行、行之有效的解决方案，保障贸易业务的持续稳定进行。例如，在遇到贸易纠纷时，能够依据相关法律法规和贸易惯例，提出合理的解决方案，维护企业的合法权益。

4.出色的团队协作能力

在模拟的企业团队环境中，着重培养学生的团队协作精神和协作能力。学生要明确自身在团队中的角色定位和职责分工，与团队成员密切配合、协同工作。在完成各项贸易任务的过程中，学会相互支持、相互补位，充分发挥团队成员的各自优势，共同攻克难关，实现团队目标，为未来在实际工作中参与团队项目奠定坚实基础。比如，在团队项目中，能够根据成员的专业特长，合理分配任务，提高团队整体效率。

5.熟练的软件操作能力

使学生熟练掌握 POCIB 平台以及其他相关贸易软件的操作技巧。能够运用这些软件进行高效的业务操作，包括交易信息录入、单证生成与处理、业务流程跟踪等。同时，学生还要具备运用软件进行数据处理和信息管理的能力，以适应数字化时代国际贸易工作对软件应用的高要求。例如，能够熟练运用 POCIB 平台进行贸易业务模拟操作，准确生成各类单证，并通过软件对业务数据进行分析和管理。

（三）思政目标

"国际贸易技能综合实训"课程思政目标体系如图1所示。

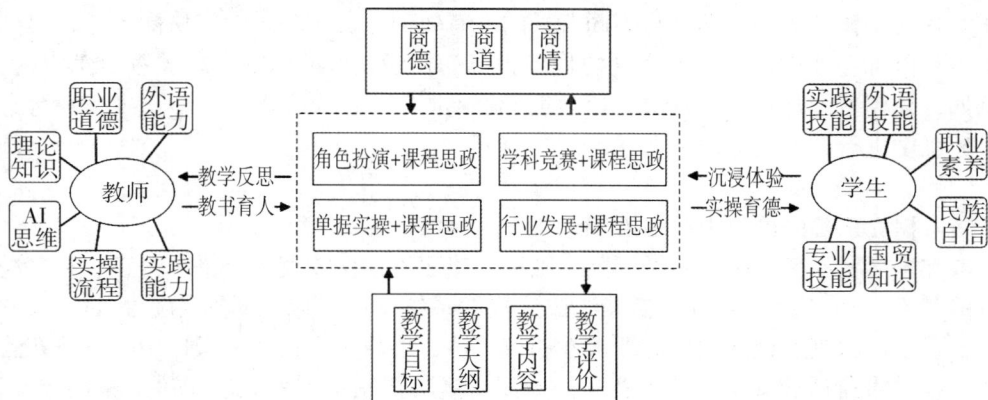

图1 "国际贸易技能综合实训"课程思政目标体系

1.激发爱国情怀与民族自豪感

通过深入学习我国国际贸易的发展历程，让学生全面了解我国在国际贸易舞台上从起步到崛起的艰辛历程和辉煌成就。对比我国与其他国家在贸易规模、贸易结构、贸易创新等方面的优势与特色，引导学生深刻认识到国家的繁荣发展为个人职业发展提供的广阔空间和坚实支撑，从而激发学生内心深处强烈的爱国情怀和民族自豪感，使他们将个人的职业追求与国家贸易事业的发展紧密相联，自觉肩负起推动国家贸易进步的使命与担当。

2.培养严谨细致的工作作风

国际贸易业务涉及众多复杂环节和细节，任何细微疏忽都可能引发严重后果，导致经济损失甚至影响企业声誉。通过课程中的实践操作，让学生亲身经历每一个业务环节，深刻体会到严谨认真、一丝不苟的工作态度对于确保贸易业务顺利进行的极端重要性。在单证制作、数据核对、条款审查等工作中，培养学生耐心细致、注重细节的工作习惯，使其在未来的职业生涯中始终保持高度的责任心和敬业精神。比如，在单证制作过程中，要求学生对每一个数据、每一个条款都进行仔细核对，确保单证的准确性和完整性。

3.强化国际视野与合作意识

在全球化背景下，国际贸易需要与来自不同国家和地区的主体进行广泛合作。引导学生了解不同国家的文化、经济、政治特点，使学生能够尊重多元文化，理解并适应不同的商业习惯和思维方式。培养学生以开放包容的心态积极开展国际合作，在跨文化环境中，学会与不同背景的人有效沟通、相互理解、协同工作，提升学生在国际合作中的适应能力和协作能力，为构建良好的国际合作关系贡献力量。例如，在模拟国际商务谈判中，让学生了解不同国家的文化差异，学习如何在跨文化环境中进行有效的沟通和合作。

4.树立正确的价值观和法治观念

在国际贸易活动中，遵循国际规则和法律法规是保障贸易公平、公正、有序进行的基石。通过对国际贸易相关法律法规的系统学习，以及对实际案例的深入分析，让学生深刻认识到法律的严肃性和权威性。培养学生在业务操作中始终坚守法律底线，秉持诚实守信、公平竞争的原则，坚决抵制不正当竞争和违法违规行为。树立正确的商业价值观，以合法合规的方式开展贸易活动，维护国际贸易市场的良好秩序。例如，通过分析实际案例，让学生了解违反法律法规的后果，增强学生的法律意识和合规意识。

三、教学创新改革背景

（一）国际贸易行业变革的需求

1.数字化与智能化转型加速

随着经济全球化的深入发展，国际贸易领域正经历着深刻的数字化和智能化变革。区块链技术在跨境支付和供应链管理中的应用，使得交易更加安全、透明和高效。例如，通过区块链技术，贸易各方可以实时共享交易信息，减少中间环节，降低交易成本，提高交易的可信度。大数据分析在市场预测、客户关系管理以及风险评估等方面的广泛应用，为企业决策提供了精准的数据支持。企业可以通过对海量市场数据的分析，了解消费者需求、市场趋势以及竞争对手动态，从而制定更加科学合理的营销策略。人工智能技术在贸易流程自动化、智能客服、市场趋势分析等方面的应用，极大地提高了贸易效率和竞争力。例如，智能客服可以快速响应客户咨询，解答常见问题，提高客户满意度；贸易流程自动化可以实现订单处理、报关报检等环节的自动化操作，减少人工干预，提高工作效率。这些新技术的涌现和应用，深刻改变了国际贸易的运作模式和业务流程，对国际贸易人才的能力素质提出了前所未有的高要求。

2.新兴贸易模式不断涌现

除传统贸易模式外，跨境电商、数字贸易等新兴贸易模式正逐渐成为国际贸易的重要组成部分。这些新兴贸易模式具有交易主体多元化、交易流程数字化、交易市场全球化等特点。例如，跨境电商平台上的交易主体不仅包括传统的企业，还包括众多的小微企业和个体工商户；交易流程通过互联网平台实现数字化操作，从商品展示、交易达成到物流配送都可以在线完成；交易市场覆盖全球各地，消费者可以购买到来自不同国家和地区的商品。新兴贸易模式的出现，对贸易人才的数字化技能、创新思维以及对新兴商业模式的理解和应用能力提出了新的挑战。传统的以纸质单证、人工操作为主的教学模式，已无法满足行业对新型国际贸易人才的需求，迫切需要引入先进的技术手段，更新教学内容和方法，以培养适应行业发展趋势的高素质人才。

（二）教育技术发展的推动

1.AI 技术的突破与应用

近年来，人工智能（AI）技术取得了突破性进展，并在教育领域得到了广泛关注和应用。AI 技术凭借其强大的数据处理能力、智能分析能力和个性化学习支持能力，为教学带来了全新的机遇和变革。例如，智能辅导系统能够根据学生的学习进度、知识掌握情况以及学习风格，为学生提供个性化的学习建议和指导。当学生在学习过程中遇到困难时，智能辅导系统可以及时给予帮助，解答学生的疑问，并提供针对性的学习资源，帮助学生克服学习障碍。虚拟仿真技术可以创建高度逼真的教学场景，让学生身临其境地体验各种实际情境，增强学生的学习体验和实践能力。在国际贸易教学中，可以通过虚拟仿真技术模拟国际商务谈判、货物运输、海关报关等场景，让学生在虚拟环境中进行实践操作，提高学生的实际操作能力。智能评估系统能够快速、准确地对学生的学习成果进行全面评价，为教学反馈提供客观、详细的数据支持。教师可以根据智能评估系统提供的数据，了解学生的学习情况，发现学生的学习问题，及时调整教学策略，提高教学质量。

2.教育技术融合的趋势

教育技术的发展呈现出多种技术融合应用的趋势。AI 技术与大数据、云计算、物联网等技术的深度融合，为教学提供了更加丰富、高效的工具和手段。例如，通过大数据分析可以深入了解学生的学习行为和需求，为 AI 驱动的个性化教学提供数据基础。通过对学生学习数据的分析，教师可以了解学生的学习习惯、学习进度、知识掌握情况等，从而为学生制订更加个性化的学习计划。云计算技术为教学资源的存储、共享和访问提供了强大支持，使学生能够随时随地获取所需的学习资源。学生可以通过云计算平台访问在线课程、教学资料、模拟试题等学习资源，不受时间和空间的限制。物联网技术则可以实现教学设备和环境的智能化管理，为教学创造更加便捷、高效的条件。例如，通过物联网技术可以实现教室设备的自动化控制，如智能灯光、智能空调等，提高教学环境的舒适度和便利性。这种教育技术融合的趋势为"国际贸易技能综合实训"课程的教学创新提供了有力的技术支撑。

（三）学生学习需求的变化

1.数字时代的学习习惯

当代大学生成长在数字时代，他们对学习方式和学习体验有着更高的期望和要求。他们习惯利用互联网和数字技术获取信息，更倾向于通过互动性强、自主性高的学习方式进行学习。传统的以教师为中心、以课堂讲授为主的教学模式，难以满足学生个性化、多样化的学习需求。学生希望能够在学习过程中更加主动地参与，能够根据自己的兴趣和需求选择学习内容和学习方式，能够实时获得学习反馈和指导，以提高学习效率和效果。例如，学生希望通过在线学习平台自主选择学习课程、观看教学视频、参与讨论区交流等，同时能够及时得到教师和同学的反馈和指导。

2.对实践与创新的渴望

随着社会的发展和就业竞争的加剧，学生们越来越意识到实践能力和创新能力的重要性。他们渴望在学习过程中能够接触到更多真实的实践案例和项目，通过实际操作和实践锻炼，提高自己解决实际问题的能力。同时，他们也希望能够在学习中培养创新思维和创新能力，以便在未来的职业生涯中能够适应不断变化的市场环境和行业需求，脱颖而出。因此，借助 AI 技术创新教学模式，提供更加丰富的实践机会和创新平台，能够更好地激发学生的学习兴趣和主动性，满足学生对实践与创新的渴望。例如，学生希望参与实际的国际贸易项目，通过模拟真实的贸易场景，锻炼自己的实践能力；同时，希望在学习中能够接触到前沿的技术和理念，培养自己的创新思维和创新能力。

（四）现有教学模式的不足

1.教学资源相对滞后

当前"国际贸易技能综合实训"课程的教学资源存在一定程度的滞后性。教材、案例库等教学资料往往难以及时反映国际贸易领域的最新动态和发展趋势，学生所学知识与实际业务需求之间存在差距。例如，教材中可能仍然采用传统的贸易模式和案例进行教学，而对新兴的跨境电商、数字贸易等模式涉及较少。同时，教学资源形式较为单一，主要以文字资料和简单图表为主，缺乏生动性和吸引力，难以激发学生的学习兴趣。学生在学习过程中可能会感到枯燥乏味，缺乏学习的积极性和主动性。

2.个性化教学难以实现

在传统教学模式下，教师面对众多学生，难以根据每个学生的学习情况和特点提供个性化教学指导。学生在学习过程中遇到的问题和困难不能及时得到解决，学习进度和效果受到影响。此外，由于学生基础和学习能力存在差异，统一的教学进度和方法无法满足不同学生的学习需求，容易导致部分学生跟不上教学进度，而部分学生又觉得教学内容缺乏挑战性。例如，对于基础较好的学生，统一的教学进度可能会让他们觉得学习内容过于简单，无法满足他们的学习需求；而对于基础较差的学生，可能会因为跟不上教学进度而产生挫败感，影响学习积极性。

3.实践教学场景真实性不足

虽然课程设置了实践教学环节，但现有的实践教学场景与实际国际贸易业务环境相比，仍存在差距。实践教学中涉及的业务案例和问题往往相对简单，缺乏实际业务中的复杂性和多样性。学生在模拟操作中可能无法充分体验到实际业务中面临的各种挑战和风险，导致毕业后进入实际工作岗位时，需要花费较长时间适应真实工作环境。例如，在实践教学中，可能只是简单地模拟了贸易流程的基本环节，而没有涉及实际业务中可能遇到的贸易纠纷、政策法规变化等复杂问题，学生在实际工作中遇到这些问题时可能会不知所措。

4.教学评价方式单一

目前课程的教学评价方式主要以考试成绩和作业完成情况为依据，这种评价方式较为单一，难以全面、准确地评价学生的实践能力、创新能力和综合素质。考试成绩往往只能反映学生对知识的记忆和理解程度，而无法体现学生在实际业务操作中的能力和表现；作业完成情况也可能受到多种因素影响，不能完全真实地反映学生的学习效果。单一的评价方式不利于激发学生的学习积极性和创新精神，也无法为教师提供全面、有效的教学反馈，影响教学质量的提升。例如，有些学生可能在考试中取得了较好的成绩，但在实际业务操作中却表现不佳，单一的评价方式无法准确反映学生的实际能力。

四、教学创新理念与设计

（一）以学生为中心的理念

1.个性化学习支持

（1）数据收集与分析

借助 AI 技术，全方位收集学生在学习过程中的各类数据，包括课堂表现数据，如出勤情况、课堂提问回答情况、小组讨论参与度等；作业数据，如完成时间、准确率、错误类型等；测试成绩数据；在线学习行为数据，如学习时长、页面停留时间、资源访问频率等，以及实践操作记录数据，如操作步骤、操作时间、结果反馈等。通过数据清洗、特征提取等预处理步骤，将收集到的数据转化为可分析的格式。然后运用数据分析方法，如描述性统计分析、相关性分析等，深入了解学生的学习特点、知识掌握程度、学习风格和学习需求。例如，通过分析学生的作业错误类型，了解学生在哪些知识点上存在理解困难；通过分析学生的在线学习行为数据，了解学生的学习习惯和兴趣点。

（2）个性化学习路径规划

基于对学生学习情况的深入了解，利用 AI 算法，结合课程教学目标和内容体系，为每个学生量身定制个性化学习路径。该路径详细规划推荐学习的课程章节、适合的案例及实践项目，并合理安排学习顺序和时间分配。例如，如果学生在国际贸易术语方面基础薄弱，而在单证制作方面有一定基础，系统会优先为学生推荐贸易术语相关的学习资源，包括详细的讲解视频、专项练习题、实际案例分析等，并安排更多时间进行术语学习和练习。同时，适当减少单证制作部分的学习时间，并在后续学习中逐步引导学生将贸易术语应用到单证制作中。随着学生学习进度的推进和学习情况的变化，学习路径会动态调整，确保学生始终沿着最适合自己的方向进行学习。

2. 自主学习引导

（1）智能学习平台搭建

依托 AI 技术搭建功能丰富、界面友好的智能学习平台。平台整合各类学习资源，包括在线课程、视频讲座、电子书籍、案例库、模拟试题等，形成一站式学习资源中心。平台具备强大的智能搜索功能，学生只需输入关键词，即可快速精准地定位所需学习资源。同时，为帮助学生合理安排学习时间，平台设有学习提醒功能，学生可根据自身学习计划，灵活设置任务提醒，确保按时完成学习任务，养成良好的学习习惯。

（2）学习过程辅助与评估

在学生学习过程中，智能学习平台实时跟踪学生的学习进度，通过直观的可视化图表，如学习进度条、知识掌握程度雷达图等，向学生展示学习进展情况。同时，平台运用智能评估算法，对学生的学习效果进行实时评估。根据学生的答题情况、实践操作结果等数据，深入分析学生对知识的掌握程度，精准定位学生的优势和不足。例如，通过对学生在模拟试题中的答题情况进行详细分析，不仅能判断学生对知识点的掌握情况，还能分析出学生的解题思路和常见错误类型，为学生提供针对性的学习建议，帮助学生及时调整学习策略，提高学习效率。

（二）融合式教学理念

1. 线上线下深度融合

（1）线上教学资源与活动

借助 AI 驱动的教学平台，为学生提供丰富多样、层次分明的线上学习资源。这些资源涵盖不同贸易模式的详细讲解课程，如针对 T/T 及 FCA 与空运搭配、D/A 及 CIF 与海运搭配等贸易模式，制作专门的视频课程，深入剖析每个环节的操作要点和注意事项；虚拟仿真实验，通过模拟真实的贸易场景，让学生在虚拟环境中进行实践操作，熟悉贸易流程；案例分析视频，选取具有代表性的实际案例，引导学生运用所学知识进行分析和解决问题。学生可以根据自己的学习进度和需求，随时随地通过网络访问教学平台进行自主学习。同时，平台配备智能辅导系统，学生在学习过程中遇到问题时，可通过文字或语音方式向智能辅导系统提问。系统利用自然语言处理技术，准确理解学生问题的含义，迅速从庞大的知识库中提取相关的答案和解释，并以通俗易懂的方式呈现给学生。此外，平台还设有在线讨论区，学生可以围绕课程相关话题展开讨论，分享学习心得和经验，拓宽自己的思路。教师通过平台发布学习任务、作业和测试，实时了解学生的学习情况，及时给予指导和反馈。

（2）线下教学活动与指导

线下教学注重加强师生之间的面对面交流和互动，通过多种教学活动深化学生对知识的理解和应用能力。教师在课堂上针对学生在线学习过程中遇到的共性问题进行重点讲解和答疑，引导学生进行深入思考和讨论。例如，在讲解 D/P 及 CIP 与空运搭配的贸易模式时，教师结合线上学生提出的关于单证流转和风险防范的问题，进行详细剖析和案例演示，帮助学生加深理解。组织学生进行小组活动，如模拟国际贸易项目，让学生在团队协作中锻炼沟通能力和团队协作能力。在小组活动中，学生需要共同完成贸易项目的策划、执行和总结，通过分工合作，提高学生的综合素质。在实践教学环节，教师对学生进行现场指导，确保学生正确掌握实践操作技能。例如，在 POCIB 平台上进行业务操作时，教师及时纠正学生的错误操作，指导学生完成各项贸易任务，提高学生的实践能力。

2.多技术融合应用

在教学过程中，有机融合多种先进技术，为学生打造全方位、沉浸式的学习体验。以 AI 技术为核心，实现个性化教学，根据学生的学习情况和特点，为学生提供精准的学习指导和资源推荐。结合大数据分析技术，深入了解学生整体学习情况，挖掘学生学习过程中的潜在问题和规律，为教学决策提供有力的数据支持。借助云计算技术，构建强大的教学资源存储和共享平台，学生可以随时随地通过网络访问丰富的学习资源，如在线课程、电子书籍、案例库等，不受时间和空间的限制。运用虚拟仿真技术，创建高度逼真的国际贸易场景，如模拟国际商务谈判会议室、港口码头、海关报关大厅等场景，让学生身临其境感受贸易氛围，增强实践能力。例如，在虚拟仿真的国际商务谈判场景中，学生可以扮演不同的角色，与虚拟角色或其他学生进行谈判，锻炼谈判技巧和沟通能力。

（三）实践导向的理念

1.强化实践教学环节

高度重视实践教学环节，将其作为培养学生实际操作能力和解决问题能力的关键途径。借助 AI 技术，创建高度逼真、贴近实际的虚拟贸易场景，涵盖国际贸易的各个环节，从市场调研、客户开发、贸易谈判、合同签订，到货物运输、报关报检、结算支付等。在虚拟贸易场景中，设置丰富多样的突发情况，如贸易政策变化、市场价格波动、客户违约、运输延误等，模拟实际业务中可能遇到的各种复杂问题。例如，在模拟 T/T 及 FCA 与空运搭配的贸易模式时，设置空运航班延误的情况，让学生思考如何与客户沟通、调整运输计划以及处理可能出现的费用问题等。通过这种方式，让学生在模拟实践中学会应对复杂问题，提高学生的实际操作能力和应变能力。

2.引入实际案例与项目

引入大量源于真实贸易场景的实际案例与项目，让学生运用 AI 技术进行深入分析和处理。这些案例和项目具有很强的实用性和针对性，涵盖不同贸易模式和行业领域。例如，提供 D/A 及 CIF 与海运搭配贸易模式的实际案例，让学生借助 AI 工具收集相关市场数据、政策法规信息，分析案例中存在的风险和问题，并提出切实可行的解决方案。同时，安排学生参与实际贸易项目，如模拟跨境电商运营项目、国际市场拓展项目等。在项目实施过程中，引导学生运用 AI 技术进行市场调研、客户画像分析、精准营销等，提升学生的实践操作能力和职业素养。例如，在模拟跨境电商运营项目中，学生可以利用 AI 技术分析市场需求、消费者行为，制定精准的营销策略，提高产品的市场竞争力。

（四）创新能力培养理念

1.激发创新思维

在教学过程中，设置一系列创新项目和案例，引导学生运用 AI 技术等先进工具探索新的贸易模式和解决方案。例如，提出如何利用人工智能技术优化国际贸易供应链管理的问题，让学生通过查阅资料、分析数据，尝试提出创新的解决方案。组织学生开展创新思维训练活动，如头脑风暴、创意竞赛等，鼓励学生突破传统思维定式，大胆提出新的想法和观点。在头脑风暴活动中，给定一个国际贸易相关的主题，如"如何在新兴市场开拓贸易业务"，学生在规定时间内自由提出各种创新的思路和方法，激发学生的创新思维活力。同时，鼓励学生关注国际贸易领域的前沿技术和发展趋势，引导学生思考如何将新技术应用到实际贸易业务中，培养学生的创新意识和创新精神。

2.创新实践支持

建立创新实践基地，为学生提供创新实践的平台和资源。基地配备先进的设备和软件，如大数据分析工具、人工智能开发平台等，方便学生进行创新实践操作。设立创新实践奖励机制，对在创新实践中表现优秀的学生和团队给予奖励，包括物质奖励和荣誉奖励，激发学生的创新积极性。例如，设立"国际贸易创新实践奖"，对提出创新性贸易解决方案并取得良好效果的学生团队给予奖金和荣誉证书。教师为学生的创新实践提供指导，帮助学生完善创新方案，解决实践过程中遇到的问题。在学生开展创新项目时，教师定期与学生进行沟通，了解项目进展情况，提供专业的建议和指导，确保学生的创新实践能够顺利进行，提高学生的创新实践能力。

五、教学创新改革措施

（一）基于 AI 的教学资源建设

1.开发智能教材与课件

利用 AI 技术开发具有智能化、个性化特点的教材与课件。智能教材能够根据学生的学习进度和知识掌握情况，自动调整内容呈现方式和难度级别。例如，当学生在学习 T/T 及 FCA 与空运搭配的贸易模式相关内容时，如果对其中 FCA 术语的责任划分理解困难，智能教材会立即提供更多相关的案例、图表或动画演示，从不同角度帮助学生理解。同时，智能教材具备实时更新功能，能够及时反映国际贸易领域的政策法规变化、行业动态等信息。比如，当某国出台新的空运货物安检政策时，教材会自动更新相关内容，并分析其对 T/T 及 FCA 与空运搭配贸易模式的影响。智能课件则通过添加互动元素，如在线测试、案例分析、讨论区等，增强学生的参与度和学习积极性。教师可以根据教学目标和学生的实际情况，灵活调整课件内容和结构，实现个性化教学。例如，在讲解 D/A 及 CIF 与海运搭配贸易模式的课件中，教师可以添加一个在线测试环节，让学生在学习完相关内容后进行测试，及时检验学生的学习效果，并根据学生的答题情况进行针对性的讲解和辅导。

2.构建案例数据库

运用 AI 技术广泛收集国际贸易领域的各类案例，涵盖不同贸易模式、行业领域及国家地区。对收集到的案例进行细致分类整理，按照贸易模式（如 T/T 及

FCA 与空运搭配、D/A 及 CIF 与海运搭配等）、业务环节（如市场调研、合同签订、货物运输等）、案例类型（如成功案例、失败案例、纠纷案例等）等多个维度进行分类，方便学生检索和学习。AI 对案例进行深度分析，提取关键信息、问题点及解决方案，并关联相关知识点。例如，对于一个 D/P 及 CIP 与空运搭配贸易模式下因单证不符导致收汇风险的案例，AI 分析出单证审核要点、风险防范知识点等，并与课程中的单证制作、风险控制等内容关联。同时，案例数据库具备智能推荐功能，根据学生的学习进度和兴趣偏好，为学生推荐合适的案例，帮助学生加深对知识点的理解和应用能力。例如，当学生学习完信用证相关知识后，案例数据库可以根据学生的学习情况，推荐一些与信用证相关的实际案例，让学生通过分析案例，进一步掌握信用证的操作和风险防范。

3.创建虚拟仿真教学资源

借助 AI 技术创建高度逼真的虚拟仿真教学资源，模拟国际贸易的各种场景和业务流程。例如，创建一个 L/C 及 FOB 与海运搭配贸易模式的虚拟场景，学生可以在其中模拟出口商、进口商、货代、银行等不同角色，进行贸易流程操作。场景中设置各种随机事件，如海运途中货物受损、信用证出现不符点等，考验学生的应对能力。虚拟仿真系统利用 AI 技术对学生的操作进行实时评估，根据预设的评估标准和规则，给出详细的反馈和建议。例如，当学生在模拟操作中出现错误时，系统会及时提示错误原因，并提供正确的操作方法和相关知识点链接，帮助学生及时纠正错误，提高操作技能。同时，虚拟仿真教学资源还支持多用户在线协作，学生可以与同学一起完成复杂的贸易项目，培养团队协作能力。例如，在虚拟仿真的国际贸易项目中，学生可以分别扮演不同的角色，共同完成贸易项目的各个环节，通过协作提高团队的工作效率和项目的完成质量。

（二）AI 辅助的个性化教学

1.智能学习路径规划

通过收集学生在课堂表现、作业、测试、在线学习平台等多渠道的学习数据，全面了解学生对不同贸易模式知识的掌握程度和学习特点。例如，发现学生在 D/A 及 CIF 与海运搭配贸易模式的结算环节存在较多问题，而在货物运输环节掌握较好。基于这些数据，利用 AI 算法为学生规划个性化学习路径。首先，分析学生的薄弱环节和优势领域，然后根据课程教学目标和内容体系，为学生推荐针对性的学习资源，如相关的视频讲解、案例分析、练习题等，并合理安排学习时间。对于结算环节薄弱的学生，优先推荐结算相关的学习资源，并安排较多的学习时间进行强化训练。随着学生学习进展，持续收集学生的学习反馈数据，动态调整学习路径，确保学习路径始终符合学生的学习需求。例如，当学生在经过一段时间的学习后，对结算环节的知识掌握有所提高，系统会根据学生的新情况，调整学习路径，增加其他方面的学习内容，如贸易谈判技巧的学习等。

2. 智能辅导与答疑

引入智能辅导系统，为学生提供实时、便捷的学习辅导和答疑服务。学生在学习过程中遇到问题，无论是关于贸易术语的理解，还是单证制作的规范，都能随时向系统提问。智能辅导系统利用自然语言处理技术理解问题的含义，通过与知识库进行匹配和推理，从庞大的知识体系中提取准确的答案并回复学生。对于复杂问题，系统采用逐步引导的方式，帮助学生分析问题。例如，学生询问在 T/T 及 FCA 与空运搭配贸易模式下如何防范买方信用风险，系统会先引导学生思考买方信用风险的来源，如买方经营状况、信用记录等，再提供相关的防范措施，如调查买方信用、要求买方提供担保等，并结合实际案例进行说明。同时，系统会记录学生的问题和答案，形成问题库，以便后续学生遇到类似问题时能够快速找到答案，提高辅导效率。此外，智能辅导系统还可以根据学生的提问情况，分析学生的学习难点和薄弱环节，为教师提供教学参考，帮助教师调整教学策略。

3. 个性化学习反馈

AI 从多个方面对学生学习进行评价，如知识掌握、实践操作、团队协作等。根据评价结果，为学生提供详细反馈，指出优点和不足，给出改进建议，比如针对学生单证制作错误，推荐专门练习资源。在知识掌握方面，通过分析学生的测试成绩、作业完成情况等，了解学生对不同知识点的掌握程度，对于掌握较好的知识点，给予肯定和鼓励；对于掌握不足的知识点，提供详细的讲解和针对性的练习资源。在实践操作方面，根据学生在虚拟仿真实验和实际项目中的表现，评价学生的操作技能和解决问题的能力，对于操作熟练、能够有效解决问题的学生，给予表扬和奖励，对于操作不熟练或存在问题的学生，提供具体的改进建议和实践机会。在团队协作方面，观察学生在团队项目中的表现，评价学生的沟通能力、协作能力和团队领导能力，对于团队协作能力强的学生，给予认可和鼓励，对于存在团队协作问题的学生，提供相关的培训和指导，帮助他们提高团队协作能力。

此外，个性化学习反馈还会关注学生的学习态度、学习习惯等方面。对于学习态度积极、学习习惯良好的学生，给予充分的肯定和鼓励，引导他们继续保持；对于学习态度不够端正、学习习惯存在问题的学生，及时与学生进行沟通，了解他们的情况，帮助他们树立正确的学习态度，培养良好的学习习惯。例如，对于经常拖延作业的学生，与他们一起制订学习计划，帮助他们合理安排学习时间，提高学习效率。

通过全面、深入的个性化学习反馈，让学生清楚地了解自己的学习情况，明确自己的优点和不足，为学生提供有针对性的改进建议和学习资源，帮助学生不断提高学习成绩和综合素质。

（三）AI 驱动的教学方法创新

1.智能案例教学

在案例教学中，AI 根据学生的学习进度和知识掌握情况，推送合适的案例。当学生刚学完一种贸易模式的理论知识，例如学习完 D/P 及 CIP 与空运搭配的贸易模式后，先推送一些简单的案例，案例中主要涉及该贸易模式的基本流程和常见问题，帮助学生巩固所学的理论知识，加深对该贸易模式的理解。随着学生对知识的掌握程度不断提高，再推送一些复杂的案例，这些案例可能涉及多种贸易模式的结合、贸易纠纷的处理以及政策法规变化的影响等，拓展学生的思维，培养学生综合运用知识解决实际问题的能力。

2.虚拟团队协作学习

利用 AI 根据学生的沟通能力、专业知识水平、学习风格等因素进行智能分组，确保每个小组的成员优势互补，能够在团队项目中发挥各自的特长。例如，将沟通能力强的学生与专业知识扎实的学生分在一组，将学习风格积极主动的学生与善于思考的学生分在一组，这样可以提高小组的整体协作能力和项目完成质量。

此外，AI 还可以为小组提供协作工具和资源，如在线协作平台、共享文档等，方便小组成员之间进行沟通和协作。同时，AI 对小组的协作成果进行评价，从团队合作精神、任务完成质量、创新能力等多个方面进行评估，为小组提供反馈和指导，帮助小组不断提高协作能力和项目执行能力。

3.情境模拟与角色扮演

借助 AI 构建多样化情境模拟场景，不仅包括传统的贸易场景，还创设新兴数字贸易背景下的贸易场景，如跨境电商直播带货、数字服务贸易等场景。在这些情境模拟中，学生扮演不同的角色，如出口商、进口商、电商主播、海关官员、物流供应商等，并与 AI 扮演的虚拟角色进行互动。

（四）AI 支持的教学评价改革

构建全面的评价指标体系，涵盖知识、能力、素质多个维度。在知识维度，不仅考查学生对贸易模式、贸易规则、单证制作等基础知识的掌握程度，还关注学生对知识的理解和应用能力。例如，通过设置综合性的案例分析题，考查学生运用所学知识解决实际问题的能力。在能力维度，评估学生的实践操作能力、创新能力、沟通协作能力、问题解决能力等。例如，通过观察学生在虚拟仿真实验和实际项目中的操作表现，评估学生的实践操作能力；通过学生提出的创新性解决方案和策略，评估学生的创新能力。

六、教学创新的预期成效

（一）学生学习效果提升

1.知识掌握更扎实

通过 AI 的个性化学习支持，学生能更好地理解国际贸易知识。智能教材和课件、案例数据库以及虚拟仿真资源，帮助学生将理论与实践结合，预计学生课程知识测试平均分提高 15～20 分，对贸易模式关键知识点掌握准确率达90%以上。例如，在学习 T/T 及 FCA 与空运搭配的贸易模式时，智能教材会根据学生的学习情况提供针对性的讲解和案例分析，学生通过虚拟仿真实验进行实践操作，能够更深入地理解该贸易模式的各个环节和要点，从而在知识测试中取得更好的成绩。

2.能力发展更全面

AI 辅助教学使学生在实践、创新、团队协作等能力方面得到锻炼。在虚拟仿真和实际案例项目中，学生运用 AI 解决问题，实践操作失误率降至 5% 以下，创新方案提出比例从不足 20% 提升至60%以上，团队任务完成成功率提高至 90% 以上。例如，在模拟跨境电商运营项目中，学生利用 AI 技术进行市场分析和营销策略制定，提出了许多创新性的方案，提高了项目的成功率，同时也锻炼了学生的实践操作能力和团队协作能力。

3.学习兴趣与主动性增强

融合式教学和丰富 AI 教学资源激发学生学习兴趣。智能学习平台满足个性化需求，学生自主学习时间每周增加 3～5 小时，参与线上互动活动积极性提高，参与率从 60% 提升至90%以上，课程满意度从 70% 提升至 90%以上。例如，学生可以根据自己的兴趣和需求在智能学习平台上选择学习内容和参与互动活动，这种个性化的学习方式激发了学生的学习兴趣和主动性，使学生更加积极地参与到课程学习中。

（二）教师教学质量提高

1.教学针对性增强

借助 AI 了解学生学习状况，教师能精准掌握学生薄弱环节，如学生对某种贸易模式结算环节理解困难，教师可针对性调整教学内容和方法，使教学更有针对性，提升教学效果。例如，教师通过 AI 分析学生的学习数据，发现学生在信用证结算环节存在较多问题，就可以在教学中增加相关的案例分析和实践操作，帮助学生更好地掌握这部分知识。

2.教学效率提升

智能辅导系统和自动化评价工具减轻教师负担。智能辅导系统解答学生常见问题，教师节省讲解时间；自动化评分系统批改作业，教师可将更多精力投入教学设计和个性化辅导，预计教师批改作业和解答常见问题时间减少 30% ~ 40%。例如，教师可以利用节省下来的时间设计更丰富的教学活动，为学生提供更个性化的学习指导，提高教学质量。

3.教学创新能力发展

参与 AI 赋能教学创新改革，促使教师学习新教育技术和方法，提升教学创新能力。预计教师发表与 AI 教学相关论文 2 ~ 3 篇，开展校级以上教学改革项目 1 ~ 2 项。例如，教师在教学创新实践中，不断探索 AI 技术在国际贸易教学中的应用方法和策略，积累了丰富的经验，这些经验可以通过论文和教学改革项目的形式进行总结和推广，促进教学创新能力的提升。

（三）课程建设与专业发展

1.课程资源优化

基于 AI 的教学资源建设，使智能教材、案例数据库和虚拟仿真资源不断完善。智能教材动态更新、个性化支持；案例数据库丰富且智能检索；虚拟仿真资源逼真全面。这些资源提升课程教学资源质量，为课程精品化建设奠定基础。例如，智能教材根据国际贸易领域的最新动态和学生的学习需求不断更新内容，案例数据库不断收集和整理新的案例，虚拟仿真资源不断优化场景和功能，使课程资源更加丰富和优质。

2.专业竞争力提升

AI 赋能教学使专业紧跟行业发展趋势，培养的学生竞争力强。学生在学科竞赛、实习就业中表现出色，提高专业社会认可度和声誉，吸引优质生源，提升专业在同类院校中的排名。例如，学生在参加国际贸易学科竞赛时，运用所学的 AI 技术和国际贸易知识，取得了优异的成绩，展示了专业的教学成果和学生的实力，提高了专业的知名度和影响力。

3.推动教育模式创新示范

本课程教学创新为经济学专业及其他相关专业提供借鉴。通过教学经验分享、校际交流等活动，推广教学创新理念和方法，预计吸引 5～8 所兄弟院校交流学习，推动区域内高校教学改革合作与发展，发挥示范引领作用。例如，学校可以组织教学研讨会，邀请兄弟院校的教师参加，分享 AI 赋能教学的经验和成果，共同探讨教学创新的方法和路径，促进教育模式的创新和发展。

（四）促进校企合作深化

1.合作项目多样化

通过创新实践基地，学生参与基于 AI 的国际贸易创新项目，如开发贸易平台、优化供应链管理等。企业提供实际需求和指导，学生为企业解决问题，实现互利。预计每年新增 3～5 个深度合作创新项目，涵盖多个领域。例如，学生在企业的指导下，开发了一款基于 AI 的贸易数据分析平台，帮助企业更好地了解市场需求和竞争对手情况，提高了企业的竞争力，同时也为学生提供了实践机会和项目经验。

2.人才输送精准化

经 AI 赋能教学培养的学生符合企业数字化人才需求。企业可从实习学生中选拔人才，减少招聘培训成本。学校根据企业反馈优化教学，实现人才培养与企业需求对接。预计毕业生对口企业就业率提高 20%～30%，企业对毕业生满意度达 95% 以上。例如，企业在实习过程中发现学生具备较强的 AI 技术应用能力和国际贸易专业知识，能够快速适应企业的工作环境和业务需求，因此更愿意招聘这些学生，同时学校也可以根据企业的反馈，调整教学内容和方法，培养更符合企业需求的人才。

3.产学研协同发展

企业参与教学创新，接触前沿教育理念技术，为自身转型提供思路。学校教师与企业合作，了解行业需求，更新教学内容。学校和企业共同开展科研项目，推动 AI 在贸易领域应用研究，预计联合发表科研论文 3~5 篇，申请相关专利 1~2 项，形成产学研协同发展局面。例如，学校和企业合作开展关于 AI 在跨境电商精准营销中的应用研究，通过研究取得了一些成果，并将这些成果发表在相关的学术期刊上，同时申请了专利，实现了产学研的协同发展。

（五）助力学生职业发展

1.就业竞争力增强

学生在课程中培养的能力，尤其是运用 AI 解决贸易问题的能力，使其在就业市场具竞争力。毕业生凭借实践经验、创新思维和专业知识，更自信地应对面试和岗位挑战。预计学生毕业后 3 个月内就业率达 95% 以上，平均薪资较以往同期毕业生提高 15%~20%。众多企业在招聘时更倾向于具有数字化技能和创新能力的人才，而通过本课程教学创新培养的学生，能够熟练运用 AI 技术进行市场分析、贸易流程操作等，满足企业对人才的需求，在就业竞争中脱颖而出。例如，在一些跨境电商企业的招聘中，学生能够运用所学的 AI 知识和技能，对市场数据进行深入分析，制定有效的营销策略，从而获得企业的青睐。

2.职业发展潜力提升

课程对学生创新能力的培养，使其在职场中能更快适应企业数字化转型需求，为企业提出创新性解决方案，获得更多晋升机会。同时，学生在团队协作、沟通协调等方面能力的提升，有助于建立良好人际关系，拓展职业发展空间。预计毕业后 3~5 年内，学生在企业中的晋升比例较以往毕业生提高 30%~40%，能够在国际贸易领域各岗位发挥重要作用，逐步成长为行业的中流砥柱。比如，在企业的业务拓展过程中，学生能够运用创新思维，结合 AI 技术，开发新的贸易渠道和模式，为企业创造更多的价值，从而得到企业的认可和提拔。在团队合作项目中，良好的沟通协调能力使学生能够更好地与团队成员合作，提高团队的工作效率，也为自己的职业发展打下坚实的基础。

编写人："国际贸易技能综合实训"课程教学团队

"国际商法"课程教学数字化改革与实践

一、课程简介

"国际商法"是省一流专业国际经济与贸易专业的核心基础课程，针对应用经济学类专业本科四年级学生开设，是一门专门研究国际商事交易活动过程中产生的和商事组织之间权利义务关系的实践性很强的综合性应用课程，主要涉及法律基本理论和国际商法的基本理论、合同法、买卖法、产品责任法、商事组织法、合伙法、公司法、外商投资企业法、代理法、票据法、商事仲裁法等方面学科的基本原理与基本知识的运用。

经过16余年四个阶段的建设，本课程资源不断完善；教学团队经验丰富，结构合理；从注重提升教学方法的"术"，不断丰富和完善为注重"学""问"的教学之"道"（如图1所示）。

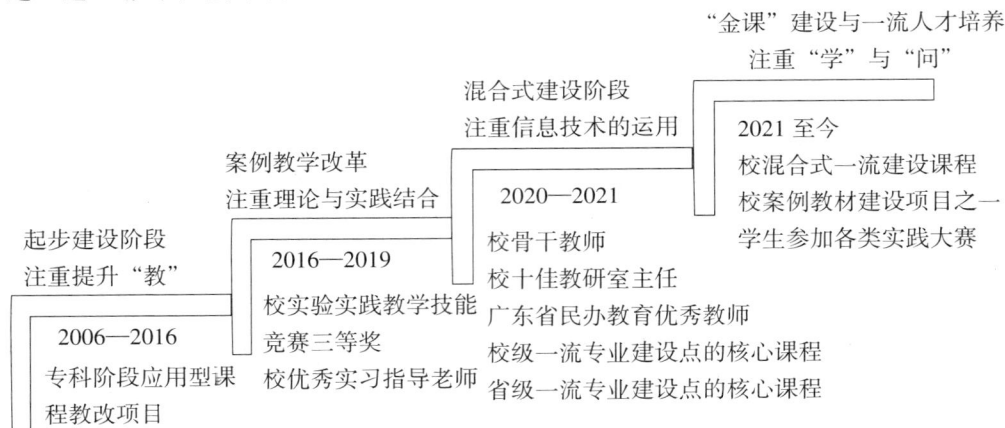

"金课"建设与一流人才培养
注重"学"与"问"

混合式建设阶段
注重信息技术的运用

2021至今
校混合式一流建设课程
校案例教材建设项目之一
学生参加各类实践大赛

案例教学改革
注重理论与实践结合

2020—2021
校骨干教师
校十佳教研室主任
广东省民办教育优秀教师
校级一流专业建设点的核心课程
省级一流专业建设点的核心课程

起步建设阶段
注重提升"教"

2016—2019
校实验实践教学技能
竞赛三等奖
校优秀实习指导老师

2006—2016
专科阶段应用型课
程教改项目

图1　课程建设历程：由"术"到"道"

（一）注重提升"教"

在讲授法的基础上，引入项目教学法、案例教学法等教学方法，并形成10余篇"国际商法"教学内容或应用型人才培养方面的论文。

（二）注重理论与实践结合

引进拥有深厚法律理论功底与实务经验的优秀律师作为课程教学实务导师，兼顾负责学校外事项目的联系、磋商、谈判、缔约、合同翻译、合同审查、合同履行，甚至争议解决工作，并将律所处理的具体商事法律案件引入教学，让学生参与起草制定外事规范性文件、审查项目合作协议和备案、管理国际交流合作项目等事宜。

（三）注重信息技术的运用

已建成的在线开放课程已开放9期，累计参与在线学习人数达1 476人，涵盖专业面广，可支撑混合式教学。运用"MOOC+SPOC+课堂PBL"方式践行"四真三化三融合"课程教学模式改革，创新混合式教学任务和教学方法，实现了线上线下协同发展。

（四）注重"学"与"问"

在自主学习、合作学习、案例教学、PBL项目式教学等教学方法的基础上，以学生成才为中心，突出问题导向、课堂思政、学生提问，实现立德树人和能力培养的教学目的。

二、课程的教学理念和教学目标

（一）教学理念

课程致力于构建"四真三化三融合"课程教学体系，通过四维六式课程思政融入，培养知行悟通人才。课程团队盯住"国标"与粤港澳大湾区人才需求，以学生为中心，以外贸企业经营过程中实际问题为导向，坚持按照真实环境真学真做掌握真本领的要求开展教学活动，将工作任务课程化、教学任务工作化、工作过程系统化贯穿始终，促进"学科融合、理实融合、赛教融合"。从比较、理论、实践和历史四个维度出发，通过查法律法规、做情境任务、辩争议案例、演拓展案例、赛创新创业项目、进社会等六种方式，培养学生知全球视野、制度自信、责任担当，行团队合作、创新精神，悟辩证思维、诚实守信、中国形象，通理性思维、大国担当、合作共赢（如图2所示）。

商道铸魂　粤韵润心　践悟并行

| 培养目标 | 知 全球视野 制度自信 责任担当 | 行 团队合作 创新精神 | 悟 辩证思维 诚实守信 中国形象 | 通 理性思维 大国担当 合作共赢 |

设计依据：国家标准 | 粤港澳大湾区人才需求 | 外贸企业实际问题导向 | 以学生为中心

内容方法：真实环境 | 真学 | 真做 | 掌握真本领
工作任务课程化 | 教学任务工作化 | 工作过程系统化
学科融合 | 理实融合 | 教赛融合

实施路径：比较维度 | 理论维度 | 实践维度 | 历史维度
查法律法规 | 做情境任务 | 辩争议案例 | 演拓展案例 | 赛创新创业项目 | 进社会

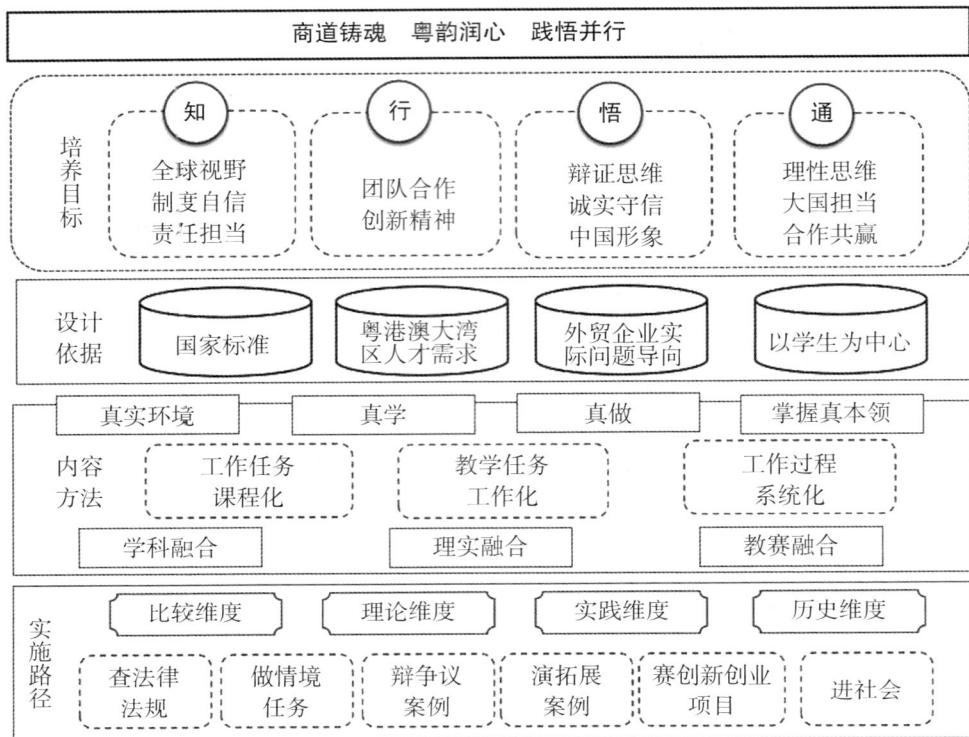

图2　"国际商法"课程教学理念

（二）教学目标

"国际商法"课程坚持OBE理念，以学生为中心、以工作任务为导向，围绕应用型人才培养目标，以服务区域经济发展为宗旨，以"两性一度"（高阶性、创新性、挑战度）为标准，构建"三维一体"的教学目标。课程通过"四真三化三融合"重构教学内容，建设线上线下教学平台，实现课前线上预习、课中线上线下PBL任务驱动、课后练习巩固提升的闭环教学，着力打造国际商法金课。作为商科与法学交叉的典型课程，本课程充分体现了"思政+专业"的深度融合、理论与实践的良性互动以及基础与前沿的有机贯通。针对国际商法知识体系与国际商务环节紧密相联、受应用环境复杂性和跨文化交流影响的特点，课程特别注重解决学生难以独立构建系统知识框架的痛点。作为国际经济与贸易专业的核心课程，国际商法不仅与经济学等多门公共基础课和专业基础课密切关联，更因其知识更新快、前沿性强等特点，对学生的知识整合能力和国际视野提出了更高要求，这正是课程设置PBL任务和线上线下混合式教学的深层考量。

课程紧密围绕培养具有"高""厚""强"特色的应用型国际贸易人才和服务地

方区域经济发展为目标，确定教学目标。具体目标如图3所示。

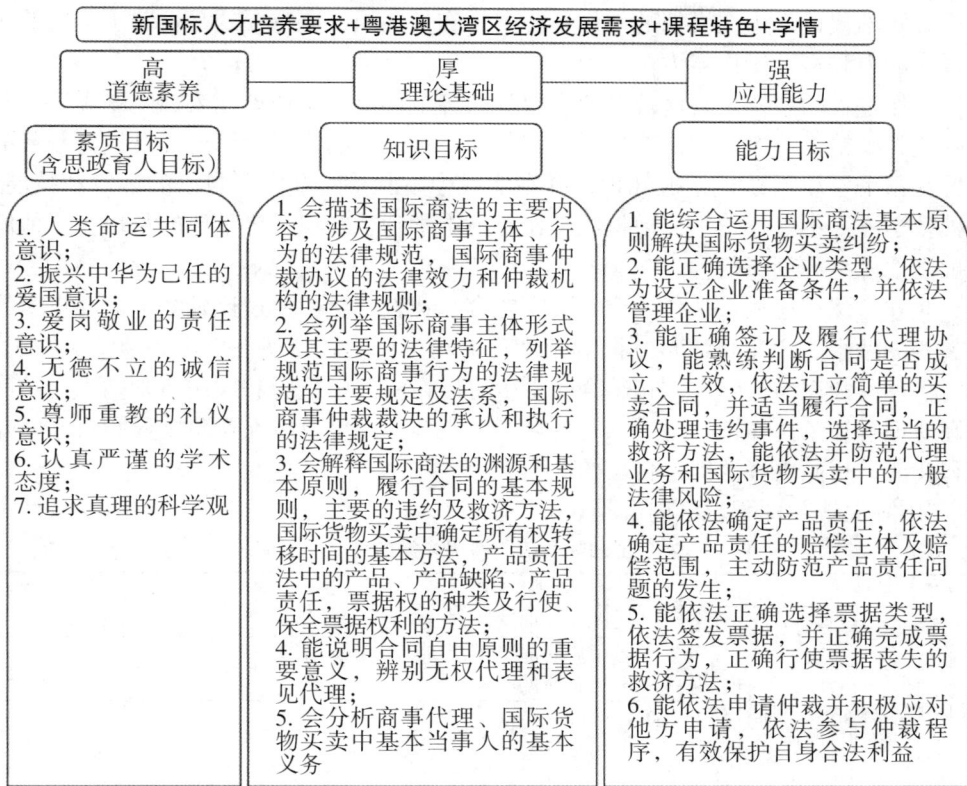

新国标人才培养要求+粤港澳大湾区经济发展需求+课程特色+学情		
高 道德素养	厚 理论基础	强 应用能力
素质目标 （含思政育人目标）	知识目标	能力目标
1. 人类命运共同体意识； 2. 振兴中华为己任的爱国意识； 3. 爱岗敬业的责任意识； 4. 无德不立的诚信意识； 5. 尊师重教的礼仪意识； 6. 认真严谨的学术态度； 7. 追求真理的科学观	1. 会描述国际商法的主要内容，涉及国际商事主体、行为的法律规范，国际商事仲裁协议的法律效力和仲裁机构的法律规则； 2. 会列举国际商事主体形式及其主要的法律特征，列举规范国际商事行为的法律规范的主要规定及法系，国际商事仲裁裁决的承认和执行的法律规定； 3. 会解释国际商法的渊源和基本原则，履行合同的基本规则，主要的违约及救济方法，国际货物买卖中确定所有权转移时间的基本方法，产品责任法中的产品、产品缺陷、产品责任，票据权的种类及行使、保全票据权利的方法； 4. 能说明合同自由原则的重要意义，辨别无权代理和表见代理； 5. 会分析商事代理、国际货物买卖中基本当事人的基本义务	1. 能综合运用国际商法基本原则解决国际货物买卖纠纷； 2. 能正确选择企业类型，依法为设立企业准备条件，并依法管理企业； 3. 能正确签订及履行代理协议，能熟练判断合同是否成立、生效，依法订立简单的买卖合同，并适当履行合同，正确处理违约事件，选择适当的救济方法，能依法并防范代理业务和国际货物买卖中的一般法律风险； 4. 能依法确定产品责任，依法确定产品责任的赔偿主体及赔偿范围，主动防范产品责任问题的发生； 5. 能依法正确选择票据类型，依法签发票据，并正确完成票据行为，正确行使票据丧失的救济方法； 6. 能依法申请仲裁并积极应对他方申请，依法参与仲裁程序，有效保护自身合法利益

图3 "国际商法"课程教学目标

三、课程内容

以学生为中心，以外贸企业经营过程中实际问题为导向，坚持按照真实环境"真学、真做、掌握真本领"的要求开展教学活动，将工作任务课程化、教学任务工作化、工作过程系统化贯穿始终，促进"学科融合、理实融合、赛教融合"。

以外贸企业经营过程中的实际问题为导向，教学活动的设计和实施始终围绕"真学、真做、掌握真本领"的要求展开。通过将工作任务课程化、教学任务工作化、工作过程系统化，课程不仅关注理论知识的传授，更注重实践能力的培养。在课程设置上，从国际商法认知到国际商事仲裁的法律问题，每个项目都紧密贴合外贸企业的实际操作需求，确保学生能够在真实环境中学习和应用知识。

教学任务工作化体现在课程设计注重理论知识与实际工作的紧密结合。例如，在创建及管理企业过程中的法律问题项目中，学生需要通过小组讨论、案例分析等方式，探讨企业在创建和管理过程中可能遇到的法律问题，并提出解决方案。这种教学方式不仅让学生在模拟的工作环境中学到了知识，更重要的是培养了他们的团队合作能力和实际操作能力。

工作过程的系统化则体现在课堂教学的各个环节。从任务导入、问题提出、理论阐述，到精讲点拨、知识剖析、应用创新，再到总结反思、综合提升，每个环节都旨在帮助学生系统地掌握知识，并在实践中不断检验和完善自己的理解和技能。这种教学方式不仅让学生在模拟的工作环境中学到了知识，更重要的是培养了他们的批判性思维和创新能力。

此外，课程还注重学科融合、理实融合、赛教融合。通过比较法学、经济学等多学科的融合，学生可以从不同的角度理解和分析问题，从而更全面地掌握知识。通过将理论知识与实际操作相结合，学生可以在实践中检验和应用所学知识，从而更好地理解和掌握知识。通过参与各种学科竞赛，学生可以在竞争中检验自己的知识和技能，从而更好地提升自己的能力。

"国际商法"课程教学内容见表1。

表1   "国际商法"课程教学内容

项目	内容		线下学时	线上学时
项目一　国际商法认知	任务一	认识国际商法		2
	任务二	运用法律原则解决国际商务纠纷	2	
项目二　创建及管理企业过程中的法律问题	任务一	选择企业的类型		2
	任务二	如何设立企业	4	
	任务三	企业管理法律实务分析		
	任务四	企业资本管理法律实务分析		
	任务五	企业运行中的变化		
项目三　国际商事代理中的法律问题	任务一	认识商事代理		2
	任务二	代理关系法律实务分析	2	
	任务三	中国外贸代理实务分析		
项目四　国际商事合同订立过程中的法律问题	任务一	认识合同		2
	任务二	如何订立合同	2	
	任务三	确认合同的法律效力		
	任务四	缔约过失责任的承担		
项目五　国际合同履行中的法律问题	任务一	如何适当履行合同		2
	任务二	合同履行抗辩权、保全措施的运用	4	
	任务三	违约事件的处理		
	任务四	合同履行中的变化		
	任务五	适当履行国际货物买卖合同		
项目六　产品责任法律问题	任务	产品责任的构成和承担	2	
项目七　票据使用中的法律问题	任务一	票据关系法律实务分析		2
	任务二	票据权利的取得与行使	2	
	任务三	票据丧失的补救实务分析		
项目八　国际商事仲裁的法律问题	任务	运用仲裁程序解决国际商务纠纷	2	
合计			20	12

通过"四真三化三融合"的课程内容设计,学生能够将自己的理论知识应用在模拟的工作场景中,这不仅增强了他们的学习体验,也提高了他们解决实际问题的能力。同时,系统化的工作流程整合确保了学生能够全面理解和掌握从理论到实践的整个过程,从而在真实的工作场景中能够迅速适应并有效运用他们的专业技能。这种教学内容的设计,无疑为学生提供了一个全面、实用且与实际工作紧密结合的学习平台,使他们能够在未来的职业生涯中具备竞争优势。

四、"四真三化三融合"课程教学模式

我们运用"MOOC+SPOC+课堂PBL"方式开展"四真三化三融合"的课程教学模式改革(如图4所示)。将教学任务转化为具体的工作项目,把理论知识转化为具体的工作任务,进一步将这些工作任务细化为知识点、技能点和态度点,形成一套系统化的评价指标。同时,我们邀请律所及企业导师进入课堂,分享真实的案例,指导学生如何提出问题,分析问题的成因,并找到解决问题的思路,从而实现在真实环境中的"真学真做",掌握真正的本领。

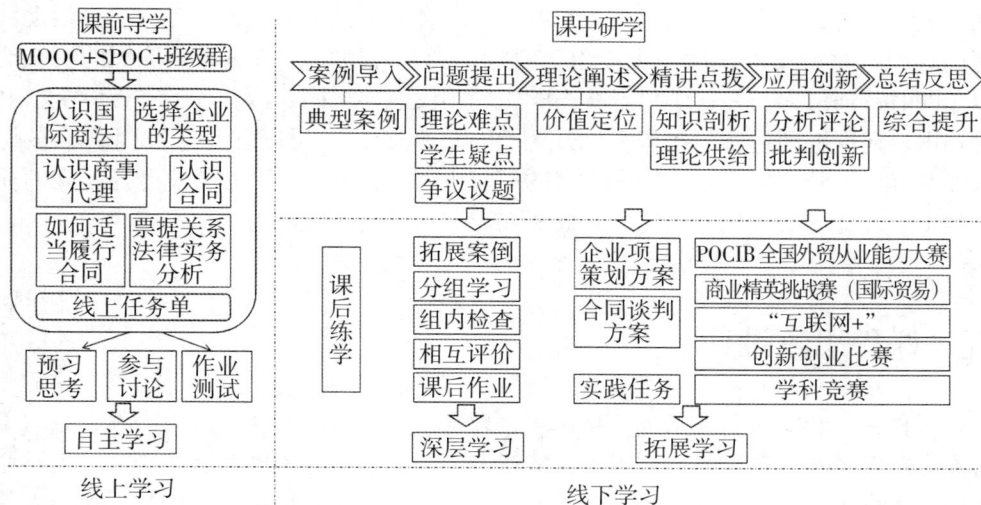

图4 "四真三化三融合"课程教学模式

课前阶段,学生通过线上平台进行导学,包括预习思考、参与讨论和作业测试,实现自主学习,为课堂学习打下坚实的基础。学生需要针对所提供的预习问题进行必要的准备,包括认识国际商法、选择企业类型、认识商事代理、认识国际商事合同等关键知识点,同时预习思考如何适当履行合同、票据关系法律实务分析等。通过课前导学,学生不仅能够对国际商法的基本概念和原则有所了解,还能够对即将在课堂上开展的工作任务,以及需要深入探讨的案例和问题有所准备,从而

提高课堂学习的效率和深度。

课中教学环节采用问题导向的六步教学法，包括案例导入、问题提出、理论阐述、精讲点拨、应用创新和总结反思。这种方法能够有效地引导学生深入理解国际商法的相关知识，掌握必要的法律技能，并培养他们的创新思维能力。通过将实际的国际商事案例引入课堂，学生可以在分析和讨论中理解国际商法在解决实际问题中的应用，从而更好地掌握国际商法的理论知识和实践技能。在案例教学中，学生通过分组学习、组内检查和相互评价等活动，不仅能够提升对国际商法知识的掌握，还能够锻炼团队合作和沟通能力。此外，通过参与企业项目策划方案、合同谈判方案等实践任务，学生能够在模拟的工作环境或真实的商业环境中应用所学知识，实现理论与实践的紧密结合。

课后，为了进一步加深对国际商法知识的理解和应用，学生们将通过讨论、练习和巩固来加强学习效果。在这一阶段，学生们将围绕国际商法的具体内容，如合同法、商事代理、票据法等，进行深入的讨论和分析。通过小组讨论，学生们能够分享各自的见解，提出问题，并共同寻找解决方案，这不仅能够促进他们对法律条文的深入理解，还能够提高他们的批判性思维和解决问题的能力。学生们还将参与到实战项目中，如企业项目策划方案的制订、合同谈判方案的模拟等，这些活动使他们有机会将所学的法律知识应用于实际的商业环境中，从而加强他们的实践能力。同时，通过参与专业学科竞赛，学生们不仅能够巩固和深化他们在课堂上学到的知识，还能够通过实际操作来提升他们的专业技能。这种理论与实践相结合的课后提升练学，将有助于学生们在未来的职业生涯中，无论是在法律实务还是在商业谈判中，都能够展现出扎实的国际商法知识和出色的实践能力。

五、课程思政设计

课程在"新文科"背景下，从比较、理论、实践和历史四个维度出发，致力于培养应用型国际贸易人才。课程不仅传授专业知识，更将中国制度型开放、人类命运共同体意识、市场经济与中国改革开放、社会主义核心价值观等思政元素融入其中，构建了一个全面的思政育人体系（如图5所示）。

在这一体系中，课程组教师全员参与育人，教学全过程贯穿育人理念，利用社会实践、比赛竞赛等活动实现全方位育人。通过这样的教学设计，学生不仅能够获得专业知识，更能培养出全球视野、制度自信和责任担当。在行动上，学生将具备团队合作能力和创新精神；在思想上，他们将领悟辩证思维、诚实守信和中国形象；在沟通上，他们将掌握理性思维、大国担当和合作共赢的能力。

课程设计将德法兼备、全球视野、科学发展等元素作为核心驱动力，通过比较维度、理论维度、实践维度和历史维度的相互作用，推动学生在知、行、悟、通四个方面的全面发展。每个维度都对应着具体的教学活动和目标，如查法律法规、做情境任务、辩争议案例、演拓展案例、赛创新创业项目和进社会等，这些都是实现学生全面发展的重要途径。

通过这样的课程设计，学生不仅能够在专业知识上得到提升，更能在思想道德、实践能力和国际视野等方面得到全面的发展，为成为具有全球竞争力的国际贸易人才打下坚实的基础。

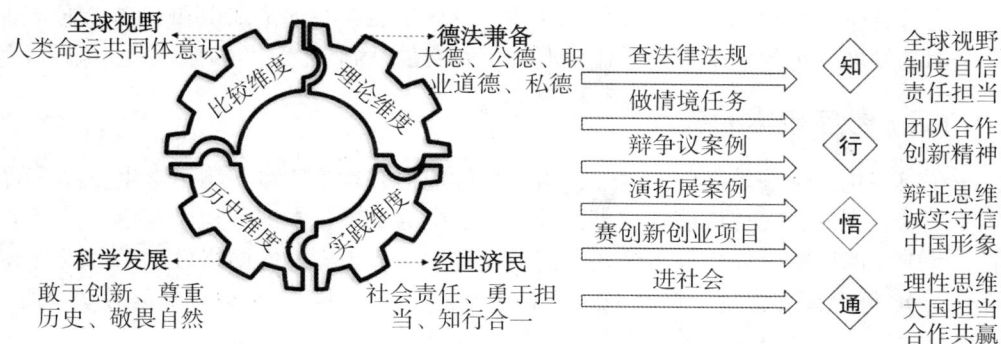

图5　"国际商法"四维六式课程思政设计

六、数字资源建设

（一）智慧教学平台建设

1.自建平台

"国际商法"课程在超星泛雅平台构建了一个全面的在线教学平台，整合了包括84个授课视频（总时长445分钟）和90个非视频资源（如教学大纲等）在内的丰富教学资源，以适应不同学习阶段学生的需求，且这些资源在不断完善中。平台提供的175道习题和167个线上讨论，题型多样，包括选择题、判断题、简答题、概念解释和案例分析等，进一步丰富了学习内容。此外，课程还配备了《国际商法教学案例》以辅助学习。这个在线教学平台不仅为初学者提供了快速掌握国际商法基本概念和原理的机会，也为有基础的学生深入学习和研究提供了支持，满足了混合式和翻转课堂的教学需求。

2.智能工作台

课程团队引入了"超星学习通"的24小时AI助教智能助教伴功能，旨在为学生和教师提供国际商法课程相关章节和知识点的解答，提供助学助教支持。该智能AI平台主要包括两大模块，即学习答疑和资源推荐。学习答疑模块用于进行国际商法课程资料的智能问答，帮助学生高效获取课程知识。资源推荐模块则帮助学生和教师快速搜索国际商法相关的优质资源，并支持一键获取。基于这两个模块，国际商法课程能够设计一系列指令，如教师答疑、学生日常学习、学生自测、教师出题以及题库生成，形成"课前预习—课中互动—全程知识梳理—课后基础答疑—课后反馈提升—教学反思形成"的全链条、动态式智能AI工作台陪伴指导。

通过这些多元化的教学资源和互动平台，学生能够在理论知识和实践技能上得到全面的发展，为他们未来的职业生涯打下坚实的基础。

（二）数字技术的融入

在数字化教学蓬勃发展的当下，为了更好地提升教学质量，满足学生多样化的学习需求，充分发挥现代信息技术在教育教学中的优势，本课程积极构建了贯穿课前、课中、课后的一体化教学模式。借助超星学习通等先进的网络教学平台以及微信群、QQ群等社交工具，针对不同教学阶段的特点与目标，采取相应的教学手段，实现对学生学习的精准引导、有效监督和全面辅助。

1.课前导学

通过网络教学平台发布学习单、教学资料、在线教学视频、课前测、课前思考题等手段帮助学生进行课前学习，利用平台数据助老师掌握学情。具体实施如下：

课前活动一：学生利用超星平台的AI课程知识库进行自主学习，首先检索与每节课相关的知识节点。通过输入本节课的主题词，学生能够获取相关的法律语境和案例信息。在此过程中，学生可以使用PBL任务驱动的方法，自主提出问题并在AI管理平台上寻找答案。具体操作包括双击检索结果中的相关条目，以深入了解法律条款和案例的具体应用。通过自主探索这些法律文本，学生能够归纳出相关法律内容及其特征，并进行线上讨论，从而加深对国际商法的理解和应用能力。

课前活动二：线上观看超星MOOC视频，讨论分析国际商法案例。学生线上进行讨论，提前预习和了解视频中提出的知识点。

2.课中督学

基于PBL任务驱动的教学模式，教师引导学生开展真实情境的案例分析实操活动。通过运用PBL教学法，结合AI知识库，线上与线下的学习活动实现了顺畅衔接。学生在小组中围绕具体问题进行探究，利用AI知识库作为教学工具进行国际商法的深入分析。具体实施如下：

案例导入与问题提出。课程开始时，教师通过回顾国家MOOC精品视频中的国际商法案例，引导学生思考。例如，在"国际商事合同订立过程中的法律问题"，教师以真实国际商事合同的订立过程为切入点，展示一个涉及跨国交易的合同纠纷案例。教师提出问题："在国际商事合同的订立过程中，可能会遇到哪些法律问题，以及如何通过法律手段来预防和解决这些问题？"这样的问题设计旨在激发学生的思考，引导他们回顾和应用已学的国际商法知识。

基于超星平台的 AI 课程知识库评价与理论阐述。教师在确认学生完成课前任务后，组织小组成员进行互评，以识别准确的法律分析和论述，同时纠正不准确的法律术语使用。教师随后收集并全面评价学生的作业，提供具体反馈。在这一过程中，若师生对某些法律表述的规范性存疑，AI 课程知识库便成为检索和判断的重要工具。通过小组讨论，教师引导学生深入探讨与国际商法相关的法律文本，提炼关键原则和条款，如合同的成立、履行、违约责任等，从而培养学生的法律分析能力和批判性思维。这种互动性强的课堂讨论不仅鼓励学生发挥个性，还增强了他们的参与感。最终，学生通过实践深化对国际商法的理解，提高了解决复杂法律问题的能力，确保学习成果既实用又具有创新性。

对案例进行精讲点拨。教师通过深入讲解和指导学生分析导入案例，帮助学生掌握关键的法律术语和原则。例如，教师可能会引导学生探讨"国际商事合同订立过程中的法律问题"，并利用超星平台的 AI 课程知识库来验证学生的分析，确保他们对合同成立要件、效力以及违约责任等关键概念有准确的理解。学生在小组内进行互评，识别法律论述的有效性和准确性，并总结案例中涉及的法律问题。针对这些问题，教师设计相应的讨论活动，以巩固所学的国际商法知识。例如，若学生在分析中混淆了"要约邀请"和"要约"的用法，教师可以利用超星平台的 AI 课程知识库检索相关法律文本及案例，提供多个实例供学生讨论。教师展示这些实例，让学生归纳"要约"的法律含义和适用场景，并分析其在国际商法中的具体应用。通过这种方式，学生能够掌握国际商法文本中常用的术语和法律概念，进一步提升其法律分析能力。

展示学生自主探索的法律表达。教师与学生共同收集和整理国际商事纠纷的法律裁定文书和审判案例，这些资料不仅丰富了教学内容，而且可以上传至超星平台的 AI 课程知识库中，供未来教学使用。通过这样的总结和归纳，学生的法律分析能力得以加强，同时教师也能更有效地利用这些资源来辅助教学，帮助学生更深入地理解法律条款和国际商事实践。这一过程不仅有助于学生掌握国际商法文本中常用的术语和法律概念，如合同的成立要件、效力以及违约责任等，还能进一步提升学生分析问题的能力。

回答学生疑问并结合超星平台的 AI 课程知识库进行解答。在国际商法课程的尾声，教师积极回应学生在课堂上提出的疑问，利用超星平台的 AI 课程知识库来提供详尽的法律条文和案例分析。这种互动不仅即时解决了学生的困惑，还进一步深化了他们对国际商法中诸如合同法、商事代理、票据法等关键领域的理解。教师鼓励学生提出具体且实际的问题，比如关于国际合同的履行、争议解决机制等，以此激发更深层次的讨论和思考。

教师会布置项目式学习（PBL）任务，要求学生在下一次课前，在自建的MOOC平台上观看与国际商法相关的视频，并完成相应的课后活动。这些活动通常包括对特定国际商法主题的案例分析，学生需要运用在超星平台AI课程知识库中学习的法律术语和概念来进行分析，以此来检验和巩固他们对国际商法知识的掌握程度以及实际应用能力。通过这样的教学安排，学生能够在实践中提升自己的法律分析技能，为将来在国际贸易领域的工作打下坚实的基础。

3.课后助学

借助AI知识库与MOOC两个线上平台进行教师督导与学生团队协作创新。通过AI知识库进行国际商法相关法律条文的应用场景和主题讨论，结合线上MOOC进行实际案例的分析与讨论，利用开放性多维教学资源库实现自主学习，促进学习的自主化和多样化。完成PBL任务，学生需根据本节课所学的国际商法知识，围绕特定的国际商法主题进行深入的案例分析。在分析过程中，要求运用超星平台的AI课程知识库中归纳的法律术语和概念，以检验学生对国际商法知识的理解和应用能力。

（三）企业资源建设开发

为了培养学生的创新创业能力，使其更好地适应社会发展的需求，积极调动"校、政、企"三方力量，"国际商法"课程与5家本地外贸企业深入合作，支持学生的创新创业实践项目。这些项目紧密贴合国际商法的核心内容，包括但不限于国际合同法实务、跨国商事交易法律风险评估、国际商事仲裁与调解、国际贸易合规性分析等关键领域。通过模拟真实的商业环境，参与从合同谈判、风险评估、合规性审查到争端解决的全过程，从而在实践中锻炼和提升自己的创新创业技能。

通过课内课外联动的方式，将课堂教学与实践活动有机结合，不仅丰富了教学内容和形式，还为学生提供了更多的实践机会和发展空间，培养了学生的创新精神和实践能力，为学生的未来发展奠定了坚实的基础。

七、教学评价设计

本课程采用"多主体、广角度、全过程"的多元考核方式，以提升课程的挑战性和高阶性。通过结合课堂考核、实践任务和期末考试的多元化综合考核评价体系，从不同角度全面评价学生的学习情况。在实践任务中融入思政元素，实现过程性评价中的思政教育无声融入。过程性考核占总成绩的60%，结果性考核占40%，考核形式包括线上和线下两部分，线上考核占40%（包括单元任务10%，线上讨论10%，线上作业10%，以及期中分组PBL任务10%），线下考核占60%（包括课堂活动20%，期末考核40%）。这种考核方式旨在加强对学生知识点、技能点、态度点的考核，实现对学生理论基础、实际应用能力和态度的综合考评（如图6所示）。

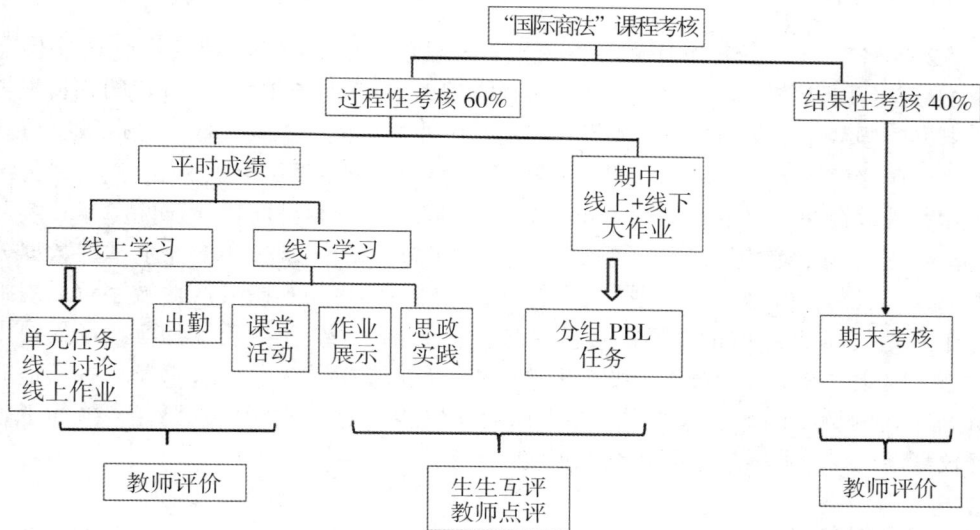

图6 "国际商法"课程考核方式

八、教学创新成效

本课程针对国际商法的教学体系、内容和计划进行了系统化构建，旨在打造一套既科学又贴合应用型本科教育需求的课程体系。改革后的课程显著提升了教学效果，广受师生好评，并促进了学生能力的全面提升。学生的自主学习能力显著增强，反映在线上学习参与度和课程考核优秀率的持续增长方面。在实践应用方面，学生在省级及以上商业精英挑战赛等专业竞赛中屡获佳绩，创业热情高涨，学术研究和创新能力也得到了显著提升，发表了多篇论文并成功申请多项大学生创新创业项目。此外，学生的终身学习能力得到培养，多名毕业生选择在国内外高校继续深造。

这些改革不仅加深了学生对国际商法理论的理解，还强化了他们在国际合同法、跨国商事交易、国际商事仲裁等关键领域的实践技能和创新思维，为培养具有国际视野和竞争力的应用型国际贸易人才打下了坚实的基础。

编写人："国际商法"课程教学团队

"国际数字贸易"课程教学数字化改革与实践

2024年WTO《全球数字贸易发展报告》显示，全球数字贸易规模已从2019年的2.9万亿美元跃升至5.2万亿美元，年均复合增长率达12.3%。2024年的相关报告指出，中国数字贸易额突破1.3万亿美元，占外贸总值的22%，成为全球数字贸易枢纽，在此背景下，人社部预测数字贸易人才缺口2025年达450万人。然而，传统国际贸易教育存在以下结构性矛盾：知识更新滞后，如教材出版周期超3年；实践平台匮乏，90%院校缺乏前沿实训系统；技能断层，仅28%的毕业生掌握数据分析工具。目前，"国际数字贸易"课程亟需突破教学困境：既要应对数字贸易规则18个月迭代周期、Web3.0等新业态冲击，又要解决82%学生反馈的实践场景缺失问题。因此，人工智能技术及教育理念赋能"国际数字贸易"课堂教学，探索适应AI新时代的教学创新改革方案，寻求面向岗位能力的AI教学实践路径，成为了破解教育供给与产业需求错配难题的关键。

一、课程简介

"国际数字贸易"是国际经济与贸易专业的核心课程，通过引入前沿人工智能软件与工具，助力学生深入理解数字经济浪潮下的全球贸易转型，塑造兼具数字化思维、跨文化沟通技巧的新型国际贸易专才。本课程不仅涵盖国际数字贸易的基础概念、发展阶段、理论支撑及生态圈，还深度聚焦数字技术（如大数据、人工智能、区块链）在国际贸易的现实应用。

通过本课程学习，学生得以钻研数字贸易独特属性、面临的障碍及国际规则架构，并且洞察全球数字治理态势与难题。借由课程学习，学生既能牢固掌握数字贸易理论与实操技能，又可增强对国际数字经济生态的融入能力，清晰认知全球数字经济治理的战略意义。尤为突出的是，课程强调实践导向，借由案例剖析与跨境电商平台模拟操作，融入人工智能软件辅助分析，使学生直面国际数字贸易真实挑战，提升问题解决能效。

课程精心融入新发展格局，列举海量中国国际数字贸易宏观数据与微观实例，依靠人工智能工具进行数据挖掘与分析，精准剖析解读中国数字贸易发展实践，引导学生回溯中国国际数字贸易成长脉络，逐步培育国际社会责任感、法治意识与道德规范，筑牢"爱党、爱国、爱家"情怀，成为熟稔数字贸易规则、精通技术应用的全方位人才。

二、课程目标

（一）知识目标

通过融入人工智能技术手段，深入了解国际数字贸易的基础知识，精准掌握数字经济时代背景下国际数字贸易的相关理论命题，例如数字技术对国际数字贸易的推动作用、数字经济的全方位内涵、国际数字贸易的准确定义等等，熟悉并运用国际数字贸易的主要标识性概念，像数字技术、数字经济、电子商务、国际数字贸易、数字营商环境、国际数字贸易生态圈等等，借助大学生慕课平台、粤港澳大湾区联盟平台等现代信息技术，搭配人工智能辅助分析工具，实时追踪国际数字贸易领域最新前沿动态，确保课堂所学知识紧跟时代步伐，持续更新完善，为学生把握国际数字贸易发展趋势提供强大助力。

（二）能力目标

学会运用国际贸易的基本理论、分析方法，结合人工智能技术来进行课程案例分析。通过实际案例演练、模拟交易以及人工智能模拟场景等方式，提高学生的国际数字贸易实际操作能力。

在案例学习和讨论中，借助人工智能的数据分析和信息整合功能，形成辩证思维，学会辩证分析问题，具备洞察问题、提炼问题、综合运用本课程专业知识研究与解决问题的能力。

（三）素质目标

通过开展案例分析与讨论，利用人工智能的创新思维启发，提升学生创造性、建设性地解决国际数字贸易实践问题的素养，更好地理解地区的禀赋、经济和人文差异，具有区域合作共赢、人类命运共同体的合作观念与大局意识。

（四）德育目标

学生根植于中国这个世界主要经济体、世界最大全产业制造链中心、世界最大贸易中心土壤，利用人工智能了解全球经济格局和中国在其中的地位，牢记立志成为我国经济外循环的国际数字贸易应用型人才，促进经济内循环的历史使命；在学习思政案例中，借助人工智能展示中国成就和精神，激发民族自信、爱国精神和学做祖国数字贸易建设接班人的雄心壮志，最终养成"爱党、爱国、爱家"情怀与国际数字贸易职业道德。

三、教学创新改革背景

在全球数字贸易规模突破5.2万亿美元，我国数字贸易额占外贸总值22%的时代背景下，人工智能技术正深刻重塑国际贸易教育生态。《教育信息化2.0行动计划》明确要求推动AI与教育深度融合，《国务院关于印发新一代人工智能发展规划的通知》亦强调利用智能技术革新人才培养模式。在此政策框架下，"国际数字贸易"课程教学面临变革驱动：

（一）产业升级倒逼教育改革

数字贸易的技术迭代与规则重构呈现指数级发展态势。麦肯锡报道指出，2024年全球数字贸易中，AI生成内容（AIGC）在跨境营销领域的应用渗透率已达68%，智能合约技术使跨境支付效率提升40%，我国跨境电商进出口额突破1.22万亿元，企业对"AI+贸易"复合型人才需求年均增长35%。然而，传统教学体系存在显著滞后性，相关部门指出2024年教材内容更新周期超3年，仅28%的毕业生掌握Python等数据分析工具，90%的院校缺乏虚拟仿真实训系统。这种供需错配催生了450万人的人才缺口，亟需通过AI技术重构教学场景。

（二）技术创新提供改革动能

人工智能技术群为教育变革注入新范式。武汉理工大学使用AI智能助手可辅助完成教学方案设计、作业批改等工作。福建师范大学协和学院通过"京东店长班""谷歌数据营销班"等校企合作项目，将AI工具实操（如TikTok数据分析、谷歌投流策略）嵌入课程，使学生数字运营能力提升42%，就业对口率提高28%。在虚实融合教学方面，VR谈判实验室通过情感计算技术分析谈判策略，区块链存证系统实现贸易流程追溯，AI知识图谱动态更新DEPA等国际规则，为教学内容注入实时性与交互性。

（三）全球竞争凸显改革紧迫性

国际层面，欧盟和美国均将数字贸易人才培养列为战略重点。我国虽在语音识别、视觉识别等领域领先，但AI教育应用仍处初级阶段。西藏墨脱县通过"智慧课堂"实现基础教育全覆盖的案例表明，技术赋能可突破地域限制，但同时也面临数据隐私、算法偏见等伦理挑战。第三届全球数字贸易博览会的数据显示，我国数字贸易规则参与度较2020年提升37%，但企业在AI技术合规应用、跨境数据治理等领域仍需专业人才支撑。

（四）教育数字化转型的实践探索

国内高校已展开多样化改革尝试。广西国际商务职业技术学院通过"AI+跨境数字营销大赛"，引导学生利用AIGC技术生成短视频内容，作品登上平台热门榜；武汉理工大学开发AI智能助手系统，实现教学资源精准推送；福建师范大学构建"一核心三协同四范式"产教融合体系，将真实电商运营项目（如Shopee店铺实操）纳入课程考核，学生获国家级竞赛奖项数量年均增长65%。这些实践验证了AI在提升学生数字素养、跨文化沟通能力及创新思维方面的显著效能。

当前，数智赋能教育已从政策驱动转向实践深化阶段。"国际数字贸易"课程需抓住技术革命机遇，通过智能工具应用、虚实场景融合、动态知识更新三大路径，构建"AI+人文"双轨育人模式，培养既能驾驭机器学习算法分析贸易数据，又深谙数字伦理与全球治理规则的复合型人才，为我国数字贸易强国建设提供智力支撑。

四、教学创新理念与设计

（一）教学创新理念

面对人工智能带来的挑战，教育工作者需要积极创新教学理念，以适应新时代的教学需求。以下是一些关键的理念创新方向：

1.个性化学习体验的实现

随着信息技术的迅猛发展，现代教育已经经历了数字化、网络化和智慧化三个阶段的演变。在智慧化阶段，"国际数字贸易"课程充分彰显了人工智能技术的优势，实现了物理环境与虚拟环境的深度融合，为教育带来了前所未有的机遇。教育工作者在教授"国际数字贸易"课程时，应巧妙运用大数据分析和机器学习算法，深入挖掘学生对于数字贸易知识的个性化需求。通过分析学生在学习过程中的行为数据，如对跨境电商模拟操作的掌握程度、对区块链技术应用于国际贸易的理解深度等，为每个学生量身定制学习方案。例如，针对数据挖掘技术感兴趣的学生，提供更具挑战性的数据分析项目；对于在国际贸易法规方面表现出色的学生，推荐相关的前沿研究论文和案例分析。通过精准的学习资源推荐，如推送最新的国际数字贸易动态、行业专家解读视频等，从而实现真正意义上的个性化学习。借助智慧教育平台，学生可以随时随地进行在线学习，参与虚拟仿真交易，与智能导师进行互动交流，更好地掌握"国际数字贸易"课程中的复杂概念和实操技能，显著提高学习效果。

2.教学评价的转型升级

大数据与人工智能的融合为"国际数字贸易"课程教学评价的转型提供了强大的动力。在"国际数字贸易"课程中，通过智能学习平台，能够收集多种类型的教学数据，如学生的课堂表现、在线学习时间、作业完成情况、考试成绩等，以及学生在课程平台上的行为数据，如浏览课程资源的频率、参与在线讨论的活跃度等，这些数据丰富了评价数据的来源，使评价结果更加客观、准确。通过对过去、现在和未来的数据总结、驱动和预测，大数据可以帮助"国际数字贸易"课程的教师更好地把握教学方向，例如，分析学生在不同知识点上的掌握程度，了解学生对数字贸易理论、跨境电商操作、国际数字营销等内容的理解情况，从而调整教学内容和方法；激励学生的学习动力，如通过数据反馈让学生了解自己的学习进度和成绩变化，激发他们的学习积极性；优化评价工具，如开发基于大数据的智能测评系统，实现对学生的实时评价和反馈。此外，大数据还能构建个性化的学生数字画像，综合学生的专业成绩、实践能力、创新能力等多维度信息，实现数据关联驱动的增值评价，为"国际数字贸易"课程的教学决策提供科学依据，促进教学质量的提升。

3.因材施教模式的创新

因材施教是教育的核心理念之一，旨在根据学生的天赋和特长进行有针对性的教学。在"国际数字贸易"课程中，人工智能技术的发展为因材施教提供了新的途径和方法。通过建立学习者行为模型和特征模型，深入分析学生在"国际数字贸易"课程中的学习行为和能力水平，人工智能能够准确发现学生的薄弱环节，并生成相应的干预方案和优化策略。例如，对于在数字贸易理论理解上存在困难的学生，系统可以推荐更多的理论讲解视频和案例分析；而对于在实践操作方面表现出色的学生，可以提供更高阶的实践项目和挑战任务。这有助于"国际数字贸易"课程的教师更好地完成"因材"和"施教"的工作，实现从传统的"一刀切"教学模式向个性化、定制化的教学模式转变，培养学生的高阶能力，满足每个学生的学习需求。

（二）教学创新设计

在当今数字化时代，AI技术为"国际数字贸易"教学带来了前所未有的变革机遇。整合多项AI技术，全方位赋能教学过程，旨在培养具有深厚理论基础、卓越实践能力和创新思维的数字贸易专业人才。

1.课前：智能内容构建与学情洞察

自动化课程设计与内容生成：借助 AI 工具，教师输入"国际数字贸易"相关关键词，快速生成涵盖课程大纲、详细讲义和前沿案例分析的课程框架。确保课程内容紧跟数字贸易发展动态，兼具丰富性与时效性。

学情分析与个性化学习规划：利用 AI 分析过往学生学习数据、当前学生入学测试结果等，构建学生学习画像。洞察学生知识基础、学习习惯和理解能力，为每位学生量身定制个性化学习路径，推荐适配的学习资源。

2.课中：多维互动与深度理解

智能答疑与互动教学：课堂上，学生随时可通过 AI 智能答疑系统提出问题，系统利用自然语言处理技术精准理解问题，提供详细解答，并根据学生反馈调整教学重点。教师借助在线学习平台发起投票、抢答等互动活动，激发学生参与热情。

复杂经济模型模拟：运用 AI 技术模拟 DEPA 国际规则、区块链数字身份认证等复杂数字贸易模型。学生输入不同参数值，直观观察模型运行结果的变化，深入理解数字贸易规则、技术应用等对经济的影响机制。

虚拟现实与经济实验：建立数字贸易沙盘实训室，借助虚拟现实技术创建高度仿真的数字贸易环境。学生在虚拟场景中扮演不同贸易角色，开展经济实验。模拟数字贸易壁垒、跨境数据流动等不同情景，深化对"国际数字贸易"理论的理解，提升解决实际问题的能力。

3.课后：数据驱动的巩固与提升

数据驱动的决策支持：AI 收集和分析海量数字贸易数据，为学生提供实时经济指标和市场动态。学生基于这些数据进行作业、项目中的决策分析和预测，培养数据驱动的思维方式。教师根据学生数据分析作业情况，了解学生知识掌握薄弱点。

知识图谱与 AI 大语言模型助力复习：利用知识图谱和 AI 大语言模型整合"国际数字贸易"知识点，构建全面知识网络。学生复习时，AI 根据其学习进度和理解能力提供个性化学习支持，帮助学生巩固知识，查缺补漏。同时，教师借助知识图谱进行教学评估，优化后续教学。

五、教学创新改革措施

以下是一些教学创新改革措施，旨在应对新时代的教育挑战，并利用人机智能等技术提升教学质量：

（一）基于人工智能的个性化学习

1.智能学习平台的构建

开发集成人工智能技术的学习平台，利用大数据分析学生的学习行为、知识掌握程度和学习偏好，为每个学生生成个性化的学习路径和内容推荐。例如，平台可以根据学生的错题记录和学习进度，推送针对性的练习题和讲解视频。

2.自适应教学系统

采用自适应学习技术，根据学生的学习反馈实时调整教学内容的难度和节奏。如果学生在某个知识点上表现出困难，系统可以自动提供更多的辅助材料和练习，反之则可以加速学习进度。

3.虚拟学习助手

为学生配备虚拟学习助手，提供24×7的学习支持。学生可以随时向虚拟助手提问，获得问题解答、学习建议和心理辅导等服务。

（二）大数据赋能的教学评价

1.多维度评价指标体系

构建包含学业成绩、学习过程、学习态度、创新能力等多个维度的评价指标体系，利用大数据分析技术对学生的全面发展进行综合评价。例如，通过分析学生在课堂讨论、小组合作、作业提交等方面的表现，评估其团队协作能力和学习主动性。

2.实时反馈与改进

基于大数据的实时监测，及时向教师和学生反馈教学和学习情况，以便教师调整教学策略，学生改进学习方法。例如，通过课堂即时问答系统的数据分析，教师可以了解学生对知识点的掌握情况，并在下一节课中针对性地进行复习和讲解。

3.预测性评价与干预

利用大数据预测学生的学业发展趋势和潜在问题，提前进行干预和指导。例如，通过对学生历史学习数据的分析，预测其在upcoming考试中的表现，并为可能出现的问题提供预防措施和辅导建议。

（三）因材施教的人才培养模式创新

1.精准教学策略

根据学生的个体差异，制定精准的教学策略。对于学习能力较强的学生，可以提供拓展性的学习任务和研究项目；对于学习困难的学生，可以进行一对一的辅导和个性化的教学计划制订。

2.项目式学习与个性化发展

推行项目式学习，让学生在解决实际问题的过程中培养综合能力和创新思维。根据学生的兴趣和特长，引导他们选择不同的项目主题，并在项目实施过程中提供个性化的指导和支持。

3.跨学科人才培养

打破学科界限，开展跨学科的教学活动和人才培养项目。通过整合不同学科的知识和方法，培养学生的综合素养和解决复杂问题的能力。例如，组织学生进行环境保护项目的实践，涉及生物学、化学、地理等多个学科的知识和技能。

（四）提升教师信息素养与教学能力

1.信息素养培训体系

建立系统的教师信息素养培训体系，包括信息技术基础知识、人工智能教育应用、数据分析与处理等方面的内容。通过线上线下相结合的培训方式，提高教师对信息技术的掌握和应用能力。

2.教学能力提升计划

制订针对不同学科和教学阶段的教师教学能力提升计划，组织开展教学观摩、教学比赛、教学研讨等活动，促进教师之间的经验交流和分享，不断提升教师的教学水平。

3.教师专业发展社区

构建教师专业发展社区，利用在线平台和社交媒体等工具，促进教师之间的沟通与协作。教师可以在社区中分享教学资源、交流教学心得、讨论教学问题，共同探索教学创新的方法和途径。

（五）教育生态的重构与优化

1.创新驱动的教育环境建设

营造创新、开放、共享的教育生态环境，鼓励教师和学生进行教学创新和实践探索。加强学校与企业、科研机构的合作，引入社会资源和先进技术，为教育改革提供支持和保障。

2.教育管理模式创新

推进教育管理的信息化和智能化，利用人工智能和大数据技术提高教育决策的科学性和精准度。建立灵活多样的教学管理制度，为教学创新提供制度保障和空间。

3.教育服务质量提升

关注学生的个性化需求，提供全方位、多层次的教育服务。加强学生心理健康教育、职业规划指导、创新创业教育等方面的工作，促进学生的全面发展和成长成才。

六、教学创新成效

随着时代的发展和科技的进步，教学创新改革措施在教育领域中得到了广泛的应用和实践。这些改革措施旨在提高教学质量、激发学生的学习兴趣和潜力、培养学生的创新思维和实践能力。以下是一些教学创新改革措施的具体成效：

（一）学生学习成效

1.学习兴趣的提升

创新教学方法如项目式学习、跨学科教学等，使学习内容更加贴近实际生活，激发了学生的好奇心和探索欲。例如，在环境保护项目中，学生通过实地考察、数据收集与分析，制订保护方案，过程中不仅掌握了多学科知识，更培养了对现实问题的关心和解决能力，学习动力显著增强。

2.学习效率的提高

基于人工智能的个性化学习，能够根据学生的学习进度和掌握情况，精准推送学习资源，使学生在学习过程中少走弯路。比如，智能学习平台通过分析学生的错题记录，为其推荐针对性的练习题和讲解视频，帮助学生快速攻克难点，节省学习时间，提高学习效率。

3.自主学习能力的增强

虚拟学习助手等工具为学生提供了便捷的学习支持，使学生能够随时随地进行学习和解决问题。长此以往，学生逐渐养成自主安排学习任务、主动探索知识的习惯，自主学习能力得到显著提升。例如，在完成作业时，遇到难题，学生不再第一时间寻求他人的帮助，而是先独立思考，然后通过虚拟助手或自主查阅资料等途径解决问题。

4.知识掌握的深度和广度提升

创新教学模式注重知识的综合运用和拓展，而非局限于教材内容。学生通过项目实践、跨学科学习等方式，将不同学科的知识融会贯通，加深了对知识的理解和掌握。以人工智能教育为例，学生在学习过程中不仅要掌握基本的编程知识和算法原理，还要了解其在各个领域的实际应用，拓宽了知识面。

（二）教师发展成效

1.教学能力的提升

教师通过参与教学观摩、教学比赛、教学研讨等活动，不断学习和交流，吸收新的教学理念和方法，从而提升自己的教学能力。例如，在教学观摩活动中，教师可以学习到同行的优秀教学经验，将其应用到自己的教学实践中，改进教学方法，提高教学质量。

2.信息素养的提高

随着信息技术在教学中的广泛应用，教师通过参加信息素养培训和实践活动，熟练掌握了各种教学软件和工具的使用方法，能够灵活运用信息技术进行教学设计和教学管理。比如，在使用智能教学平台时，教师可以熟练地创建课程、布置作业、分析学生学习数据，从而更好地开展教学活动。

3.专业发展的加速

创新教学改革为教师提供了更多的专业发展机会和平台。教师在参与教学改革的过程中，不断探索和实践，形成自己的教学特色和风格，促进了专业成长。例如，一些教师在开展项目式学习的过程中，不断总结经验，撰写教学论文和教学案例，提升了在教育领域的知名度和影响力。

七、结论

数智赋能"国际数字贸易"课程的教学创新改革与实践，通过智能技术手段重构教学场景、优化课程内容、创新教学模式，成功应对了数字贸易快速发展的挑战，有效弥合了教育供给与产业需求的错配。改革构建起"AI+人文"双轨育人模式，不仅显著提升了学生的学习兴趣、效率及自主学习能力，还切实增强了他们的实践操作、问题解决与创新思维素养，为学生未来职业发展筑牢根基。同时，教师的教学能力、信息素养和专业水平也在改革进程中得到全面提升，为教育质量的整体提升提供了有力保障。在更宏观的层面，此次教学改革为我国国际贸易教育的数字化转型树立了标杆，为培养适应时代需求的复合型国际贸易人才提供了可复制、可推广的实践经验，有力推动了我国向数字贸易强国迈进的步伐。未来，随着技术的不断迭代和教育理念的持续创新，这一改革模式有望在更广泛的教育领域开花结果，为全球数字贸易教育发展贡献中国智慧。

编写人："国际数字贸易"课程教学团队

"宏观经济学"课程教学数字化改革与实践

一、课程简介

"宏观经济学"是我校国际经济与贸易专业（省级一流专业）、市场营销专业（省级一流专业）的专业基础课程，2学分、32学时，面向本科一年级学生开设，起着筑牢理论基石、奠定专业根基的重要作用。本课程具有数据迭代、热点驱动、中国化应用三大特征。十年来，课程团队坚持探索数字化教学改革，实现了"技术–资源–教研–示范"持续内涵式发展（如图1所示），并取得了丰硕成果。

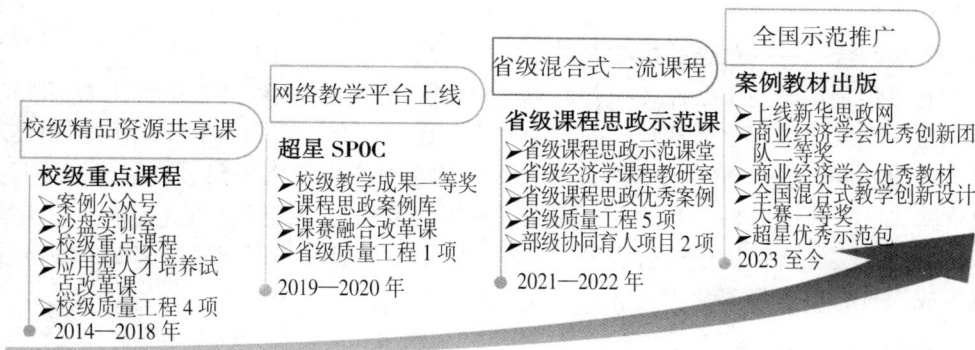

全国示范推广
案例教材出版

省级混合式一流课程

网络教学平台上线

校级精品资源共享课

校级重点课程
➤案例公众号
➤沙盘实训室
➤校级重点课程
➤应用型人才培养试
 点改革课
➤校级质量工程4项
2014—2018年

超星SPOC
➤校级教学成果一等奖
➤课程思政案例库
➤课赛融合改革课
➤省级质量工程1项
2019—2020年

省级课程思政示范课
➤省级课程思政示范课堂
➤省级经济学课程教研室
➤省级课程思政优秀案例
➤省级质量工程5项
➤部级协同育人项目2项
2021—2022年

➤上线新华思政网
➤商业经济学会优秀创新团
 队三等奖
➤商业经济学会优秀教材
➤全国混合式教学创新设计
 大赛一等奖
➤超星优秀示范包
2023至今

图1　"宏观经济学"课程发展历程图

二、课程的教学理念和教学目标

（一）教学理念

根据教育部2019年发布的《关于一流本科课程建设的实施意见》中"两性一度"（高阶性、创新性、挑战度）金课建设标准和2020年发布的《高等学校课程思政建设指导纲要》中课程思政建设的要求，结合区域经济发展的实际需求和我校高水平应用型本科的办学定位以及经济管理类专业的培养目标，本课程团队确定了"宏观经济学"课程的教学理念：育人为本、数智赋能、知行合一。

1.育人为本——教学的核心导向

教育的根本目的在于培养全面发展的人才。在教学过程中，本课程团队始终将学生的全面发展放在首位，注重培养学生的独立思考、创新能力和社会责任感。作为一门经济管理类基础课程，"宏观经济学"的教学应引导学生理解经济政策的逻辑，培养学生解决实际经济问题的能力和服务社会的意识，尤其是在中国经济转型升级的背景下，要把学生培养成为具备全球视野和本土实践能力的应用型人才。

2.数智赋能——增效的关键所在

通过信息技术手段提升教学效果，实现智慧教育。本课程团队利用在线学习平台、经济学虚拟仿真实验室和大数据工具，开展线上线下混合式教学，使学生能灵活安排学习进度、模拟经济情境、直观理解宏观经济数据和政策。信息技术的引入增强了师生互动和学生的课堂参与感，激发了学生的学习动力，实现了个性化的教学目标。

3.知行合———创新的内在要求

通过强调理论与实践深度融合，本课程团队帮助学生将经济理论转化为实际应用能力，不仅要求学生掌握扎实的理论知识，还强调在真实的经济环境中运用所学知识解决实际问题。在"宏观经济学"课程的学习中，学生不仅要理解经济增长、通货膨胀和失业率等核心概念，还要通过模拟政策制定、数据分析等实践活动，掌握如何在真实经济情境中进行决策，使学生在毕业后能更快适应复杂多变的经济环境，成为具有理论素养和实践能力的高素质人才。

（二）教学目标

结合区域人才需求、学校"高水平应用型大学"的办学定位和专业人才培养目标，本课程团队制定了"宏观经济学"课程三维教学目标，致力于培养"高经济素养、厚理论基础、强应用能力"的新时代经济发展所需要的高素质应用型商科人才。

知识目标：
- 能识别和计算GDP、CPI、失业率、汇率等宏观经济指标；
- 能掌握宏观经济运行的基本原理，理解经济变量之间的相互关系；
- 能识别宏观经济政策的目标和主要工具，理解政策对经济的影响机制；
- 能认知不同经济思想流派在"宏观经济学"中的观点和贡献，了解"宏观经济学"的前沿动态。

能力目标：

· 能运用信息技术手段收集和分析宏观经济数据；

· 能运用宏观经济理论分析实际经济问题；

· 能借助宏观经济模型进行经济分析和预测，为经济决策提供依据；

· 具有批判性思维，能创新性评价不同经济主张并提出自己的见解。

素质目标：

· 能认同国家经济发展战略，对中国经济形成"我信、我知、我行"的坚定信念；

· 培养科学、创新和人文精神，塑造爱国、励志、求真、力行的优秀品质；

· 形成终身学习习惯，不断更新知识，适应经济领域的快速变化，提升对经济现象的敏感性和洞察力。

三、课程内容重构

为了满足"新文科"的发展需求，立足教学目标，本课程团队构建了涵盖"宏观经济指标-宏观经济模型-宏观经济运行-宏观经济政策-流派与前沿"的五大内容模块（如图2所示）。这五大内容模块紧密结合经济学的学科特性，不仅注重理论的逻辑性和系统性，而且强调与中国宏观经济实践的紧密结合，同时突出粤港澳大湾区经济实践；持续引入最新的经济数据，深入挖掘现实经济生活中的关键问题，积极探讨当前最热门的经济事件，融合最前沿的学术研究成果。教学内容设计既保证了知识的连贯性和时效性，又突出了实践应用和中国特色的重要性，确保教学内容始终与时俱进，反映时代特征。

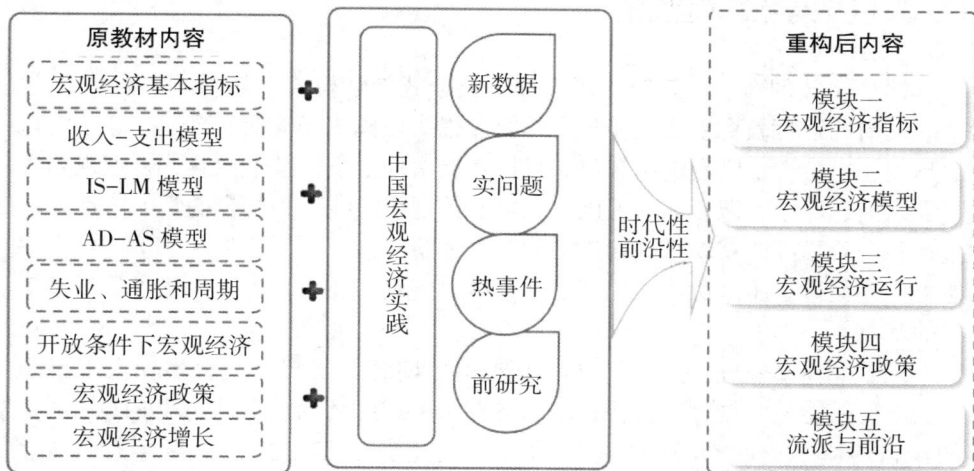

图2 "宏观经济学"教学内容重构

从这五大内容模块出发，通过挖掘"宏观经济学"中的价值观，形成了八大思政元素，坚持"爱党-爱国-爱社会主义"的情感主线，结合中国经济发展实际与战略方针，精选中国经济故事作为思政载体，形成了课程思政内容体系（如图3所示）。本课程团队切实将思政教育深度融入教学，最终实现学生"知中国经济、信中国经济、建中国经济"的育人目标，培养具有高尚品德、深厚经济学素养和创新能力的新时代应用型商科人才。

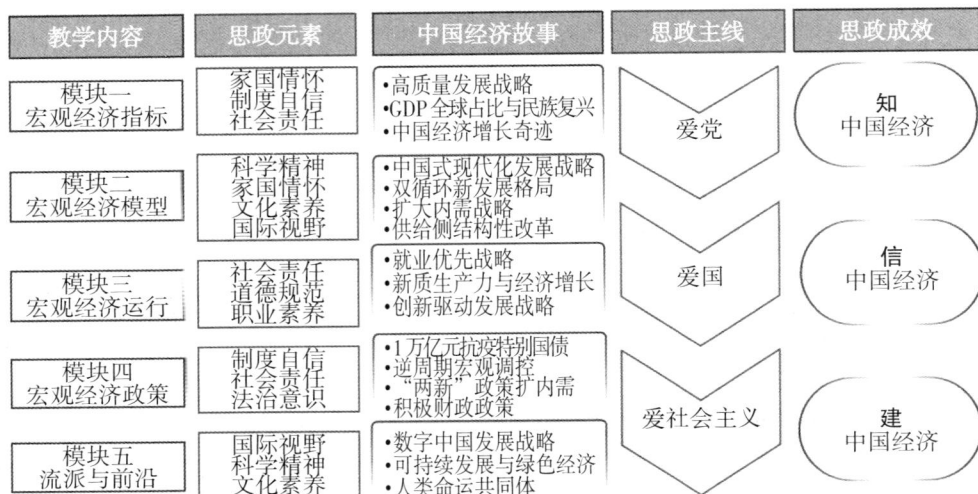

教学内容	思政元素	中国经济故事	思政主线	思政成效
模块一 宏观经济指标	家国情怀 制度自信 社会责任	·高质量发展战略 ·GDP全球占比与民族复兴 ·中国经济增长奇迹	爱党	知 中国经济
模块二 宏观经济模型	科学精神 家国情怀 文化素养 国际视野	·中国式现代化发展战略 ·双循环新发展格局 ·扩大内需战略 ·供给侧结构性改革		
模块三 宏观经济运行	社会责任 道德规范 职业素养	·就业优先战略 ·新质生产力与经济增长 ·创新驱动发展战略	爱国	信 中国经济
模块四 宏观经济政策	制度自信 社会责任 法治意识	·1万亿元抗疫特别国债 ·逆周期宏观调控 ·"两新"政策扩内需 ·积极财政政策	爱社会主义	建 中国经济
模块五 流派与前沿	国际视野 科学精神 文化素养	·数字中国发展战略 ·可持续发展与绿色经济 ·人类命运共同体		

图3 "宏观经济学"课程思政内容体系

四、课程教学模式创新

本课程团队创新了"三阶六层八环"混合式教学模式（如图4所示），以学生为中心，借助智慧教育手段赋能整个学习过程。该模式涵盖课前自学、课中内化和课后拓展三个阶段，紧密围绕布鲁姆目标六层次理论重构教学内容，合理规划线上线下、课前、课中、课后的学习内容，精心策划线上线下相结合的学习活动，确保学生在各个阶段都能获得系统而连贯的学习体验。该模式不仅强化了学生自主学习的能力，还促进了团队协作，提高了学生解决问题的能力，为学生终身学习奠定了坚实的基础。

本课程团队依托上述模式，充分把握数字时代的契机，整合多项人工智能技术，全方位赋能教学全过程，旨在培养具有深厚理论基础、卓越实践能力和创新思维的经济专业人才，实现AI智导的"宏观经济学"智慧教学新生态（如图5所示）。

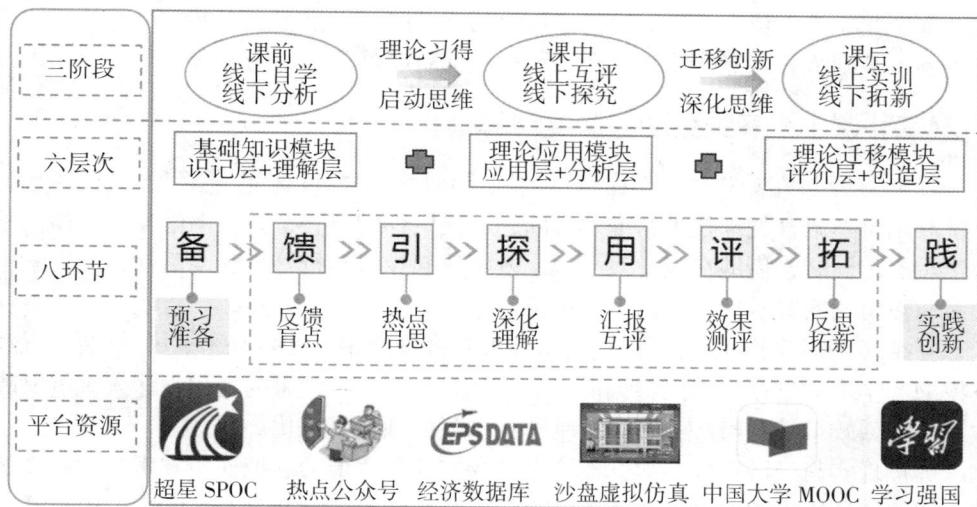

图4　"三阶六层八环"混合式教学模式

图5　AI智导的"宏观经济学"智慧教学新生态

（一）课前：智能内容构建与学情洞察

自动化课程设计与内容生成：借助AI工具，如DeepSeek的自动化内容生成功能，教师只需输入"宏观经济学"相关关键词，便能快速生成涵盖课程大纲、详细讲义和前沿案例分析的课程框架。这不仅大幅节省了备课时间，还能确保课程内容紧跟经济发展动态，兼具丰富性与时效性。

学情分析与个性化学习规划：利用AI分析过往学生的学习数据、当前学生的入学测试结果等，构建学生学习画像，了解学生的知识基础、学习习惯和理解能力。基于此，为每位学生量身定制个性化的学习路径，推荐适配的学习资源，如预习视频、基础练习题等，让学生在课程开始前就明确学习方向。

（二）课中：多维互动与深度理解

智能答疑与互动教学：课堂上，学生随时可通过 AI 智能答疑系统提出问题，系统利用自然语言处理技术精准理解问题，提供详细解答，并根据学生的反馈调整教学重点。同时，借助在线学习平台，教师发起投票、抢答等互动活动，激发学生的参与热情，实时掌握学生的学习情况。

复杂经济模型模拟：运用 AI 技术模拟 IS-LM 模型、AD-AS 模型等复杂宏观经济模型。学生通过输入不同参数值，直观观察模型运行结果的变化，深入理解财政政策、货币政策等对经济的影响机制，将抽象的理论具象化。

虚拟现实与经济实验：建立经济学沙盘实训室，借助虚拟现实技术，创建高度仿真的经济环境，学生在虚拟场景中扮演不同经济角色，开展经济实验；模拟经济危机、经济繁荣等不同情境，让学生在实践中深化对"宏观经济学"理论的理解，提升解决实际问题的能力。

（三）课后：数据驱动的巩固与提升

数据驱动的决策支持：运用 AI 收集和分析海量经济数据，为学生提供实时经济指标和市场动态。学生基于这些数据完成作业，进行项目中的决策分析和预测，培养数据驱动思维方式，提升实际操作能力。教师也可以根据学生数据分析作业情况，了解学生知识掌握的薄弱点。

知识图谱与 AI 大语言模型助力复习：利用知识图谱和 AI 大语言模型整合"宏观经济学"知识点，构建全面的知识网络。学生在复习时，AI 根据其学习进度和理解能力提供个性化学习支持，如总结重点、推荐拓展阅读资料等，帮助学生巩固知识，查缺补漏。同时，教师借助知识图谱进行教学评估，优化后续教学环节。

五、课程数字资源建设

（一）打造超星 SPOC 课程资源

1. 授课视频资源库

在当今追求高效教学与深度学习的背景下，"宏观经济学"作为一门内容丰富、理论深厚的课程，面临着课堂时间有限与知识传授充分的双重挑战。为了破解此难题，本课程团队构建了"宏观经济学"微课视频库，包括82个微课视频，其核心目的在于通过数字化手段优化学习路径，将基础理论、核心概念及易自学知识以短视频形式置于课前和课后，让学生在预习阶段即获得初步理解，课后进行选学拓展，有效利用碎片时间；同时，为课堂讨论与深入探究腾出宝贵时间，实现教学资源的优化配置与学生学习效率的提升。

2.思政案例库

针对"宏观经济学"教学中的理论与实践脱节、解决问题能力欠缺及思政教育融合不足等问题，本课程团队构建了深度融合宏观经济理论与实际应用、紧跟时代步伐并精选职业相关案例的特色思政案例库，包括100多个思政案例。该案例库不仅强化了理论与实践的结合，拓宽了学生的国际视野，还深度融合了思政教育，提升了学生的专业素养与国家认同感，让思政教育在"宏观经济学"课程中真正落地生根，实现了知识传授与价值引领的有机统一，促使学生将思政理念内化于心、外化于行。

3.习题资源库

针对学生在"宏观经济学"的学习中理论掌握不牢、实践能力弱以及学习资源匮乏等问题，本课程团队精心构建了"宏观经济学"习题资源库，包括练习题1 826道，全面覆盖核心知识点，融入最新数据与政策分析，设计多样化，并且跨学科，强化了学生的理论掌握与实际应用能力，激发了学生的学习兴趣，培养了学生的创新思维，为学生未来的职业生涯奠定了坚实的基础。

4.中国化应用资源库

针对学生在"宏观经济学"的学习中对中国经济现实理解不足、缺乏本土应用视角及优质资源整合度低等问题，本课程团队全力打造了中国化应用资源库。该资源库搜集了各类财经新闻与学术文献等资源（超过100项），涵盖中国经济发展的各个领域与阶段。该资源库既包括对中国宏观经济政策的深度解读，又有对本土企业经济行为的案例分析；既呈现了学术界关于中国经济问题的前沿研究成果，又整合了实际经济运行中的生动数据与案例。通过这些丰富的资源，学生可以深入了解中国宏观经济的实际运行情况，增强对中国经济的认识与理解，培养学生运用在"宏观经济学"课程中学到的理论分析中国经济问题的能力，为学生在未来参与中国经济建设提供有力的知识支撑与应用视角。

5.成果共享资源库

本课程团队倡导师生之间共建共享理念，让每个人都成为资源库的贡献者和受益者，形成积极向上的学习氛围和团队精神；鼓励学生积极参与资源的创建和整理，如分享自己的学习笔记、解题经验、项目作品等。学生通过自己的视角和经历，不断增添新的活力和创意，构建了"丰富性、针对性、互动性"成果共享资源库，包括多类学习资源（超200多项）。

（二）自建经济学沙盘实训室

本课程团队开展以赛促学，强化实践教学，突出应用型人才培养特色。通过经济学沙盘仿真软件，直观呈现抽象的经济概念、模拟经济运行，提升学生对知识的理解，培养学生的经济决策、经济数据分析和团队协作能力。

（三）自创经济热点公众号

除了建立课程微信群、QQ群等，方便学生交流与提问外，本课程团队还自创了经济热点公众号，分享与课程相关的新闻、案例、学术动态等，通过热点驱动，激发学生的学习兴趣。

（四）整合经济数据可视化资源

在数字经济时代，数字素养已成为新商科人才不可或缺的核心素养。本课程团队构建了涵盖官方统计机构、专业研究机构、国际经济组织以及其他数据来源的经济数据可视化平台，能够为教学提供全面、权威、及时的宏观经济数据。将实时且鲜活的经济数据引入教学中，可以培养学生收集、处理和分析数据的能力，培养学生作为经管类人才所必备的运用数据进行决策的能力，进而有效提升学生的数字素养。

- 国家统计局：https：//www.stats.gov.cn/
- 地方统计局：http：//stats.gd.gov.cn/（以广东省为例）
- 国研网：http：//company.drcnet.com.cn/
- 海关统计数据在线查询平台：http：//stats.customs.gov.cn/
- 联合国统计司：https：//unstats.un.org/UNSDWebsite/
- 世界贸易组织：https：//www.wto.org/
- EPS数据平台：https：//www.epsnet.com.cn/index.html

（五）引进中国大学MOOC公共资源

本课程团队精选了三门"中国大学MOOC"在线学习平台的"宏观经济学"课程资源，让学生根据自己的兴趣和需求进行拓展学习（如图6所示）。

国家级精品课:	省级精品课:	国家级精品课:
宏观经济学	西方经济学原理（宏观篇）	宏观经济学
曾志远　西南财经大学	朱一鸿　宁波大学	唐遥　北京大学
（深化理解）	（强化逻辑）	（启迪智慧）

图6　三门"中国大学MOOC"在线学习平台的"宏观经济学"课程资源

六、课程教学方法革新

（一）案例教学法

本课程团队搜集国内外经济领域的实际案例，如金融危机、经济政策调整、宏观经济数据变化等，通过对案例的分析和讨论，帮助学生理解"宏观经济学"的理论、概念和实际应用。例如，在讲解货币政策时，我们以美联储的加息政策为例，分析其对全球经济的影响。此外，我们组织学生进行小组案例分析，让他们在合作中提高分析问题和解决问题的能力。每个小组可以选择一个案例进行深入研究，并在课堂上进行汇报和交流。

（二）体验式教学法

本课程团队坚持"寓德于教、寓乐于教、以赛促教、以器兴教"，在教学手段的呈现上重体验、重实践、学思结合，充分运用信息技术，在线上线下、校内校外，通过文字、图表、音频、视频、图片所营造的多元情景与查、做、演、赛、进、论等多种手段灵活搭配，提供给学生丰富多彩的学习体验。

（三）问题导向教学法

教师在课堂上提出一系列具有启发性的问题，引导学生思考和讨论。例如，"什么是 GDP？它是如何计算的？""通货膨胀对经济有哪些影响？"等问题可以激发学生的学习兴趣，促使他们主动探索知识。我们鼓励学生提出自己的问题，教师进行解答和引导，从而形成了良好的互动氛围。

（四）实验教学法

本课程团队借助经济学沙盘模拟软件，让学生进行宏观经济实验。例如，通过模拟货币政策的调整，让学生观察经济变量的变化情况，帮助学生理解宏观经济政策的作用机制；组织学生进行实地调研和数据分析，让他们自己发现宏观经济现象，提高他们的实践能力和数据分析能力。同时，我们鼓励学生参加校外经济学综合博弈比赛，使课程资源实现课内课外、校内校外融合，让经济学理论走出课堂，提升学生的职业素养，激励学生努力探索，增加了挑战度。

七、课程教学评价改革

评价环节多重：线上线下评价相结合，过程性评价、终结性评价和增值性评价相结合；强调过程性评价，将处处激励落到实处。

评价标准多样：针对不同环节细化评价标准，制定了线上学习量表、课堂表现量表、论文评分标准和考试评分标准四大评价标准。多样的评价标准规避了偶然性因素，突出 OBE 理念。

评价主体多元：以产出标准为导向，以评价标准为纲领，结合评价环节的特点，引入平台、学生、教师多个主体，做到评价客观、全面、易测、可回溯。

评价方式多：灵活运用平台评价、AI 智评、师生互评、生生互评和教师评价多种方式，实时反馈，提升了学生的学习兴趣（如图 7 所示）。

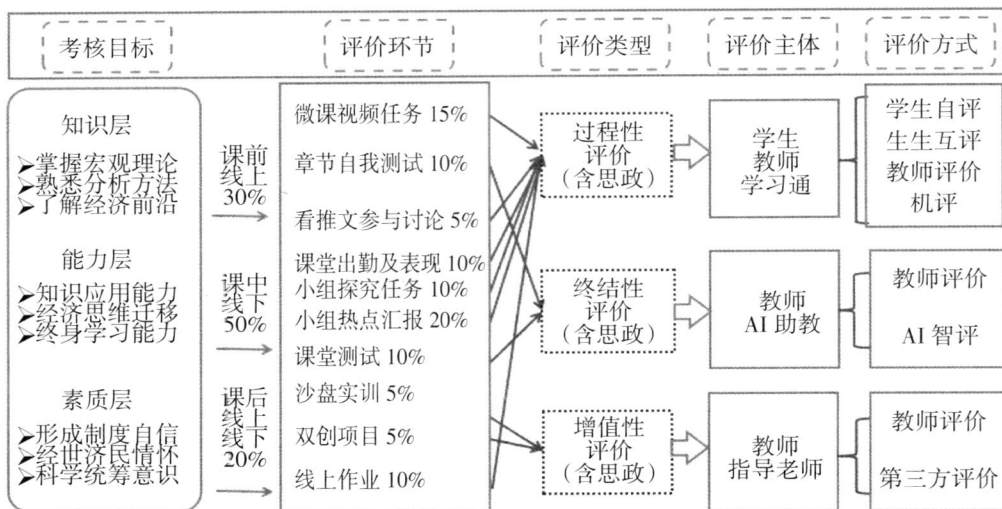

图 7　"宏观经济学"课程评价体系

八、课程改革成效

（一）教学效果显著提升

成绩进步显著：在"宏观经济学"教学中，智能辅导系统依托强大的AI算法，能精准识别学生的知识薄弱点，为其推送有针对性的学习资料与练习题。例如，当学生在 IS-LM 模型的学习中出现理解偏差时，系统会自动推送相关的讲解视频、案例分析以及强化练习题，帮助学生巩固知识。已有数据显示，实施教学创新改革后，学生在"宏观经济学"课程的期末考试中，平均成绩较之前有了显著提升，在线测验的正确率也提升了近21%。在热点分享中，学生能够运用所学理论深入分析实际经济问题，充分体现出学生对理论知识的掌握更加扎实了，实际应用能力也显著增强。

学习兴趣大幅提升：互动式教学借助在线讨论区、小组抢答等功能，让课堂氛围活跃起来。比如，在讲解财政政策时，教师抛出"某地区经济衰退时应如何制定财政政策"的问题，学生在讨论区各抒己见，展开激烈辩论。虚拟实验室则为学生提供了模拟真实经济环境的机会，学生可以在其中自主操作，观察不同经济变量的变化。据统计，最近一学年，参与课堂讨论的学生比例从之前的38.7%提升至85.6%，主动参与项目合作的学生人数增加了23.1%。这充分表明学生的学习兴趣被极大地激发了。

（二）学生学习体验优化

个性化学习：智能辅导系统与在线学习平台深度融合，通过收集学生的学习行为数据，如学习时长、答题准确率、访问学习资料的频率等，为每位学生构建学习画像。依据学习画像，平台为学生推荐个性化的学习路径，无论是基础薄弱的学生复习基础知识，还是学有余力的学生拓展高阶知识，他们都能得到精准的学习内容推送。学生可以根据自己的时间安排，随时随地在平台上学习，自主把控学习进度，学习效率大幅提高。调查显示，超过88.5%的学生认为个性化学习功能对自己的帮助很大，他们学习的自主性和积极性明显增强。

即时反馈与支持：虚拟助教利用自然语言处理技术，能够秒级响应学生的提问，无论是对某个经济概念的疑惑，还是对练习题的解答需求，都能迅速给出准确、清晰的回答。在线学习平台的作业提交和批改功能也能即时反馈学生的作业情况，指出错误原因并提供改进建议。学生在学习过程中遇到问题时不需要等待，立即就能得到解决，极大提升了学生的学习效率，学生的学习满意度也大大提升。

（三）学生能力全面提升

数据分析能力增强：在虚拟实验室中，学生可以接触大量的宏观经济数据，如 GDP、通货膨胀率、失业率等。通过经济学沙盘模拟软件，学生可以运用数据分析工具，对这些数据进行清洗、整理和分析，构建经济预测模型。例如，在"预测某国未来一年 GDP 增长趋势"项目中，学生需要收集历史数据，运用时间序列分析方法进行建模和预测。经过多次实践，学生能够熟练运用数据分析工具，数据分析能力得到显著提升。我们的学生连续参加了七次全国经济学博弈大赛，成绩斐然，共获得全国一等奖 10 项。

批判性思维养成：在课堂讨论中，教师会引入不同经济学家对同一经济问题的不同观点，引导学生进行分析和评价。在模拟决策场景中，学生需要站在不同经济主体的角度，思考并制定政策，同时评估政策的优缺点。比如，在模拟政府应对通货膨胀的决策场景中，学生需要分析不同政策的效果和影响，权衡利弊后提出自己的政策建议。通过这些活动，学生逐渐养成了批判性思维，能够独立思考经济问题，对不同的经济理论和政策进行客观评价；在线上研讨中，能够提出创新性观点的学生比例也明显提升。

团队合作精神增强：在小组学习中，学生以小组形式完成复杂的经济分析项目，如"某区域产业结构调整的经济影响分析"。小组成员需要分工合作，有人负责数据收集，有人负责数据分析，有人负责撰写报告。通过合作，学生学会了倾听他人的意见，发挥各自的优势，团队合作精神得到极大增强，项目的完成质量也显著提高。学生参加大创项目的积极性逐年增强，立项数量也逐年增加，本课程团队目前指导校级及以上大创项目 20 余项，指导学生发表学术论文 30 多篇。

（四）团队教学成果丰硕

本课程团队中，先后有 4 人次获得校级"我最喜爱的老师"称号，评教排名位于学校前 4%；先后获得省级创新大赛、省级青教赛、校级教学名师等教学类奖项 50 余项。本课程建设成果显著，先后获得省级混合式一流课程、省级课程思政示范课程，入选省级课程思政优秀案例等 16 项荣誉。本课程教学经验辐射广泛，我们在校内开展了多种形式的示范推广，参与教师累计达 8 000 多人次；在校外辐射中，我们通过期刊进行推广，本课程团队公开发表教改论文 10 余篇；课程上线新华思政网，浏览量突破 1.4 万人次。本课程团队在学银在线的示范教学包被 50 多所院校引用 160 余次，辐射近万人次。本课程团队多次应邀在省级和国家级会议上分享教学经验，本课程还是省级课程思政优秀展播课。

编写人："宏观经济学"课程教学团队

"世界经济"课程教学数字化改革与实践

一、课程简介

"世界经济"是广东省一流专业建设点、省级特色专业国际经济与贸易专业的核心课程，也是我校国际经济与贸易专业的基础课、校级一流课程。该门课程共计2学分、32课时，面向本科二、三年级学生开设。该门课程的建设定位明确，就是引导学生构建完整的与国际贸易相关的世界经济市场结构、运行机制、交易制度、发展趋势、国家/地区经济体制特征、资源分布、利益分配格局、国际经济运行规则和惯例理论知识体系，培养学生全球视野和从世界视角认识经济现象与问题的思维方式。"世界经济"课程自2016年开始建设，于2021年开始进行基于数字化的混合式教学探索，目前已取得丰富的教改成果。"世界经济"课程主要经历了以下几个改革阶段（如图1所示）：

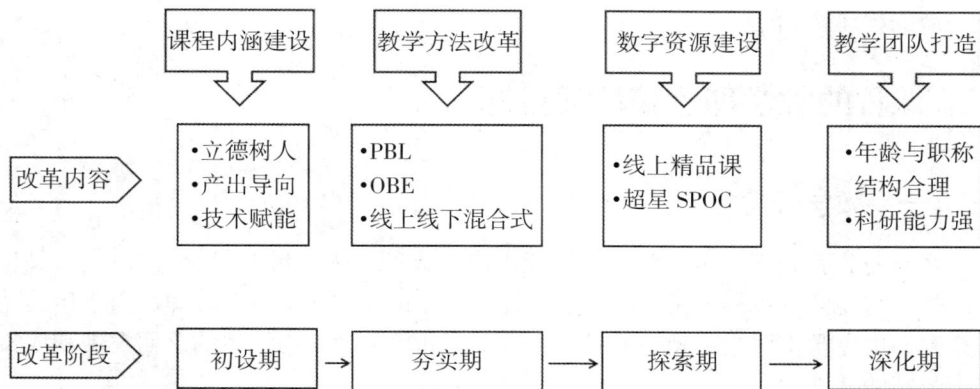

图1　"世界经济"课程教学改革阶段

（一）课程内涵建设阶段

根据应用型人才培养定位，立足区域经济，以提高学生实践应用能力为核心构建课程内容和知识体系。本课程秉承"立德树人、产出导向、技术赋能"的先进理念，先后经历了初设、夯实、探索、深化四个课程建设阶段，充分挖掘了课程内涵。

（二）教学方法改革阶段

本课程设立之初，教学过程以教师讲授为主，辅以课程提问等方式，学生的学习方式单一。随着课程教学改革从线下走到线上，本课程持续改进，不断升级，突出了学生由"被动"到"主动"的学习转变，并以多种数字化技术辅助教学。我们运用 PBL、OBE、"双驱动"等教学方法，持续改进教学手段，获得了良好的教学效果，提高了教学质量。

（三）数字资源建设阶段

我们在线下打造了校级重点课程，搭建了应用型人才培养课程平台；在线上建设了在线开放课程、超星 SPOC。其中，超星 SPOC 在充分发挥国家优质课程示范包优势的同时，也突出了资源建设上的应用型人才培养特色，为混合式教学奠定了坚实的基础，涵盖专业面比较广。

（四）教学团队打造阶段

我们组建了一支成长迅速、年龄和职称结构合理、教学科研能力不断增强的团队，形成了丰富的教学科研成果。团队成员近年来主持省级教改项目 1 项、校级一流课程 1 门、校级教改项目 1 项，总经费超过 13 万元；发表教改论文 2 篇，参与省级一流课程建设 2 门。

二、课程的教学理念和教学目标

（一）教学理念

在新时代背景下，本课程教学紧紧围绕"立德树人"展开。"立德树人"是教育的初心与使命，我们不仅要向学生传授专业知识与技能，更要着力培养学生的品德修养，引导学生树立正确的世界观、人生观和价值观，为学生的全面发展和成长奠定坚实的基础。

以"产出导向、技术赋能"为价值引领，我们构建起新时代人才培养的创新范式。"产出导向"聚焦知识与实践的深度融合，强调以解决产业实际问题为教学基点，通过项目化教学、案例化实践等模式，培养学生将理论转化为生产力的核心能力，形成问题导向思维、系统设计能力和创新实践素养。"技术赋能"立足数字化转型趋势，构建数字教育生态体系，依托虚拟仿真、大数据分析、智能实训平台等技术手段，重塑教学形态，着力培养数字工匠精神、智能工具应用能力和技术迭代适应力，使学生成为驱动产业升级的技术中坚力量。两维价值相辅相成，既注重培养解决复杂问题的实践智慧，又强调掌握先进技术的赋能手段，最终实现人才供给链与产业需求链的精准对接，为服务制造强国战略、推动数字化转型提供可持续的智力支撑。

本课程致力于奠定理论基础，提升经济素养，培养经世济民的应用型人才。本课程团队盯住"国标"与粤港澳大湾区人才需求，以培养世界经济思维为核心，以提升职业能力为主线，深入推动"三位一体"教学目标实现（如图2所示）。

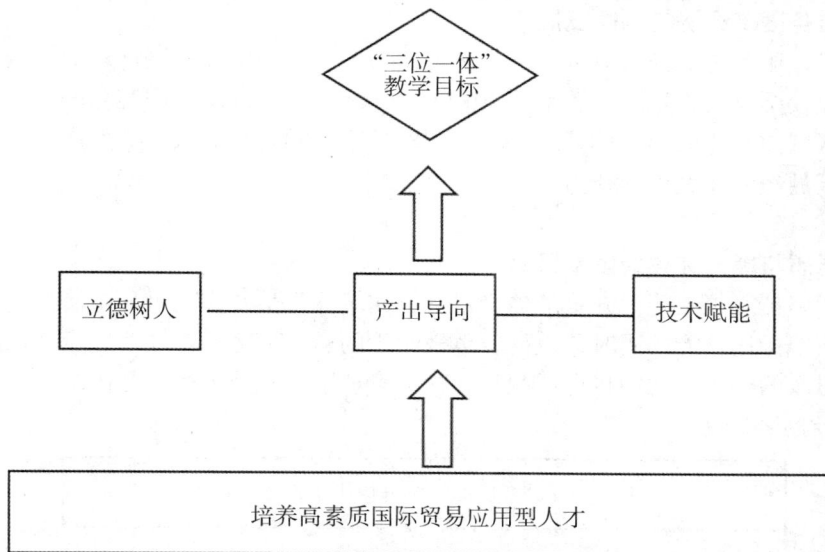

图2 "世界经济"课程教学理念

（二）教学目标

1.精准锚定学科领域与人才培养需求

本课程精准锚定世界经济领域，深度洞察该领域对于专业人才的迫切需求与独特要求，致力于培养具有全球视野、扎实理论基础和实践能力的高素质应用型人才。本课程旨在为各类国际经济主体（如跨国公司、国际组织、政府部门等）输送适配的优质人力资源，助力其在全球化背景下应对复杂多变的经济环境。

2.多学科融合的先进理念

本课程秉持多学科相融的先进理念，打破学科之间的壁垒，有机融合经济学、国际关系学、政治学、统计学、地理学、管理学等多学科知识。通过跨学科教学设计，引导学生从不同视角分析和解决世界经济中的实际问题，培养学生的跨界思维和综合素养。

3.教学方法与实践导向

在教学过程中，我们注重理论与实践相结合，通过案例分析、模拟国际谈判、政策解读等方式，帮助学生掌握世界经济运行规律和国际经济规则，鼓励学生参与国际经济研究项目、实习实践和国际交流活动，提升学生分析问题、解决问题的能力。

4.服务区域经济与国家发展

我们以服务粤港澳大湾区经济建设为使命，紧密围绕区域经济产业结构和发展特色，以及国家的宏观经济政策和战略布局，调整和优化课程内容与教学方式，深入了解区域内企业的国际化需求，与企业建立紧密的合作关系，开发产学研合作项目，为区域经济发展提供智力支持。

5.思想与能力并重的多维目标

我们坚持思想与能力并重的多维目标，在培养学生扎实的世界经济理论基础和较强的实践操作技能的同时，也高度重视学生的思想道德教育和职业素养培养。通过课程思政的融入，我们将全球视野、社会责任感、职业道德、爱国情怀等思政元素贯穿于教学全过程（如图3所示）。

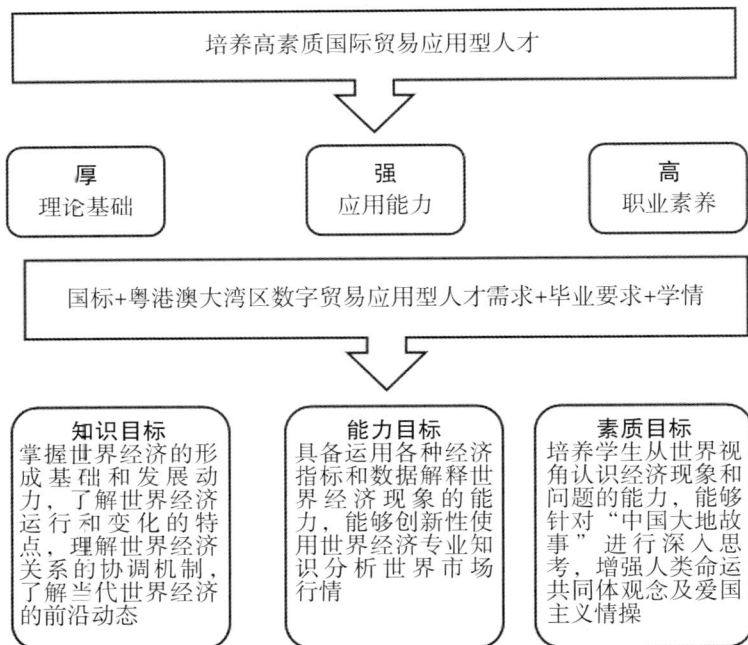

图3 "世界经济"课程教学目标

三、课程内容

在"世界经济"课程教学改革与创新实践中，我们紧密对接全球化发展格局与数字经济变革趋势，着力构建"格局认知+理论建构+分析能力+战略创新"的四维融合体系。

以格局认知为先导，将人类命运共同体理念、全球经济治理观等思政要素深度融入本课程，通过解析共建"一带一路"倡议、RCEP区域合作等现实案例，引导学生树立开放包容的国际视野与可持续发展意识；结合全球价值链重构、气候变化等议题，培养学生对世界经济系统性、复杂性、动态性的深刻认知，强化其作为全球经济参与者的责任担当。

在理论建构维度，系统整合古典国际贸易理论、国际金融体系演变、发展经济学流派、数字经济理论等知识脉络，构建"历史-结构-机制"三位一体的理论框架。通过比较分析新古典主义、新结构主义等理论范式的演进逻辑，帮助学生掌握世界经济运行的核心规律，同时融入区块链技术对国际结算的影响、人工智能重塑全球产业链等前沿议题，构建动态开放的知识图谱。

分析能力培养作为中枢环节，聚焦世界经济运行的关键领域来设计能力矩阵；运用Python搭建国际贸易引力模型，通过WTO数据库开展全球贸易摩擦实证研究；基于IMF《世界经济展望报告》进行区域经济风险模拟推演；依托Bloomberg终端开展汇率波动与跨国企业套期保值策略分析。

通过案例研讨、政策模拟、数据建模等多元化手段，锻造学生的定量分析能力、政策解读能力与战略研判能力。战略创新就是突出实践转化，创设全球经济治理创新工坊，围绕数字货币体系构建、碳关税机制设计、数字服务贸易规则制定等前沿领域，开展跨学科创新实践。我们组织学生参加国际组织模拟谈判、跨国企业全球战略设计竞赛，鼓励学生运用系统动力学方法构建世界经济模拟沙盘。通过孵化全球供应链优化方案、区域性金融危机预警模型等创新成果，培养学生在复杂国际环境中的战略思维与规则制定能力。

通过四维融合体系的协同联动，打造"认知-理论-能力-创新"螺旋上升的教学生态，使"世界经济"课程成为培养具有全球胜任力的复合型经济人才的战略平台，为应对百年变局、参与全球经济治理输送兼具理论深度与实践智慧的新生力量（如图4所示）。

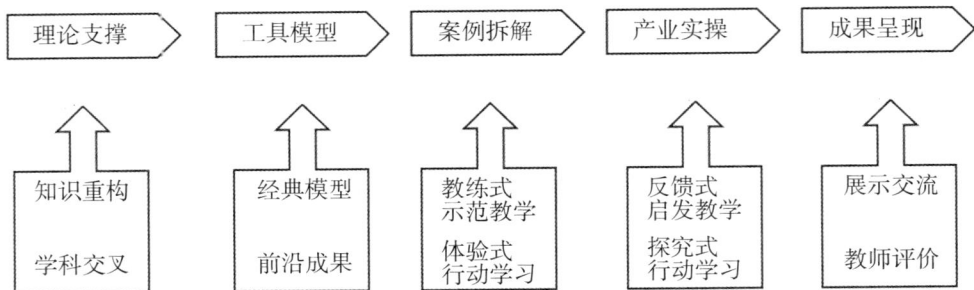

图4 "世界经济"课程内容体系

四、数智化教学模式与手段创新

当前大学生普遍缺乏课堂学习兴趣，主要原因就是课堂教学流程单一化，学生参与度较低、体验感较差。"世界经济"课程教学依据"学生主体、教师主导""先学后教、当堂实操""即时反馈、迭代复盘""时事体验、行动创造"的创新思路，将"世界经济"课堂教学模式进行流程优化，具体如下：世界经济问题（激发兴趣）-理论支撑（提升认知）-工具模型（思考框架）-案例拆解（应用示范）-实操点评（行动创造）。

"世界经济"课程结合线上资源，融合思政、科研等元素，使学生在知识、能力、素养、创新等方面都得到锻炼。通过线下教学与线上数字化空间的有机结合，实现优质教育资源的共享和高效利用。"世界经济"课程不仅注重知识的传授，更强调学生实践能力和创新思维的培养。在线下教学中，教师通过生动的案例分析和互动讨论，引导学生深入理解世界经济的运行规律和发展趋势。同时，本课程融入了思政元素，注重培养学生的国际视野和全球责任感，引导他们关注全球性问题，积极参与国际交流与合作。在线上数字化空间，"世界经济"课程提供了丰富的学习资源和交互工具，方便学生进行自主学习和协作探究。学生可以通过在线学习平台，获取最新的经济数据和研究报告，了解世界经济的最新动态和研究成果。同时，学生还可以参与线上讨论和交流，与其他同学、教师进行思想碰撞和知识共享。通过线下教学与线上数字化空间的有机结合，"世界经济"课程为学生提供了一个全方位、立体化的学习平台。在这个平台上，学生不仅能够学到知识，更能够锻炼能力、提升素养、培养创新精神，为未来的职业生涯和国际交流打下坚实的基础。在"世界经济"课堂上，互动不仅是学习的手段，更是激发学习兴趣的"催化剂"。传统的"世界经济"课堂往往侧重于理论知识的灌输，而忽视了学生的参与感和体验感。现在的"世界经济"课堂打破了这一固有模式，通过引入丰富的互动元素，让"世界经济"的学习变得"有趣"起来。通过小组讨论、角色扮演、实时投票等多样化的互动形式，学生可以在实践中学习和理解世界经济的运行机制。我们将鲜活的生活实例融入深奥的概念和理论中，坚持趣味引导，并且通过图表、音频、视频、漫画等多种手段激发学生的学习动力（如图5所示）。

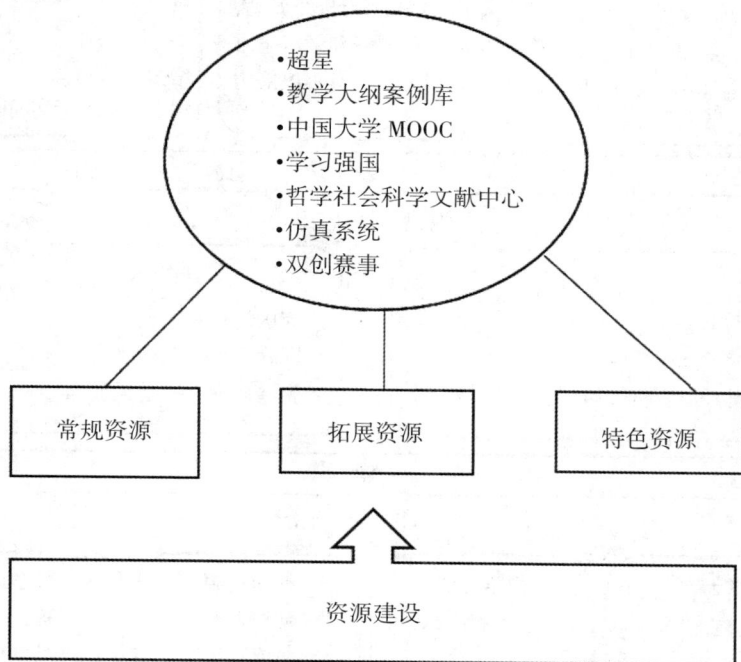

- 超星
- 教学大纲案例库
- 中国大学MOOC
- 学习强国
- 哲学社会科学文献中心
- 仿真系统
- 双创赛事

常规资源　　拓展资源　　特色资源

资源建设

图5　"世界经济"课程的数字资源

五、课程思政设计

在课程思政教学中，我们明确多层次思政目标，将课程思政教学任务进一步细化，从而为课程思政教学提供了清晰的指导方向。在教学内容上，通过"五挖、五扣"的方式，深度挖掘并夯实思政教学内容，实现思政内容多维度有机渗透，使思政教育与专业知识紧密结合。教学活动的开展依托"三个平台"，构建起线上线下、课内课外全方位的思政浸润模式。这种线上线下结合、课内课外联动的方式极大地丰富了思政学习资源，拓展了思政学习空间，为学生营造了良好的学习氛围。在教学过程中，我们紧扣知识点，秉持紧贴国情、紧贴实际、紧贴生活、紧贴学生的原则，将思政要素融入全教学过程和全教学环节，实现思政教育的无缝衔接。此外，我们借助导向、促学、督学、助学"四学相助"机制，进一步强化思政育人效果，确保课程思政教学目标的达成，真正做到在传授专业知识的同时，实现育人的根本任务（如图6所示）。

课程思政目标体系

知识目标
掌握世界经济基本理论
了解世界经济运行机制
把握世界经济发展趋势

能力目标
运用经济指标分析经济现象
培养全球视野和经济思维
提升问题分析与解决能力

德育目标
培养爱党、爱国、爱社
会主义情怀
增强民族自信
树立人类命运共同体意识

课程思政内容体系

专业知识
世界经济形成与发展
经济全球化和国际贸易体系
全球经济治理和中国与世界经济关系

思政元素
家国情怀和民族自信
国际视野和法治观念
粤港澳大湾区建设使命

课程思政实施路径

教学内容
重构化
整体化
前沿化
应用化
本土化

教学方法
线上线下混合式教学
情景教学
案例教学
互动教学
探究式教学

教学资源
常规资源
拓展资源
特色资源
数字资源
思政资源

教学评价
过程性评价
终结性评价
知识评价
能力评价
思政素质评价

课程思政实现路径

世界经济专题案例设计：粤港澳大湾区经济案例植入
中国经济成就讲述：世界经济热点分析
线上线下混合式教学：第一、第二课堂联动

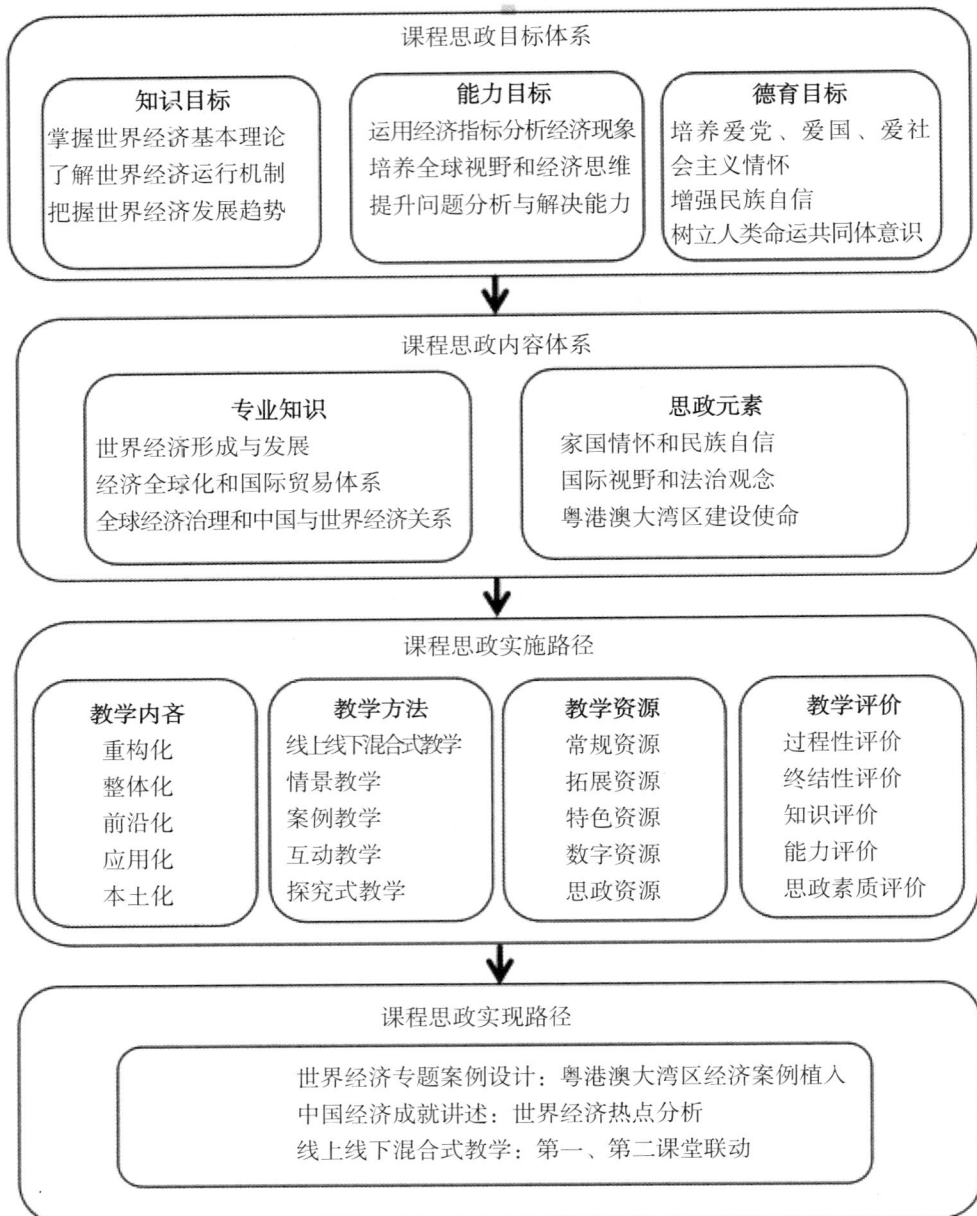

图6 "世界经济"课程思政融入

六、教学评价设计

1.课前充分准备，导学有序

本课程以学习通平台为主要教学工具，课前要做好充分的教学准备，包括上传电子版教材、录制每个章节的详细讲解视频和线上学习步骤，通过学习通平台的通知功能，提醒学生查看每个章节的具体学习任务，并强调各个章节学习的重点和注意事项。

2.课中严格监督，督学有力

教师可以通过超星教学平台中的"活动"发起签到，还可以通过"活动"中的"抢答"和"选人"功能对学生课前预习的情况进行检查，也可以通过"讨论"发布课前预习中的疑难问题，并且指定学生作为主讲，实施翻转课堂。教师通过超星教学平台的"测验"可以了解学生的听课情况，超星教学平台会记录参加测试的人数以及答题的正确率。

3.课后及时反馈，促学有效

教师在超星教学平台上发布课后练习和作业，让学生复习、巩固所学的知识。学生在复习时，可以借助思维导图，对所学知识查缺补漏。学生的作业可以提交教师进行批改、打分，也可以让学生之间相互打分。教师要及时批改作业，尽量做到每一份作业都有评语，通过交流加强对学生的了解，让学生收到老师对其个人学习中遇到的问题的反馈和建议。学生在课后遇到问题时，可以通过"群聊"、超星教学平台的"讨论"、QQ群等向教师请教。此外，教师也可以把优秀的学生作业上传到超星教学平台，以便学生之间相互借鉴。

4.综合使用多种教学手段，助学有用

我们通过多种手段为学生提供助学服务，如集中面授辅导、个别化自主学习辅导、学习小组学习活动指导等，同时，结合案例、讨论、分组汇报、主题演讲、实践调查、热点分享以及模拟世界经济论坛等具体教学活动，让学生在参与中把经济理论应用到社会生活中，通过理论与实践相结合，使学生理解并掌握教材的理论知识，加深学习印象（如图7所示）。

七、数智化教学改革成效

1.学生经济素养跃升，知识运用成果显著

自从开展混合式教学改革与实践以来，线上选课人数达到470余人，本课程的活跃度较高，已成为本学院最受学生欢迎的课程之一。学生连续四次参加POCIB全国外贸从业能力大赛，获得省级团体特等奖6项、一奖1项、三等奖1项。2021年，学生参加了由中国国际贸易促进委员会主办的全国高校商业精英挑战赛，在国际贸易竞赛中获得二等奖。本课程团队参与孵化"大创"项目30余项，其中省级以上8项；有7名学生获得了国家奖学金。

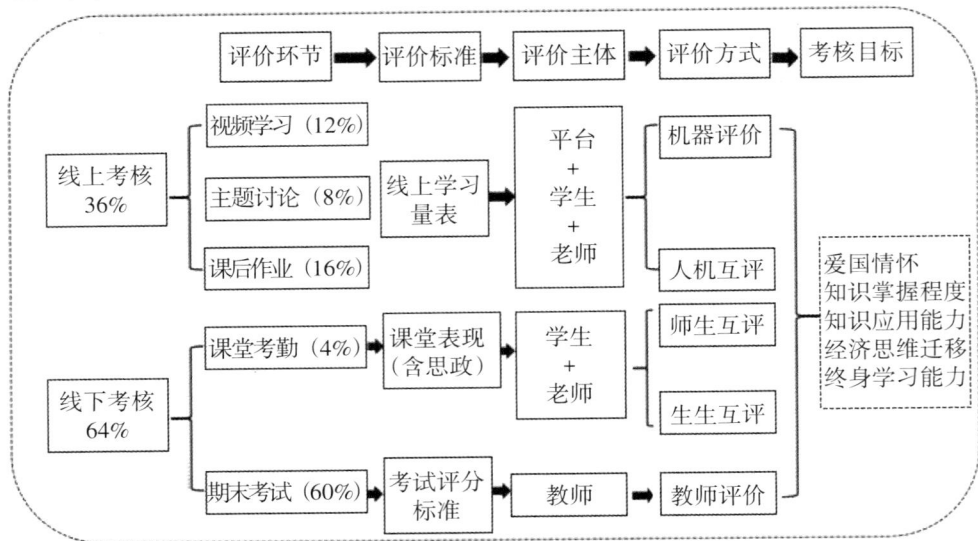

图7 "世界经济"课程教学评价

2.教师团队教学与科研水平大幅提高

教师团队成员近年来获得了多项奖励，主持、参与教改课题5项，编著教材1部，参与省级一流课程建设3门，发表教改论文多篇；多人获得广东省民办教育协会授予的"广东省民办教育优秀教师"称号，获得多项各类竞赛指导奖。

3.课程社会影响力彰显

"世界经济"课程建设成果在校内产生了深远影响，同时，本课程团队也积极

为社会提供知识服务。本课程负责人多次受邀参加政府部门组织的各项活动，获得了广泛好评。这充分体现了该课程的社会影响力，也证明了课程建设在创造社会价值方面所发挥的积极作用。

编写人："世界经济"课程教学团队

"数字经济"课程教学数字化改革与实践

当前，数字经济已成为推动我国高质量发展的关键动力，催生了对技术与经济融合的复合型人才的迫切需求。2025年，我国数字经济人才缺口接近3 000万人，尤其是在交叉领域，呈现出明显的结构性短缺。与此同时，全球教育体系正在加速变革，数字技术的发展为课程改革提供了新动能。"数字经济"作为融合技术与经济的前沿课程，亟需与数字化教育理念深度融合。通过引入智能化工具，不仅可以优化教学内容和过程，还能提升学生的实践能力和综合素养，更精准地服务于创新型人才的培养。因此，系统推进"数字经济"课程的教学数字化改革，已成为高校人才培养体系转型的关键一环。

一、课程简介

（一）"数字经济"课程的定位与意义

"数字经济"课程作为面向经济管理类、信息科学类等专业的核心课程，紧扣数字技术驱动下的经济形态变革，致力于通过跨学科融合，系统解析大数据、区块链、数字化工具等前沿技术在经济与贸易领域的应用逻辑与实践路径。该课程以"技术赋能经济"为主线，深入探讨数字产业化、产业数字化、数据要素市场化等核心议题，构建了从基础理论到实践探索的完整知识体系。通过该课程的学习，学生不仅能够掌握数字经济的基本概念与核心理论，还能理解数字技术如何重构传统产业，推动经济结构优化与效率提升。

本课程的核心意义在于培养适应数字时代发展需求的复合型人才，尤其是能够融合经济学知识与数字化工具，顺利开展分析、决策和战略制定的综合型人才。该课程通过强化学生的数据分析能力、数字化思维与创新意识，赋予学生解决复杂经济问题的能力，提升学生在数字化转型背景下的应变力与专业胜任力。此外，该课程还紧密结合我国数字经济发展实践，聚焦数字政府建设、平台经济治理、数据安全与确权等关键议题，鼓励学生立足中国国情，开展深入分析与思辨，提升理论联系实际的能力。这一教育目标不仅服务于学生的职业发展，也为我国数字化转型战略的人才供给提供了有力支撑，助力我国经济实现高质量发展与创新驱动目标。

（二）课程现状与挑战

作为一门新开设的课程，"数字经济"目前仍处于教学体系与智慧课程建设的起步阶段。在建设过程中，我们既面临来自内容、方法和评价体系等方面的挑战，也需要在实践中不断探索"技术+教学"的融合路径，因此，课程建设必须循序渐进、螺旋上升。在教学实践中，传统模式面临多重瓶颈：

一是内容更新滞后。数字技术迭代迅速，而教材与课程内容更新周期较长，导致该课程对区块链3.0、生成式应用等前沿领域覆盖不足，学生难以及时接触数字经济的最新发展动态。

二是理论与实践相脱节。当前该课程多以理论讲授为主，缺乏企业级数据平台的操作训练与真实商业场景的案例分析，使学生在"知"与"行"之间难以有效衔接，知易行难问题较为突出。

三是考核方式单一。传统评价方式主要侧重于知识掌握，忽视了学生在数据应用、问题解决和创新能力方面的综合发展，难以激发学生主动学习，不利于培养批判性思维。

为了破解这些问题，推进智慧教学改革势在必行。数字化技术的引入不仅有助于提升教学资源的组织效率，还能够重构课程教学范式，推动实现"学-用-创"一体化的教学闭环。如图1所示，为了系统推进"数字经济"课程的智慧教学改革，本教学团队根据实际需求与发展目标，规划了一个分阶段、可迭代的改革路径，依循"循序渐进、螺旋上升"的思路，依次推进顶层设计、资源建设、混合式教学、实践深化与智能评价，实现课程从理念构建到能力养成的全面升级。

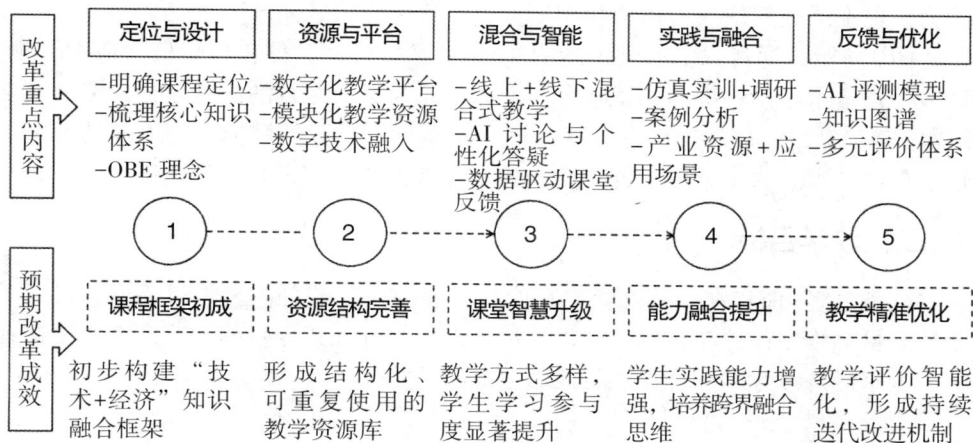

图1 "数字经济"课程改革路径

二、课程教学理念与教学目标

(一) 教学理念

在"商道铸魂、粤韵润心、践悟并行"育人理念的统领下,"数字经济"课程坚持将知识传授与价值引领相结合,在教学实践中注重思想性、时代性与融合性的统一,探索将课程思政有机融入"数字经济"教学全过程,切实落实立德树人根本任务。

"商道铸魂",强调以诚信为本、责任为先的经济伦理理念。在"数字经济"课程教学中,教师引导学生理解平台治理、数据合规、算法伦理等数字经济领域的"规则意识"与"价值底线";通过剖析典型案例,如平台垄断与反垄断政策、数据滥用问题等,引导学生对商业行为进行价值判断,强化学生的法治观念与社会责任感。

"粤韵润心",聚焦地方文化资源与区域发展实践的融合育人。依托粤港澳大湾区数字经济先行实践,"数字经济"课程深入挖掘广东在数字政府、数字制造、跨境电商等领域的创新形态,将南粤文化中的务实精神与开放意识融入教学场景,让学生在认识区域经济发展的过程中增强文化自信,培养家国情怀。

"践悟并行",强调在实践中深化理解、在行动中升华认知。"数字经济"课程鼓励学生围绕数字产业发展热点,参与真实企业项目、数据分析实训及数字平台调研等应用型任务,将理论学习延伸到现实场景中。在此过程中,学生不仅提升了专业能力,也在问题解决与群体协作中形成了正确的价值取向。

如图2所示,通过以上教学理念的实施,"数字经济"课程以价值塑造为引领,借助数字化技术手段,推动知识教育、能力培养与思政教育的深度融合,努力实现"课程内容有思想、教学过程有温度、育人体系有根脉"的目标,为培养具有家国情怀、全球视野、数字素养和创新能力的复合型人才奠定了坚实的基础。

(二) 教学目标

"数字经济"课程在"铸商魂、育商智、强商能"的总体教学目标下,设置了四个核心目标维度:德育目标、知识目标、能力目标和素养目标,旨在全方位提升学生在数字经济时代的综合素质与能力,如图3所示。

1. 德育目标

德育目标立足于习近平新时代中国特色社会主义思想,旨在培养学生树立社会主义核心价值观和社会责任感。"数字经济"课程强调学生要热爱祖国、人民和社会主义，深入学习数字经济的基本理论和实践技能，关注数字技术的发展动态，并激发创新思维与创业精神。同时，"数字经济"课程注重培养学生的法律意识与道德素养，要求学生遵守数字经济领域的法律法规，尊重知识产权和隐私权，防范数字风险和伦理挑战，提高数字素养，增强责任意识和公民意识。

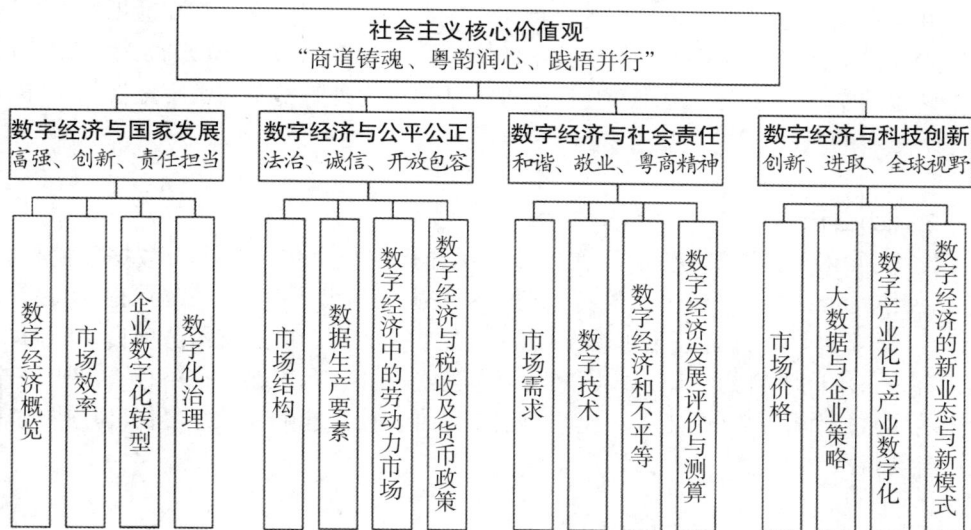

图2 "数字经济"课程教学理念

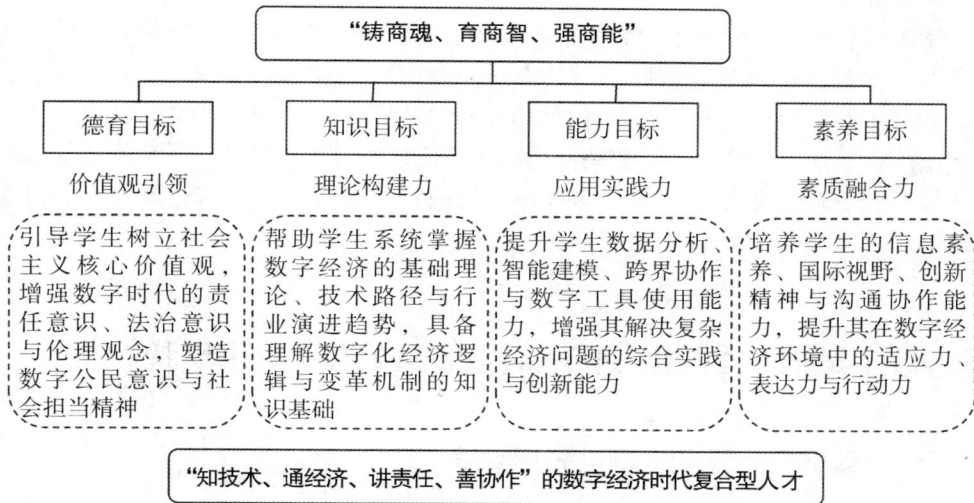

图3 "数字经济"课程教学目标

2.知识目标

知识目标侧重于帮助学生掌握数字经济的基础理论、技术框架以及行业应用。"数字经济"课程系统讲解数字经济的核心概念，如大数据、区块链、人工智能等，并深入探讨这些技术如何在各个行业中发挥关键作用。尤其是在数据挖掘、智能决策和供应链优化等领域，数字技术的应用已成为推动经济转型的重要力量。通过本课程的学习，学生将构建起扎实的理论基础，为理解并参与数字经济的实际操作打下坚实的基础。

3.能力目标

能力目标旨在提升学生的操作技能，例如运用数字化工具进行数据建模与分析，使用 DeepSeek、豆包等大语言模型工具解决现实世界中的经济与商业问题等。此外，"数字经济"课程还重视跨学科协作能力的培养，学生在团队项目中学习如何整合来自不同学科的知识，协同解决复杂的经济和技术难题。这不仅有助于培养学生的实践操作能力，更能激发他们的创新思维，使其能够在数字经济环境中灵活应对各类挑战。

4.素养目标

素养目标强调培养学生的数字素养、信息素养、创新素养和国际视野，使学生能关注数字经济的发展趋势和前沿动态，能利用数字技术和平台进行创新创业活动，能与不同领域和行业的人进行有效的沟通与协作；培养学生的数字社会责任感和法治意识，使学生能够遵守数字经济的法律法规和道德规范，尊重数据的知识产权和隐私权，防范数据的安全风险和伦理挑战，提高专业教育与思政教育的协同效应。

三、数字赋能"数字经济"课程教学改革的应用现状

（一）数据采集复杂，精准分析受限

在"数字经济"课程教学中，数字化技术的有效应用依赖大量教学过程数据的采集与分析，然而，数据采集的复杂性成为首要挑战。学生在学习过程中产生的数据类型众多，包括课堂互动、作业提交、讨论参与等，且大多数数据呈现出非结构化和异质性特征。数字化系统要对这些数据进行清洗、整理与分类，才能输出具有

参考价值的分析结果。然而，数据本身存在的不均衡性与噪声问题，可能造成分析偏差，进而影响个性化教学的精度和有效性。尽管数字化工具在大规模数据处理上具备显著优势，但是面对多变的教学场景，如何精准提取关键数据、支撑教学决策，依然是当前数字赋能教学中的一大技术瓶颈。

（二）学生差异明显，实施难度较大

学生的个体差异是"数字经济"课程教学数字化改革中的又一大难题。学生在知识基础、认知风格、学习动机等方面差异显著。尽管数字化系统可以根据学习数据为学生推荐个性化的学习路径，但是在实际应用中，仍难以完全适配每个学生的具体需求。尤其是部分学生对数字平台的操作不够熟悉，甚至对数字赋能的学习方式存在排斥心理，影响了个性化教学方案的接受度与实施效果。此外，"数字经济"课程内容跨学科融合程度高、涵盖面广，在复杂的教学情境中，数字化工具难以对所有的学习活动提供全面支持，尤其是在高阶知识模块中，系统反馈难以做到足够精细，也进一步加大了精准教学的难度。

（三）师生的技术适应性影响教学效率

数字化技术在教学中的落地效果在很大程度上取决于师生的技术适应能力。目前，部分教师与学生对数字化教学工具的理解与掌握水平仍存在差距，这也影响了他们在"数字经济"课程中使用数字化技术的效果。一方面，部分教师没有进行系统的数字化教学工具培训，尚未形成基于数据驱动的教学设计与调整能力，进而影响了教学效率与课堂互动效果。另一方面，学生对数字平台的使用熟练度、对数字化学习方式的认知接受度等方面也存在较大差异，这也直接影响了其学习成效。如果师生不能适应数字化教学方式，其赋能潜力将难以得到充分发挥，从而制约整体教学质量的提升。

四、数字赋能"数字经济"课程教学改革的应用优势

（一）智能分析学情，精准定位需求

借助数字化技术中的数据采集与智能算法，教学系统能够实时追踪学生的学习进度，全面分析其知识掌握情况。通过大数据分析，教学系统不仅能识别学生学习中的薄弱环节，还可以挖掘其个性化学习需求，使教师能根据学生的差异化特点精准调整教学策略，因材施教。这种以数据为支撑的学情分析机制，不仅提升了课堂教学效率，也为学生的个性化学习提供了坚实的技术基础。

（二）优化教学资源，提升学习效率

数字化推荐系统可以根据学生的学习轨迹与知识水平，自动匹配最契合的教学资源，帮助学生在海量信息中快速聚焦重点，提升学习专注度。数字化推荐系统还能整合多种形式的学习资源，如文本、视频、案例与实训平台，拓展学习渠道，增强教学内容的多样性与实用性，从而有效提升课内课外的整体学习效率，为精准化教学提供有力支撑。

（三）强化互动反馈，促进深度学习

在教学平台的支持下，数字化系统可实时采集并分析学生的答题行为、学习路径与互动数据，生成个性化的反馈建议，帮助学生及时纠偏并加深理解。同时，借助知识图谱构建的学科关联网络，学生能够更系统地掌握知识结构，明确知识点之间的逻辑关系，提升整体学习效率。数字化互动机制还突破了传统课堂的时空限制，创造了更加灵活的学习环境，激发了学生的自主学习动力。知识图谱生成的数据也为教师提供了课程内容优化和教学策略调整的决策支持，助力精准教学的持续深化。

五、数字赋能"数字经济"课程教学改革的应用原则

（一）尊重个体差异，因材施教原则

数字化技术的核心优势之一在于能够精准识别学生的个体差异，为实现因材施教提供有力支撑。在"数字经济"课程教学中，学生的学习基础、认知风格和学习方式存在显著差异。借助数据分析工具，数字化系统能够识别学生的学习特征和成长需求，为其匹配个性化学习路径与资源。尊重个体差异不仅提升了学生的学习体验，也实现了教育资源的精准投放，使每个学生都能按照自己的节奏迅速成长。数字赋能有效推动了因材施教理念在课堂上的高效落地。

（二）确保数据安全，保护隐私原则

随着数字化教学改革的不断深入，学生学习过程中的数据被广泛采集与利用，数据安全与隐私保护成为教育信息化的重要原则。在采集与分析学习数据的过程中，必须严格遵循国家相关法律法规，确保个人信息的安全性与使用透明度。数据治理不仅是技术保障，更是教育伦理的重要体现。教学平台应明确数据的使用范围，保障师生的知情权和选择权，营造安全、可信的数字教学环境。

(三) 融合传统优势，创新教学模式原则

数字化教学虽然带来了诸多创新手段，但是传统教学模式的优势依然不可替代。在"数字经济"课程教学中，教师的引导作用、课堂互动氛围以及面对面交流的深度体验，仍是不可或缺的重要环节。数字化技术的融入应在发挥传统教学模式优势的基础上，推动教学模式的创新，丰富课堂教学形式，提升学生学习手段的多样性。教学改革应强调技术赋能与人文引导的协调统一，实现传统与现代的优势互补、深度融合。

(四) 持续评估效果，动态调整原则

数字化系统的实时反馈机制为教学效果评估与策略调整提供了技术基础。教学本身就是一个不断变化与适应的过程，学生的学习状态、理解水平与反馈需求可能随时发生变化。借助数字化技术的动态监测功能，教师可以持续评估教学方案的实施效果，根据数据分析结果及时优化教学策略与内容结构。这种动态调整机制不仅增强了教学的灵活性，也保障了课程内容与学生需求之间的高度契合，提升了教学的连贯性与有效性。

六、数字赋能"数字经济"课程改革的具体措施

(一) 构建智能学习平台，整合优质资源

通过构建智能学习平台，可以实现教学资源的高效整合与个性化分配。数字化技术可以精准分析学生的学习需求，为学生推荐符合其特征的学习内容。数字化平台具备强大的数据处理与分析能力，能够为不同学习水平的学生提供定制化学习路径，使学生按照自身进度实现有效学习。

数字化平台还可以整合多种形式的教学资源，如教学视频、虚拟实验、互动练习等，丰富学习形式，提升教学效率。在"数字经济"课程教学中，教师可以利用数字化平台统一管理课程资源，精准推荐差异化内容，例如不同难度的课件、模拟训练与阶段性练习等。数字化平台能够实时监控学生的学习进度，生成个性化学习报告，帮助教师及时调整教学策略，优化教学过程。

此外，教师还可以通过数字化平台将重点知识模块分级呈现，支持学生自主选择学习节奏，有针对性地进行复习和强化练习。数字化平台所集成的虚拟仿真功能也为学生提供了安全、低成本的实训环境，使他们可以反复进行操作练习直至熟练掌握。就总体而言，数字化平台通过数字赋能推动了"数字经济"课程教学模式的革新，实现了"资源优化-过程监控-精准教学"的有效闭环，显著提升了教学质

量，改善了学生个性化学习体验。

（二）利用算法推荐系统，实现个性化学习

基于大数据分析与算法机制的推荐系统是实现个性化教学的重要工具。该系统可以根据学生的学习进度、知识掌握水平与行为特征，动态调整并推送适配的学习资源，有效避免了传统教学中"一刀切"的问题。该系统还可以识别学生学习中的薄弱环节，有针对性地进行资源推送，提升学习效率与质量。在"数字经济"课程教学中，推荐系统可以对学生的表现进行深入分析，判定其强项与短板。例如，学生在掌握数字经济基本概念时出现了理解障碍，该平台将优先推荐相关的教学视频、知识讲解与针对性练习题；而对于知识掌握良好的学生，该系统则会推送具有挑战性的内容，以拓展其学习深度与广度，激发其学习潜能。此外，该系统还可以根据学生的学习状态，动态调整学习计划与推荐内容，避免内容过难或过易导致的兴趣衰退。同时，该系统还能实时生成学习反馈，教师可以据此进行适时干预与指导，实施"平台推荐+教师引导"的双重个性化支持机制。

（三）开展混合式教学，融合线上线下优势

混合式教学结合了线上自主学习与线下课堂互动的双重优势，借助数字化平台的支持，为学生创造更加灵活且多样化的学习环境。在线上部分，学生可以借助数字化平台开展课前预习与课后复习，访问包括视频资源、交互练习、虚拟仿真在内的丰富内容，实现碎片化学习与深度延展。线下课堂则注重互动引导与问题解决，教师可以通过讨论、实操、案例讲解等方式加深学生对核心内容的理解。

在"数字经济"课程教学中，教师可以结合学生的学习进度，为其设计个性化的线上学习任务，数字化平台可以根据学生的知识掌握情况调整学习资源，确保内容难度与学生能力相匹配。线上预习和复习为学生提供了自主学习的空间，线下课堂则重点进行交流互动和难点突破，真正实现了"学前有准备、课堂有提升、课后能巩固"的教学闭环。

同时，数字化平台可以对学生线上学习数据进行分析，帮助教师识别共性问题与个体差异，进而反哺线下教学设计，提升教学的针对性。通过数字赋能的混合式教学，我们既提升了学生的自主学习能力，也提高了教学的精准性和整体效率。例如，在"数字经济下的劳动力市场"这一章中，我们采用超星教学平台开展实操训练，结合数字化工具贯穿教学全过程，构建了线上线下融合、数据驱动的混合式教学新范式。具体教学实施流程如图4所示。

（四）重构课程内容，创新教学方法

为了适应数字经济时代对复合型商科人才的培养要求，我们将"数字经济"

课程内容进行了模块化重构，划分为基础模块、应用模块和实战模块三大部分。基础模块聚焦数字经济理论与数字化技术原理的讲授，帮助学生构建系统的知识框架和扎实的理论基础。应用模块通过案例分析，如"数字化+金融""数字化+零售""数字化+供应链"等，将前沿技术与行业场景紧密结合起来，提升学生理论联系实际的能力。实战模块则强调企业级数据平台的操作与商业智能（BI）工具的实训，模拟真实的商业环境，培养学生在数据分析、智能决策与技术应用方面的综合能力。

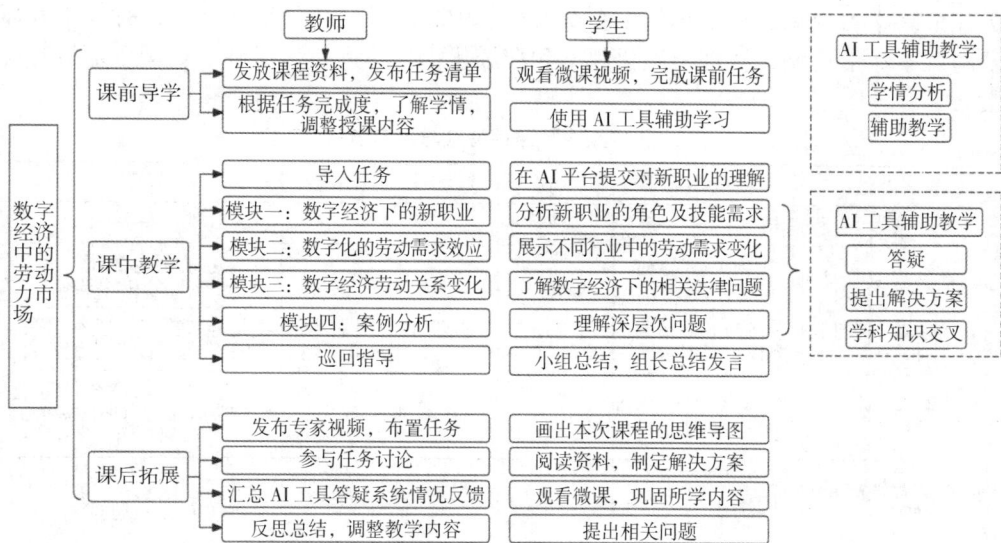

图4 "数字经济下的劳动力市场"教学实施过程

在教学方法方面，"数字经济"课程融合了数字化驱动的个性化教学与混合式教学模式。一方面，借助智能推荐系统（如知识图谱），数字化平台可以根据学生的学习行为数据，为其精准匹配学习资源，并动态调整教学策略，因材施教；另一方面，通过超星教学平台布置线上学习任务，结合线下工作坊、案例讨论与沙盘演练等方式，构建"线上学理论、线下解难题"的教学生态，实现知识传授与能力培养的有机统一。该模式不仅提升了学生的学习效率，也增强了其创新意识，提高了其问题解决能力，为学生未来的职业发展奠定了坚实的基础。

（五）建设实践平台，优化评价体系

为了全面提升学生的实战能力，"数字经济"课程高度重视实践平台的建设与拓展。首先，依托校企合作，我们与京东等龙头企业共建数字经济实验室，搭建数字化经济分析平台，为学生提供真实的企业级数据与工具支持，帮助其理解技术在实际业务中的应用逻辑。其次，我们开发了"智能供应链优化""数字货币交易模拟"等虚拟仿真实训项目，构建了近似真实的商业情境，使学生完成操作训练与决策演练，提升其应变力与决策力，强化课堂与职场的衔接。

在课程评价方面，我们构建了多元化、全过程的综合评价体系。"数字经济"课程采用"结果+过程"并重的评价机制，其中过程性考核占比达40%（见表1）。教师可以通过数字化技术实时监测学生的参与度、竞赛表现和课堂互动等动态数据，确保学生在学习过程中的每一个环节都被科学记录与反馈。此类评价模式不仅关注最终学习成果，更强调学生在学习过程中的成长变化与潜能激发，有助于教师及时调整教学策略，实现个性化教学和精细化指导，进一步提升了教学质量与育人实效。

表1   "数字经济"课程考核与评定方式

考核类型	模块内容	占比	数字化工具/平台	说明
过程考核		40%	—	—
课堂参与及互动	签到、弹幕发言、小组讨论	10%	智慧教学平台	自动记录行为数据，生成参与分析报告
单元作业与项目报告	案例分析，小组协作、阶段成果	15%	教学平台提交系统+云端协作文档	支持异步提交、版本追踪，便于教师评阅与小组互评
在线测验与课堂练习	单元知识点测验、微测练习	10%	在线测评系统	实时批改，自动统计分数与错题分布，便于快速调整教学重点
创新竞赛或延伸任务	小型专题调研、应用工具实践展示	5%	视频录播、互动平台	支持视频创作、录屏展示、互动点赞或打分
结果性考核		60%	—	—
期末考试/知识测评	综合测试课程核心概念与技能	40%	数字考试平台	题库随机、限时限次、自动判卷与大数据分析
项目成果展示/汇报	分组展示、PPT汇报、数据分析演示	15%	云课堂直播+智能评分系统+视频录制	支持线上汇报、演示打分、同伴评价，可实现多维度评估
学期总结与反思报告	学习成长日志、课程回顾、能力提升总结	5%	教学平台提交系统+语音/视频反思	允许多形式呈现，鼓励学生多模式表达个人反思

七、数字赋能"数字经济"课程改革的创新成效

（一）教学团队在数字经济领域的研究成果不断增加

"数字经济"课程团队由一批具有高水平专业素养与丰富教学经验的教师组成，他们长期深耕经济学、国际贸易、数字经济等交叉领域，具备深厚的理论基础

与较强的教学实践能力。近几年，团队成员取得了多项科研成果，包括省级教育科学规划课题及省级教学质量与教学改革工程项目立项，对数字化时代的课程发展趋势与教学需求有着敏锐的学术洞察力，为"数字经济"课程的持续优化与内涵式建设提供了强有力的支撑。

（二）学生课堂专注度与参与度大幅提高

经过近几年的建设，"数字经济"课程教学改革已初显成效。依托智能教学平台的构建与运用，"数字经济"课程显著提升了教学的互动性与个性化水平，优化了教学资源配置，提高了教学效率。数字化系统根据学生的学习数据动态调整教学内容和节奏，使每个学生都能获得与自身学习节奏高度匹配的支持与反馈，使学习更具针对性。新的教学模式得到了学生的广泛认可，课堂专注度和学习主动性明显提升，为深化混合式教学改革打下了良好的基础。

（三）"以赛促教、以赛促学，以赛促改、以赛促建"成果初显

数字赋能的教学改革激发了学生对数字经济领域的学习兴趣与实践热情。在教师的指导下，学生积极参加各类数字经济实践项目与创新竞赛，课程外延不断拓展。部分学生已在"全国大学生数字贸易综合技能大赛""全国大学生电子商务'三创'挑战赛"等校内外竞赛中取得优异成绩。这些成果不仅验证了课程设计的有效性，也为课程教学改革积累了宝贵经验，进一步推动了"教学-竞赛-实践-反馈"闭环机制的形成。

八、结语

数字化技术的引入为"数字经济"课程的教学方式带来了深刻变革。借助智能学情分析、个性化资源推荐和教学过程的数字化优化，"数字经济"课程教学更加精准、灵活、多元。虚拟仿真平台与混合式教学模式的融合，突破了传统教学的时空限制，显著提升了学生的实践能力与创新思维，极大地丰富了学生的学习体验。数字赋能下的课程改革不仅推动了教学内容与方法的全面革新，也为培养适应数字经济时代需求的高素质复合型人才提供了全新路径，标志着教育数字化转型迈出了坚实的一步。

编写人："数字经济"课程教学团队

"经济学沙盘实训"课程教学数字化改革与实践

一、课程简介

(一) 简介

"经济学沙盘实训"是一门融合经济学理论、商业模拟和数据分析的综合实践课程,旨在通过沉浸式经济仿真实验,让学生在虚拟市场环境中体验企业运营、政府政策调控和市场竞争机制。该课程结合人工智能(AI)技术,实现了从传统经验驱动向智能化决策支持的转变,帮助学生掌握经济运行规律,提升数据分析、经济预测、市场决策等核心能力。

在该课程中,学生将利用一个基于 AI 赋能的经济仿真实训系统,分别扮演企业管理者、政府决策者、市场观察员等角色,在复杂的市场环境中进行策略制定与调整。该课程涵盖宏观经济政策、市场供需分析、企业财务管理、产业竞争策略等关键主题,通过 AI 大数据分析、智能决策辅助、实时市场反馈等手段,提高学生的实战能力。

(二) 课程主要规则描述

该课程假定宏观经济和微观经济由产品市场和要素市场组成,这些市场的参与者包括消费者、厂商、政府。其中,产品市场又包括消费品市场、原材料市场。在此项训练中,家电厂商和汽车厂商代表消费品市场,钢铁厂商代表原材料市场,政府和消费者团队空制要素市场的供给。

全班分成 8 支团队:1 支政府与消费者团队(竞选产生,不另设团队)+2 家汽车厂商+4 家家电厂商+2 家钢铁厂商。每个团队有 6~8 人,每次有 60~70 名学生参加实训。

企业团队由总经理、生产总监(用到生产理论与均衡理论)、财务总监(用到成本理论)、营销总监(用到弹性与需求理论)、采购总监(用到供给理论)、人力资源总监(用到劳动力供给理论)组成。

政府根据产品市场和原材料市场的价格涨幅、GDP 等数据判断通货膨胀和经济周期,并采取相应的财政政策和货币政策。汽车和家电厂商向钢铁厂商采购原材料，当汽车和家电行业受调控影响时，也同时影响钢铁行业的景气度。

图1和图2为该课程主要平台网站截图、比赛流程图。

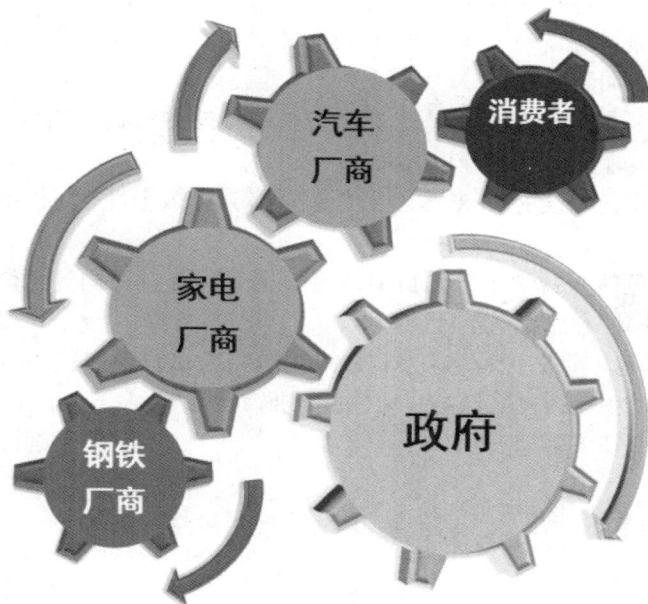

图1 网站截图

图2 比赛流程图

(三) 课程特色

"经济学沙盘实训"课程的核心特色包括：

智能化仿真沙盘系统：AI算法驱动经济活动，实时生成市场数据，帮助学生理解经济变量的动态变化。

AI数据分析赋能：学生利用机器学习、数据挖掘、自然语言处理等技术进行市场预测、政策评估和竞争分析。

智能决策支持系统：AI推荐最优经营策略，提供个性化的分析报告，增强学生的经济建模能力。

沉浸式角色体验：学生分别扮演政府、企业、金融机构等主体，运用AI辅助决策，提高实操性和思维灵活度。

"经济学沙盘实训"课程依托AI技术的优势，打破传统教学模式的局限性，让学生在仿真环境中获得真实经济决策体验，推动产学研结合，培养适应数字经济时代需求的复合型经济管理人才。

二、课程目标

(一) 知识目标

• 理解经济学核心理论：掌握宏观经济学与微观经济学中的市场运行机制、供需关系、产业结构调整等基本原理。

• 熟悉经济数据分析方法：学习 CPI、PPI、GDP、失业率等宏观经济指标的计算、解读及在经济决策中的作用。

• 了解AI在经济决策中的应用：了解机器学习、数据挖掘、经济预测模型如何辅助经济学研究，掌握AI驱动的商业分析方法。

(二) 能力目标

• 强化数据分析能力：使用AI工具（如Python数据分析、Power BI、Tableau）进行市场趋势预测和政策制定模拟，提高数据处理与可视化能力。

• 提升智能决策能力：借助AI智能推荐算法，使学生在不同经济情境下（如经济衰退、通胀压力、贸易战等）做出最优商业决策或制定最优政策。

• 培养经济政策评估能力：在AI沙盘仿真环境中分析政府财政政策、货币政策的执行效果，理解政策对企业和市场的影响。

• 提高市场竞争力与企业管理能力：模拟企业经营管理，涵盖定价策略、供应链优化、投资决策等内容，提升学生的商业战略意识。

（三）素质目标

• 增强团队协作，提高领导能力：通过小组角色扮演（企业管理者、政府决策者、市场观察员等），培养团队协作精神，提高沟通与领导能力。

• 培养创新思维与问题解决能力：利用 AI 进行经济仿真与商业战略推演，鼓励学生从数据分析和市场趋势中探索创新商业模式。

• 提升跨学科综合素养：综合经济学、数据科学、人工智能、管理学等多学科知识，培养学生的跨领域思维和复合型人才竞争力。

（四）思政目标

• 增强制度自信：通过 AI 模拟中国经济政策（如供给侧结构性改革、"双碳"目标），加深对中国特色社会主义市场经济的理解，提高经济学科的思政教育成效。

• 培养家国情怀与国际视野：在利用 AI 进行数据分析的过程中，结合中国经济发展案例与全球经济发展趋势，培养学生的全球经济竞争力与家国情怀。

• 强化可持续发展意识：利用 AI 预测绿色 GDP、碳排放的经济影响，培养学生的可持续发展理念，提高其在"双碳"目标、环境经济学等领域的责任感。

三、教学创新背景

随着数字经济时代的到来，人工智能、大数据、云计算等技术正在深刻改变全球经济的运行方式和人才培养模式。然而，传统的经济学实验教学仍面临诸多挑战，经济学教育在培养实践能力和决策能力方面遇到了瓶颈。为了适应新时代经济学人才培养需求，"经济学沙盘实训"课程通过 AI 赋能，推动了教学模式的创新改革。

（一）传统经济学实验教学面临的挑战

虽然"经济学沙盘实训"是一门高度依赖数据分析和数学建模的课程，但是在教学过程中，传统实验教学仍存在诸多不足：

• 理论与实践相脱节：传统教学模式以讲授经济学模型为主，缺乏真实的市场决策实践，学生难以深入理解政策的影响。

• 经济数据处理能力不足：经济学研究高度依赖数据分析，但是在传统教学模式下，学生普遍缺乏大规模经济数据处理能力，缺少数据驱动的经济预测和分析训练。

• 案例滞后，缺乏动态更新：宏观经济形势瞬息万变，但是在传统教学模式下，案例更新较慢，难以让学生理解最新经济政策与市场变化。

• 评价体系单一：传统考核方式主要是笔试或论文，缺乏对学生经济决策能力、团队协作能力的评价。

（二）数字赋能经济学教学的必要性

人工智能技术的快速发展，为经济学教学改革提供了新的契机。AI可以在数据分析、智能预测、政策评估、商业模拟等方面发挥重要作用，突破传统教学模式的局限性。

• 数据驱动的经济分析：AI可以实时获取全球经济数据，如GDP增长率、通货膨胀率、失业率等，结合机器学习算法进行市场预测，提高学生的经济数据分析能力。

• 智能决策辅助：AI沙盘模拟系统可以根据学生的决策行为提供个性化反馈，帮助他们优化商业策略或宏观经济政策设计。

• 沉浸式仿真实验：利用AI驱动的经济沙盘模拟系统，学生可以在虚拟市场环境中扮演企业管理者、政府决策者等角色，模拟真实市场中的经济行为，提高实际操作能力。

• 自适应学习路径：AI能够根据学生的学习进度和知识掌握情况，提供个性化的学习建议，优化教学效果。

（三）国家政策对数字赋能教育的支持

我国政府高度重视人工智能与教育的融合，出台了一系列政策，推动智能技术赋能高等教育，特别是在数字经济、智慧教育、AI驱动的课程改革等方面。

《中国教育现代化2035》作为国家推进教育现代化的重要纲领性文件，强调了人工智能、大数据等新一代信息技术在教育领域的深度应用，提出要加快智慧教育体系建设，推动智能化教学方式改革，利用先进技术促进教育公平，提高教育质量。未来的教育必须充分利用科技手段，采用精准化、个性化、智能化教学模式，提升学生的自主学习能力，同时推动教育资源共享，促进城乡、区域之间的教育均衡发展。在这一背景下，人工智能赋能教学改革成为必然趋势，各高校要积极推动AI技术在课程设计、教学实施、学习评价等环节的应用，以提升教育质量和教学效果。

教育部启动的人工智能赋能教育行动计划进一步明确了AI在教育教学中的应用方向，鼓励各高校运用AI技术优化教学模式，突破传统课堂的限制，推进AI驱动的智能教育改革，重点提升学生的创新思维和实践能力。该计划提出，各高校应结合AI技术发展趋势，开发智能化课程资源，构建智能教学平台，实现精准教学和个性化学习，同时依托AI技术加强师生互动，促进跨学科融合，提升高等教育的创新能力和人才培养质量。

此外，《高等学校人工智能创新行动计划》更加强调AI与经济学、管理学等学科的深度融合，要求各高校建立智能教学系统，引入AI辅助决策，提高教学智能化水平。该计划推动高校运用AI技术进行经济仿真实验、市场分析、政策模拟等教学实践，提升学生的数据分析能力和经济决策能力，培养适应未来数字经济时代需求的高素质复合型人才，为经济管理类专业的教学模式改革提供了新的方向和实践路径。

这些政策的支持，为AI赋能经济学实验教学提供了坚实的政策基础，使"经济学沙盘实训"课程教学改革符合国家教育发展战略。

（四）经济学人才培养的新需求

当前，全球经济形势复杂多变，企业决策和政府政策制定越来越依赖数据分析和智能预测，因此，市场对经济学专业人才提出了更高的要求。

企业需要具备数据驱动决策能力的人才：公司在市场分析、战略规划、投融资决策等方面，越来越依赖AI进行数据分析，传统经济学教育难以满足企业的需求。

政府与决策机构需要智能化经济分析人才：政府在制定货币政策、财政政策时，需要对CPI、GDP、就业率、产业结构等数据进行精准分析，AI能够提高政策的精准度。

跨学科人才需求上升：在新经济背景下，经济学已不再是单一的文科专业，而是成为与数据科学、人工智能、计算机科学紧密结合的复合专业，培养"经济+AI"复合型人才已成为一种趋势。

（五）国际先进高校的教学改革趋势

全球先进高校已开始将AI与经济学教育相结合，以提升学生的数据分析能力、智能经济建模能力和市场预测能力。

• 哈佛大学：在商学院课程中引入AI驱动的商业预测系统，让学生体验真实市场环境中的决策制定。

• 斯坦福大学：推出"AI+经济学"实验课程，利用AI分析全球经济数据，模拟货币政策制定。

• 麻省理工学院：开发智能经济建模平台，让学生在虚拟环境中进行市场竞争与政策调控实验。

"经济学沙盘实训"课程设计参考了国际先进高校的AI赋能教学模式，结合中国经济发展特色，打造适合本土经济环境的智能经济学实验课程。

四、教学创新理念与设计

(一) 理念

综上所述，在当前全球经济数字化转型的背景下，经济学教育正面临从理论教学向数据驱动、智能决策、实践导向的变革。传统经济学教学模式虽然能帮助学生理解基本经济理论，但是在真实经济环境模拟、市场数据分析、智能决策训练等方面存在较大的局限性。为了弥补这一不足，"经济学沙盘实训"课程引入"AI+虚拟沙盘"教学模式，结合人工智能、大数据分析、智能仿真等技术，实现理论与实践并重、数据与决策融合、模拟与真实结合的创新教学模式。

"经济学沙盘实训"课程以OBE（成果导向教育，Outcome-based Education）理念为指导，强调以学习成果为中心，确保学生在学习过程中掌握核心经济学知识，并具备实际应用能力。"经济学沙盘实训"课程采用沉浸式体验+智能化辅助+实践导向的教学策略，目标是培养学生的经济分析能力、数据建模能力、商业决策能力和政策评估能力，以满足数字经济时代对高素质经济管理人才的需求。

"经济学沙盘实训"课程基于AI赋能经济学教育的核心，凝练了以下四大教学创新理念为指引：

• 数据驱动教学——运用AI进行经济数据分析，实时获取GDP、CPI、利率、失业率等经济变量，培养学生的数据处理能力。

• 智能化决策训练——通过AI仿真市场环境，提供实时反馈，训练学生在不同经济情境下（通胀、衰退、市场泡沫）做出最优经济决策。

• 沉浸式教学体验——让学生在沙盘实验中模拟进行企业管理、政府调控、市场竞争等活动，提高学生的实践能力。

• 个性化学习路径——利用AI自适应学习系统，提供个性化的知识推送，提高学生的学习效率。

(二) 设计

"经济学沙盘实训"课程采用"三环节+四维度+六层次"的教学模式，确保学生从掌握基础知识到进行高级经济决策的渐进式提升。

1. 教学过程三环节（见表1）

表1 教学过程三环节

教学环节	内容设计	教学目标
课前智能学习（求知）	AI推送经济热点、自适应学习模块、案例分析	形成知识储备，理解经济原理
课中沉浸式体验（敏行）	AI驱动的市场模拟、团队竞赛、实时政策实验	强化实践能力，提高决策意识
课后个性化发展（拓新）	AI智能评估报告、数据分析作业、行业案例复盘	提升反思能力，优化知识运用

"经济学沙盘实训"课程采用"三环节"教学模式，即课前智能学习（求知）-课中沉浸式体验（敏行）-课后个性化发展（拓新），通过AI技术赋能每个教学环节，学习过程更加系统化、互动化、智能化，确保学生从知识掌握、实践运用到反思提升，实现渐进式能力培养。

（1）课前智能学习（求知）

课前主要利用AI推送个性化学习内容，通过自适应学习技术，为每个学生推荐最适合的知识点、案例分析和经济热点，帮助他们做好上课准备。其主要特色包括：

• AI推送经济热点：教学系统会根据全球经济动态，实时推送GDP增长、央行利率调整、财政政策等相关信息，确保学习内容的时效性和现实关联性。

• 自适应学习模块：AI学习平台会依据学生的知识掌握情况，推荐个性化的学习内容，使所有基础不同的学生都能获得适合自己的学习路径。

• 案例分析：教学系统会提供真实的企业运营案例、政策影响评估报告，使学生在学习理论的同时，结合案例进行思考，提高课堂讨论的深度。

目标：通过智能化学习，学生能够在课前完成基础知识储备，理解经济原理，形成初步分析能力，为课堂中的模拟实践做好铺垫。

（2）课中沉浸式体验（敏行）

课中是"经济学沙盘实训"课程的核心实践阶段，通过AI驱动的市场模拟，让学生在经济仿真环境中进行市场竞争、政策制定、投资策略调整等实际操作，使其真正"沉浸"在经济运行的决策过程中。其主要特色包括：

• AI驱动的市场模拟：学生将使用AI仿真平台，模拟不同经济主体（如政府、企业、投资者），在真实经济环境中做出决策，并观察市场的反应。

• 团队竞赛：学生分组进行经济决策，每个小组扮演不同的角色，如企业管理者、政府官员、中央银行行长等，在动态市场环境中竞争。

• 实时政策实验：通过模拟货币政策、财政政策的实施过程，学生可以调整政策参数（如利率、税收），观察政策对市场的短期和长期影响。

目标：通过AI沙盘实验和角色扮演，学生能够在实践中理解经济理论，培养决策意识，加强团队协作，提高市场分析能力，增强对经济规律的直观感知。

（3）课后个性化发展（拓新）

课后重点在于个性化反思与知识拓展。教师可以利用AI分析学生的学习表现，提供个性化评估，并通过数据分析任务和行业案例复盘深化知识应用。其主要特色包括：

• AI智能评估报告：AI根据学生在课堂上的决策表现，自动生成学习分析报告，指出学生的优劣势，并提供有针对性的学习建议。

• 数据分析作业：学生利用AI提供的市场数据（如通货膨胀率、GDP变化、企业财务数据），进行经济分析，并撰写决策建议。

• 行业案例复盘：结合现实经济案例（如中国"双碳"政策对GDP的影响），让学生对市场经济发展趋势进行思考，提出建议。

目标：通过智能化评估和深度分析，提高学生的经济分析能力，培养其批判性思维，增强其经济理论应用能力，并对其学习过程进行反思和改进。

2.教学内容四维度（见表2）

表2   教学内容四维度

维度	核心内容	教学工具
经济数据分析	国民收入理论、经济周期与经济增长	Python、Power BI、Tableau
企业经营决策	供给、需求与弹性，厂商生产理论，市场结构理论	经济仿真实验软件
宏观政策评估	CPI与通货膨胀、市场失灵与政府管制	机器学习、动态经济建模
智能决策优化	博弈论、理性决策	AI智能推荐系统

经济数据分析、企业经营决策、宏观政策评估和智能决策优化四个维度相辅相成，构建了一个从数据理解到市场模拟、政策干预，再到决策优化的完整经济学学习体系。通过AI赋能，这四个维度突破了传统教学的局限，使学生能够在实践中掌握经济学知识，并通过数据驱动的方式进行分析和决策，提高学生未来在经济研究、政策分析、企业管理等领域的核心竞争力。

经济数据分析是学生理解市场动态、掌握经济现象的基础。传统的经济学教学通常使用历史数据进行案例分析，而"经济学沙盘实训"课程依托AI技术，实时获取全球及本地经济数据，如GDP、通货膨胀率、失业率、国际贸易数据等，并通过Python、Power BI、Tableau等工具进行数据处理、建模和可视化。AI还能基于时间序列分析预测未来的经济趋势，使学生不再被动地接受理论，而是通过大规模数据挖掘和经济建模，主动发现市场规律。经济数据的实时性、交互性和可预测性使学生在学习过程中形成数据思维，提高学生对经济波动的敏感度，为企业管理和政策制定奠定坚实的分析基础。

企业经营决策是市场经济运行的核心，但是传统课堂主要用静态案例讨论市场竞争，学生无法体验企业经营决策的复杂性和动态性。"经济学沙盘实训"课程利用 AI 沙盘模拟系统，让学生在模拟市场环境中运营企业，进行定价、投资、营销、供应链管理等关键决策。AI 会根据市场供需变化、消费者行为、政策调整等因素动态反馈市场反应，使学生能够感受到企业决策的实时性和不确定性。此外，学生在市场竞争中不仅需要运用经济学理论，还要结合大数据分析制定竞争策略，增强他们的商业敏感度和市场适应能力。通过这种实践方式，学生能够真正理解市场竞争的逻辑，并具备应对复杂商业环境的能力。

宏观政策评估是经济学教学的重要组成部分，但是由于政策影响的复杂性和滞后性，学生往往难以直观感受到政策实施的具体效果。"经济学沙盘实训"课程借助 AI 技术，搭建财政政策和货币政策模拟环境，让学生能够动态调整税率、利率、政府支出等政策变量，并观察其对市场的影响。AI 预测系统可以根据历史政策数据，分析类似政策的执行结果，提高了政策模拟的精准性。同时，学生可以结合不同国家的政策案例进行对比研究，例如分析中国"双碳"政策与欧盟碳排放交易政策的经济影响。这种 AI 赋能的政策实验使学生能够在政策制定的逻辑框架下，理解不同经济环境中政策实施的有效性，提高他们的政策评估和经济分析能力。

智能决策优化是培养学生数据驱动思维的重要环节。在现实经济环境中，企业和政府的决策不再依赖单一的经验判断，而是通过 AI 模型制定优化方案。"经济学沙盘实训"课程引入 AI 智能推荐系统，结合大数据分析和机器学习，帮助学生在复杂经济环境中制定最优策略。例如，AI 可以基于市场趋势预测企业的投资回报率，帮助学生优化资产配置；在政策研究方面，AI 可以模拟不同货币政策组合，预测各种政策对市场的影响，帮助学生做出更精准的经济判断。智能决策优化使学生从传统的被动学习转向主动探索，提升了他们的战略思维能力，使其具备应对不确定环境的分析能力和前瞻性思维。

3.学习路径六层次

基于布鲁姆认知分类学（Bloom's Taxonomy），"经济学沙盘实训"课程设计了六层次学习路径，通过 AI 赋能教学方式，引导学生从基础知识获取到高阶经济分析和创新决策，形成循序渐进的能力培养体系。这种学习路径确保学生逐步构建经济学理论体系，提升学生的数据分析、市场预测和决策优化能力，最终达到深度理解与灵活应用知识的目的。

第一层：知识获取——通过AI学习平台掌握经济学基本概念

本阶段旨在建立学生对经济学核心概念和基础理论的认知，涵盖GDP、供需关系、市场结构、价格机制、财政政策与货币政策等关键知识点。AI学习平台会自动推送定制化学习内容，结合短视频、互动课件、在线测评等多种学习资源，帮助学生快速掌握基本经济学原理。同时，AI能够检测学生的学习进度，并基于个体学习情况推荐补充材料，使不同背景的学生都能以适合自身节奏的方式打好理论基础。

第二层：理解深化——AI案例推送，结合现实经济问题进行分析

在掌握了基本概念后，学生需要通过真实的经济案例深化对知识的理解。在本阶段，AI会基于当前经济热点，如中国GDP增长趋势、全球供应链危机、数字经济发展等，推送相关案例分析材料，使学生能够在具体经济情境中理解经济学原理。例如，通过AI辅助分析中国不同省份的GDP增长结构，学生可以理解产业结构升级、科技创新、政策调控等因素对经济增长的影响。通过案例分析，学生能够将理论知识与实际经济问题相结合，加深他们对经济学规律的理解。

第三层：应用实践——利用AI沙盘模拟系统，进行企业运营与政策决策

在本阶段，学生把所学知识应用于AI驱动的经济仿真系统，通过角色扮演和团队合作，模拟企业运营、市场竞争、政府政策调整等场景。例如，学生可以扮演企业管理者，制定产品定价策略、进行投资决策、制订市场推广计划，同时，还要应对不同经济环境（如通货膨胀、利率变动、市场需求波动）的挑战。此外，学生还可以模拟政府决策者的角色，调整财政政策或货币政策，观察市场的反应。这一阶段的学习能够让学生在实践中进一步理解经济政策的运作方式，提高其对市场运行机制的直觉判断能力。

第四层：分析推理——用AI进行经济数据建模，分析政策影响

在模拟实践的基础上，学生进入数据驱动的经济分析阶段，学习如何利用AI进行经济预测、政策分析和市场研究。例如，学生可以使用AI算法（如时间序列分析、回归分析、机器学习模型）构建经济预测模型，分析央行调整利率对投资和消费的影响，或者模拟财政政策对失业率的长期影响。AI能够提供自动化的数据清洗、建模和可视化工具，帮助学生快速发现市场趋势，培养其数据分析能力和逻辑推理能力。这一阶段的核心目标是让学生基于经济数据做出科学判断，提升学生的量化分析能力。

第五层：创新探索——利用AI预测市场趋势，提出优化企业战略或政策的建议

进入创新探索阶段后，学生基于前面的数据分析，提出优化企业战略或政策的建议。AI会提供不同市场情景模拟，让学生探索最优商业模式，如应对市场竞争的新定价策略、供应链优化方案、新兴市场进入策略等。此外，在政策研究方面，

学生可以利用AI预测不同财政政策或产业扶持政策对经济增长的长期影响，并提出有针对性的优化建议。例如，在"双碳"背景下，AI可以模拟不同绿色经济政策（如碳税、可再生能源补贴）的效果，学生则需要基于数据分析，制定最优可持续发展政策。这一阶段的核心目标是培养学生的创造性思维和经济决策能力，使其具有前瞻性。

第六层：综合评价——AI智能评分系统生成个性化反馈报告，提升学习效果

在本阶段，AI对学生在前五个层次的学习表现进行全面评估，并提供个性化反馈报告。AI评分系统能够跟踪学生的学习路径，分析其知识掌握程度、数据分析能力、决策准确性，并针对其薄弱环节提出改进建议。例如，如果某个学生在市场竞争模拟中频繁亏损，AI会分析其定价策略、成本管理、市场定位等方面的问题，并给出优化方案。此外，AI还能基于学生的兴趣领域，推荐进一步学习的拓展资源，如前沿经济研究论文、企业战略案例等，确保每个学生都能在个性化学习中不断进步。这一阶段的核心目标是帮助学生系统回顾所学知识并优化学习成果，提高学生的学习效率，为其未来职业发展提供精准指导。

编写人："经济学沙盘实训"课程教学团队

"跨境电商综合实训"课程教学数字化改革与实践

一、课程简介

(一) 课程开设的目的和意义

"跨境电商综合实训"课程是跨境电子商务、国际经济与贸易、电子商务等专业的核心技能培养课程,旨在通过系统化的理论学习和实践操作,帮助学生掌握跨境电商的全流程操作技能,培养具备国际化视野和创新能力的跨境电商专业人才。该课程以跨境电商行业的核心岗位需求为导向,结合行业发展趋势和实际业务场景,设计实训任务和项目,帮助学生提前适应跨境电商行业的工作环境,为未来的职业发展奠定坚实的基础。

随着全球经济一体化和数字经济的快速发展,跨境电商已成为国际贸易的重要组成部分。然而,该行业对高素质、实操型人才的需求与日俱增,传统教学模式难以满足这一需求。在"铸商魂、育商智、强商能"的总体教学目标下,该课程通过引入数字技术、虚拟仿真平台等现代化教学手段,结合校内外的实训资源,为学生提供真实的跨境电商操作环境,帮助其掌握行业核心技能,提升其就业竞争力。

(二) 课程主要内容

"跨境电商综合实训"课程以培养具备实操能力和创新思维的跨境电商专业人才为目标,涵盖跨境电商的多个核心领域,包括市场选品、产品定价、账户注册、商品发布、物流管理、订单处理、营销推广、支付结算、数据分析和客户服务等。课程内容紧密结合速卖通、亚马逊、阿里国际站等主流跨境电商平台的实际操作流程,通过理论与实践相结合的方式,帮助学生全面掌握跨境电商的运营技能。在实践教学中,该课程指导学生使用跨境电商仿真实训平台,完成以下核心任务:

1.市场选品与商机洞察

学习跨境电商选品策略,掌握速卖通、亚马逊、阿里国际站等平台的选品工具和方法。通过数据分析工具,如数字选品助手,挖掘市场潜力商品,结合消费者需求、竞争分析和趋势预测，制定科学的选品方案。培养市场分析和商机挖掘能力，为店铺的运营奠定基础。

2.产品定价策略

掌握跨境电商产品定价的理论与方法，结合平台规则、市场需求和竞争环境，制定科学的价格策略。学习如何利用数字工具分析市场价格动态，优化定价模型，提升产品的市场竞争力和利润率。

3.账户注册与店铺搭建

熟悉速卖通、亚马逊、阿里国际站等平台的账户注册流程，学习店铺装修和品牌形象塑造技巧。通过虚拟仿真实验，学生可以模拟完成从账户注册到店铺搭建的全流程操作，掌握品牌定位和视觉设计的基本原则。

4.商品发布与信息优化

掌握跨境电商商品上架流程，学习商品详情页的优化技巧。通过数字工具分析竞品数据，优化商品标题、描述、图片和关键词，提升商品的曝光率和转化率。同时，学习如何利用数字工具优化商品信息，改善用户体验。

5.跨境电商物流管理

了解跨境电商物流模式，包括直邮、海外仓、保税仓等。学习物流方案设计、报关通关、关税计算等操作流程。通过虚拟仿真实验，模拟不同国家的物流政策和运输场景，提升学生的物流管理能力和风险应对能力。

6.订单管理与客户服务

掌握订单处理流程，包括订单确认、发货、跟踪和售后管理等。学习客户服务技巧，如跨文化沟通、纠纷处理和客户满意度提升等。通过数字客服模拟系统，学生可以练习与不同文化背景的客户互动，提升服务质量和客户忠诚度。

7.跨境电商营销与推广

学习跨境电商营销策略，掌握平台内外的推广工具和方法。例如，利用速卖通的直通车、亚马逊的Sponsored Ads等工具进行精准营销；通过社交媒体增加店铺流量，设计促销活动和优惠券策略，增加销售额，提高客户转化率。

8.支付结算与资金管理

了解国际支付体系，包括PayPal、信用卡支付、加密货币支付等。学习平台支付账户的设置与管理，掌握资金流转和风险控制方法。通过虚拟仿真实验，模拟不同支付场景和汇率波动，提升学生的资金管理能力和风险防范意识。

9.数据分析与决策

掌握跨境电商数据分析基本方法，学习如何利用数据优化运营策略。通过数据分析工具，学生可以分析销售数据、客户行为和市场趋势，做出科学的运营决策。例如，利用数据可视化工具生成运营报告，优化选品、定价和营销策略。

该课程通过理论与实践相结合的方式，帮助学生全面掌握跨境电商的核心技能。课程内容涵盖从市场选品到数据分析的全流程操作，结合数字技术和虚拟仿真实验，提升学生的实操能力，培养学生的创新思维和综合素养。通过该课程的学习，学生将具备独立运营跨境电商店铺的能力，为未来的职业发展奠定坚实的基础。

（三）教学方法与特色

该课程采用"理论+实践+创新"的教学模式，结合案例分析、小组讨论、虚拟仿真、项目实操等多种教学方法，注重培养学生的实操能力、创新思维和团队协作能力。具体特色体现如下：

第一，数字技术赋能。引入数字技术，进行个性化教学和智能评估，帮助学生高效掌握知识和技能。

第二，虚拟仿真实训。利用跨境电商仿真实训平台，模拟真实业务场景，提升学生的实操能力。

第三，深化产教融合。与跨境电商企业合作，开展企业访问、行业研究等活动，帮助学生了解行业动态和企业的实际需求。

第四，跨学科融合。结合数据科学、市场营销等学科知识，培养学生的综合分析和决策能力。

通过该课程的学习，学生不仅能够掌握跨境电商的核心技能，还能培养理论联系实际的工作作风、严肃认真的科学态度以及独立解决问题的能力，为其未来在跨境电商行业的职业发展奠定坚实的基础。

（四）思政元素融入教学

1.传递家国情怀、民族自豪感和大国自信

通过展示中国在跨境电商领域的突出成就，让学生深刻感受到我国在国际贸易中的重要地位，激发学生的爱国热情和民族自豪感，树立大国自信。

2.培养学生的敬业精神、法治意识和团队协作能力

在讲解跨境电商平台规则、产品发布和交易规程等内容时，强调敬业精神的重要性，引导学生认真对待每一个环节的工作。同时，结合跨境电商知识产权等内容，培养学生的法治意识。此外，通过跨境电商市场选品等需要团队合作的任务，培养学生的团队协作能力。

3.培养学生的辩证思维能力

启发学生用全面、联系、发展的观点看待问题。在讲解跨境电商商业模式、市场及行业分析等内容时，引导学生用全面的观点看待问题，考虑到各个环节和不同因素的影响。通过分析跨境电商的发展历程和趋势，让学生认识到事物的联系和发展过程，用辩证思维看待世界。

4.培育跨文化交流和合作意识

在讲解跨境电商营销推广、客户服务等内容时，引入跨文化交流的案例，让学生了解不同国家的文化差异，培养学生的全球化视野和跨文化交流合作意识。

二、课程目标

在数字经济与全球化深度融合的背景下，跨境电商行业正在经历快速变革，传统的教学模式已难以满足行业对复合型、数字化人才的需求。数字技术的引入为"跨境电商综合实训"课程提供了新的突破口，课程目标不再局限于基础知识的传授，而是以"技术赋能、实践导向、综合能力培养"为核心，构建"三维六层"目标体系。我们从知识、能力、素养三个维度展开探讨。

（一）知识维度：夯实基础，拓展前沿

1.掌握跨境电商核心知识与理论

在知识维度，首要的目标是使学生深入理解跨境电商的基本理论和核心知识体系，包括市场选品、产品定价、物流管理、营销推广、支付结算、数据分析等模块。学生需要掌握跨境电商平台的运营规则、国际支付体系、跨境物流模式等基础知识，理解"市场分析-选品策略-运营管理-客户服务"的逻辑链条。通过使用真实案例，如速卖通、亚马逊等平台的运营实践，深化学生对跨境电商全流程的认知。

2.构建跨学科知识网络

该课程还着重探讨跨境电商与数字技术、数据科学、国际贸易等学科的交叉融合。例如，利用数字技术进行智能选品和数据分析，借助大数据工具优化营销策略，通过区块链技术提升支付安全性等。通过构建跨学科知识网络，培养学生的创新思维与综合能力，使其在跨境电商与数字技术交融的新时代具备竞争优势。

（二）能力维度：技术赋能，实践导向

1.掌握数字技术与数据分析能力

在能力维度，该课程强调提升学生的数字技术应用能力和数据分析技能。学生需要熟练掌握主流数据分析工具和数字技术，用于市场分析、选品策略制定、客户行为预测等任务。例如，利用数字工具分析消费者偏好，制定精准的营销策略；通过数据分析优化物流方案，降低运营成本。这些实践技能的训练使学生能够独立完成从数据收集、处理到决策优化的全过程，提升学生解决问题的能力。

2.培养实操与创新能力

通过虚拟仿真实验和团队项目，该课程构建了一个从需求分析到全流程运营的能力闭环。例如，在"跨境电商平台运营"任务中，学生需要完成从市场选品、店铺搭建到营销推广的全流程操作，并结合数字工具优化运营策略。在"跨境物流方案设计"任务中，学生需要分析不同国家的物流政策，设计高效的物流方案。这些实践不仅锻炼了学生的实操能力，还培养了其创新思维和团队协作能力。

（三）素养维度：伦理为先，责任为重

1.强化全球化视野与社会责任感

在"商道铸魂、粤韵润心、践悟并行"的育人理念指引下，通过"数字+跨境电商"的模拟实践，让学生亲身体验跨境电商对全球经济和社会的影响。利用数据分析工具评估跨境电商对发展中国家经济的促进作用，设计普惠性物流方案帮助中小企业进入国际市场。这些实践不仅培养了学生的全球化视野，还激发了其社会责任感，使其成为推动跨境电商行业健康发展的重要力量。

2.培养跨境电商伦理与合规意识

随着跨境电商的快速发展，数据隐私、知识产权、消费者权益保护等问题日益凸显，该课程注重培养学生的跨境电商伦理意识和合规意识。学生要深入理解跨境

电商伦理的基本原则，包括数据隐私保护、公平交易、尊重知识产权等，学会在运营过程中遵循这些原则，避免侵犯消费者权益或违反平台规则；了解国际贸易法规和跨境电商政策，确保运营活动合法合规。

三、教学创新改革背景

该课程旨在培养学生掌握跨境电商的实际操作技能和运营管理能力，但是在教学过程中面临诸多挑战和问题。这些问题不仅影响了教学效果，也制约了学生职业能力的提升。

1.教学资源的局限性

目前，跨境电商实训平台难以完全模拟真实、复杂的跨境电商运营环境，尤其是在业务场景的多样性、市场变化的动态性以及消费者需求的复杂性等方面存在不足。例如，对于新兴的跨境电商模式（如社交电商、直播电商）以及快速变化的平台规则（如速卖通、亚马逊的政策更新），现有的实训平台往往无法及时更新并提供相应的模拟操作。此外，教学案例的更新速度滞后于行业的发展，学生难以接触到最新的行业动态和实际问题，导致实训内容与现实需求相脱节，降低了教学的实用性和有效性。

2.学生学习的困难

一方面，学生在电子商务、国际贸易、市场营销等相关学科的知识基础参差不齐，导致其在实训过程中对不同模块的理解和掌握程度存在较大差异。基础薄弱的学生可能在理解复杂的跨境电商流程（如物流管理、支付结算）时遇到困难，而基础较好的学生可能觉得实训内容缺乏深度和挑战性。另一方面，学生在实际操作中往往缺乏独立思考和解决问题的能力，习惯于依赖教师的指导。当遇到实际问题时，如商品上架失败、物流延误等，学生可能不知所措，无法灵活运用所学知识进行处理。

此外，部分学生对跨境电商实训的重要性认识不足，缺乏学习的主动性和积极性。实训内容可能相对枯燥，尤其是一些重复性操作，如商品信息录入、订单处理等，容易使学生产生倦怠感；而缺乏创新性任务，如设计营销方案、优化数据分析等，可能导致学生的学习动力下降。

3.教学方法的不足

传统的教学方法以教师讲授为主，学生被动地接受知识，缺乏互动性和参与性。这种单一的教学方法难以激发学生的学习兴趣和主动性，不利于培养学生的创新能力和实践能力。在大班教学的情况下，教师难以关注到每个学生的学习进度和需求，无法提供个性化的教学指导。学生在学习过程中遇到的问题不能及时得到解决，影响了学习效果。同时，实训内容多侧重于基础技能训练，如平台操作、商品上架；对于高阶能力，如市场选品策略、数据分析决策等方面的训练较少。

4.理论知识与实践偏差

跨境电商涉及市场选品、产品定价、物流管理、营销推广、支付结算、客户服务等多个模块，流程复杂且规则严格。学生缺乏实际工作经验，难以理解抽象的业务逻辑。例如，在模拟选品时，学生可能仅完成商品筛选，却无法深入分析市场需求和竞争环境。此外，跨境电商行业的政策和技术变化迅速，导致教学内容相对滞后。例如，跨境电商平台的算法更新、物流技术的迭代（如智能仓储、无人机配送）以及支付方式的创新（如加密货币支付）等，传统教材和案例难以同步更新。大多数实训仍聚焦传统操作，新的业务场景，如数据选品、智能客服等覆盖不足，导致学生技能与行业需求错位，学生所学知识与实际业务操作存在偏差。

5.行业需求与教学目标的脱节

跨境电商行业对人才的需求日益多元化和专业化，不仅要求从业者具备扎实的操作技能，还需要具备数据分析、市场洞察、跨文化沟通等综合能力。然而，现有的课程设置和教学内容往往偏重基础操作，缺乏对行业前沿技术和趋势的覆盖，导致学生毕业后难以迅速适应岗位需求。

6.技术赋能不足

随着大数据等技术的快速发展，跨境电商行业正在向智能化、数据化方向转型。然而，现有的实训课程在技术赋能方面存在明显不足。例如，缺乏基于数字技术的智能选品工具、数据分析平台以及虚拟仿真环境，学生无法接触到行业最新的技术应用，限制了其技术能力的提升。

四、教学创新理念与设计

在数字经济与全球化深度融合的背景下，跨境电商行业正在经历快速变革，传统的实训教学模式已难以满足行业对复合型、数字化人才的需求。数字技术的引入为"跨境电商综合实训"课程提供了新的突破口。基于此，该课程的教学创新理念与设计如下：

（一）数智引领，锚定跨境电商教学新导向

数字技术驱动的数智化转型是跨境电商行业的核心趋势。实训教学以"数智化"为核心理念，通过模拟真实业务场景中的数字技术应用，如智能选品、数据化定价、物流管理等，帮助学生理解数字技术如何优化跨境电商运营效率与客户体验。设计智能选品模块，让学生体验如何通过数据分析挖掘市场潜力商品，提升选品的精准度。同时，数字技术还可以模拟复杂的市场环境，帮助学生在动态变化中掌握运营策略。

（二）数字赋能，定制个性化动态学习路径

传统的实训教学模式多采用固定案例，而数字技术可以通过数据分析生成动态化学习内容。例如，利用跨境电商仿真实训平台，教师可上传实时市场数据，数字算法自动生成个性化的训练任务，如根据学生的操作习惯推荐专项练习，并通过智能反馈系统实时调整教学策略，实现"因材施教"。这种动态化学习路径不仅提高了学习效率，还增强了学生的学习兴趣和主动性。

（三）虚实交融，营造沉浸式跨境实训体验

结合虚拟仿真技术与数字交互功能，构建高度仿真的跨境电商操作环境。在客户服务模块中，学生可以通过语音或文本与模拟客户进行互动，系统会实时分析对话内容并生成服务建议，提高学生的实战能力。在物流管理模块中，学生可以通过VR技术模拟跨境物流的全流程操作，包括仓储管理、报关通关、国际运输等，增强学习的沉浸感，提高学生的实操能力。这种虚实结合的实训环境使学生能够在接近真实的情境中学习和实践，提升综合应用能力。

（四）全链贯通，构建跨境电商能力培养闭环

从基础业务操作，如商品上架、订单处理等，到高阶能力，如市场分析、营销策略制定等，数字技术贯穿于实训全流程。例如，在数据分析模块中，借助数字技术生成市场趋势报告初稿，学生需要结合数据分析工具进行修正与决策，从而培养学生的综合运营能力。在营销推广模块中，学生可以利用数字工具分析消费者行为，制定精准的营销策略，提升学生的市场洞察力和创新能力。通过全链路的能力培养，学生不仅能够掌握了跨境电商的核心技能，还具备了解决复杂问题的综合能力。

五、教学创新改革措施

（一）数字驱动课程资源多元建设

1.网络教学资源整合

利用数字技术整合跨境电商相关的优质教学资源，包括MOOC平台课程、行业报告、案例分析、政策法规解读等。通过自然语言处理（NLP）和文本挖掘技术，智能筛选与课程内容匹配的资源，并根据学生的学习需求推荐个性化学习路径。例如，针对学生在选品策略上的薄弱点，推荐相关案例和实操视频，帮助学生弥补不足。从海量数据中提取最新的行业动态和平台规则，确保教学资源的时效性和实用性。

2.数字教学资源生成

基于学生的学习数据和行为分析，自动生成原创教学资源。例如，利用数字技术生成跨境电商平台操作教程视频、数据分析工具使用指南、选品策略解析动画等，丰富教学资源的形式。此外，根据行业动态实时更新教学内容，如最新平台规则、物流技术、支付方式等，确保学生掌握前沿知识。例如，当跨境电商平台推出新的营销工具时，利用数字技术生成相关教程和实操任务，帮助学生快速掌握新功能。

（二）数字模拟构建实训教学动态体系

1.模拟复杂业务场景

利用数字技术能够模拟跨境电商运营中的复杂场景，如多平台运营、跨境物流、国际支付、客户服务等。例如，在物流管理模块中，利用数字技术可以模拟不同国家的海关政策、物流延误、关税计算等场景，帮助学生提升解决实际问题的能力。在客户服务模块中，利用数字技术可以模拟不同文化背景的客户需求，训练学生的跨文化沟通能力。

2.智能生成实训案例

利用数字技术，根据最新的市场数据、平台规则和行业趋势，可以自动生成实训案例。例如，在选品模块中，可以基于实时市场数据生成选品任务，学生需要根据数据分析结果制定选品策略，提升学生的实操能力。在营销推广模块中，通过数字技术生成不同市场环境中的营销任务，要求学生设计并执行推广方案，培养其市场洞察力和创新能力。

3.动态调整实训难度

根据学生的实训表现，动态调整案例的难度。例如，针对选品策略掌握较好的学生，生成更复杂的市场分析任务；而针对基础较差的学生，则提供更详细的指导，确保每个学生都能在适合的难度下学习。

（三）大数据导向个性化教学新模式

1.建立学生综合画像

通过分析学生的学习行为数据，如学习时长、任务完成情况、测试成绩等，生成学生的能力画像，识别其强项和薄弱点。例如，针对数据分析能力较弱的学生，可推荐相关学习资源和专项练习，帮助学生提升数据分析能力。同时，根据学生的学习兴趣和职业规划，推荐个性化的学习路径和职业发展建议。

2.辅助教学与实时反馈

实时监测学生的实训操作，提供实时反馈和指导。例如，在商品上架模块中，若学生填写的信息不完整或不符合平台规则，要立即提示并给出改进建议，帮助学生快速掌握操作要点。在数据分析模块中，可以对学生的分析报告进行实时评估，指出错误并提供优化建议。

3.构建知识图谱与系统化学习

利用数字技术构建跨境电商知识图谱，将课程内容结构化、可视化。例如，将选品、定价、物流、营销等模块的知识点关联起来，帮助学生形成系统化的知识体系。通过知识图谱，学生可以清晰地了解各知识点之间的关系，提升综合运用能力。

（四）教学效果评估与持续改进

1.学习成效分析与能力评估

通过数字技术分析学生的学习数据，评估其知识掌握和实操情况。例如，在数据分析模块中，评估学生的数据分析报告质量，识别其薄弱环节，并提供改进建议。在选品模块中，可以根据学生的选品策略和市场分析能力，评估其决策水平。

2.教学策略优化与动态调整

基于数字技术反馈的学习成效分析结果，教师可以调整教学策略。例如，针对学生普遍存在的选品策略问题，教师可以增加相关案例分析和实操练习，改善教学效果。同时，教师可以根据学生的学习进度和反馈，动态调整教学内容和难度，确保教学目标的实现。

3.课堂行为分析与教学方式优化

利用数字技术分析课堂互动数据，如学生提问、讨论参与度等，优化教学方式。例如，通过分析学生的课堂表现，可以识别其学习兴趣点，帮助教师设计更具吸引力的教学内容。在小组讨论中，可以监测学生的参与情况，提供实时反馈，促进学生之间的互动与协作。

4.行业反馈与课程内容更新

通过与跨境电商企业合作，收集行业反馈和实际案例，持续更新课程内容。例如，当行业推出新的物流技术或支付方式时，教师主动将其融入教学内容，确保学生掌握最新的行业知识和技能。

六、教学创新成效

（一）数字赋能，教学资源完善升级

借助数字技术，该课程构建了教学资源库，整合了跨境电商行业报告、平台规则、市场数据等多维度资源，并实时跟踪行业动态，确保教学内容的时效性和实用性。在整合跨境电商网络教学资源方面，不仅提供了文本、图片等传统资源，还能生成动画演示、虚拟场景模拟视频等多媒体内容。例如，在讲解跨境电商物流流程时，可以生成动画展示商品从仓库到消费者手中的全流程；在模拟平台进行操作时，可以创建虚拟场景视频，帮助学生直观地理解操作要点。通过数据驱动资源推荐与教学资源生成，可以根据学生的学习数据，如学习进度、知识掌握情况、兴趣偏好等，精准推荐个性化学习资源。实时跟踪跨境电商行业的最新动态，确保学生接触到最新的行业知识和实操案例。

（二）数字驱动，教学方法多元拓展

数字技术的引入使教学方法更加多元化，激发了学生的学习兴趣和主动性，提升了教学效果。通过虚拟仿真技术和数字交互功能，营造高度沉浸式的跨境电商操作环境。在客户服务模块中，学生可以通过语音或文本与虚拟客户互动，系统会实时分析对话内容并生成服务建议，提高学生的实战能力。根据学生的学习行为和成绩，可以进行个性化学习路径设计。通过数字技术，学生被智能分组，完成跨学

科、跨平台的协作任务。

(三)数字助力,教学效果提升

数字技术的应用提高了教学效果,学生的学习兴趣、知识掌握程度和实操能力均得到改善。数字驱动的虚拟仿真实验和个性化的学习路径激发了学生的学习兴趣。在跨境电商平台操作时,学生通过虚拟仿真环境进行实操训练,体验真实的运营过程,增强了学习的趣味性和成就感。学生的学习效率与知识掌握度均有所提高,系统实时监测学生的学习进度和成绩,提供实时反馈和辅导。数字技术为教师提供了精准的教学数据支持,通过分析学生的实训表现,识别学生学习中的薄弱环节,帮助教师调整教学策略,提升教学效果。

数字技术赋能"跨境电商综合实训"课程在教学资源、教学方法、教学效果和理论与实践结合等方面取得了显著成效。学生不仅掌握了跨境电商的核心技能,还培养了创新思维、团队协作和综合应用能力,为其未来的职业发展奠定了坚实的基础。未来,我们将继续深化教学创新改革,探索更多基于数字技术的教学方法和工具,进一步提升该课程的教学质量和学生的职业竞争力。

编写人:"跨境电商综合实训"课程教学团队

"跨境电子商务物流"课程教学数字化改革与实践

当前，全球经济正加速迈向数字化、智能化和绿色可持续发展阶段，我国也正处于经济结构转型的关键时期，从传统投资驱动向创新驱动模式深度演进。《中国数字经济发展报告（2024）》（中国信息通信研究院，2024）显示，2023年，中国数字经济增加值已占GDP的41.5%，成为推动经济增长的核心引擎。与此同时，人工智能（数字赋能）、区块链、大数据、云计算等新兴产业快速崛起，催生大量新型就业岗位，促劳动力市场对创新型、复合型、实践能力强的人才需求不断增加。然而，传统高等教育尚未完全适应这一变革，如何将人工智能技术融入课程教学改革中，培养符合新经济需求的高素质人才，已成为我国高等教育改革的核心议题之一。

培养数智化时代"新文科"复合型、应用型拔尖创新人才是跨境电子商务学科的重要使命。以跨境电子商务为代表的新型经济模式已成为对外贸易发展的新动力，其中跨境电子商务物流是促进跨境电商发展的桥梁。但是，目前"跨境电子商务物流"课程多为传统教学模式，在线共享课程资源有限，数字赋能技术在该课程教学中的应用还是空白。为了适应学科交叉融合发展的需要，为了加快跨境电子商务学科整体发展进程，为了实现高校跨境电子商务类课程资源共享，为了使教学模式与时俱进，对"跨境电子商务物流"课程进行改革迫在眉睫。

在此背景下，"跨境电子商务物流"课程以"数字赋能+实践"为双核驱动，通过重构课程体系、深化校企合作、强化科研反哺，构建了"技术赋能、产业联动、创新引领"的教学新模式，致力于培养具备全球视野与技术底座的复合型物流人才。

一、课程简介

"跨境电子商务物流"是一门面向跨境电商、国际贸易、物流管理等专业学生的核心课程，旨在通过引入人工智能技术，推动跨境电商物流教学创新与改革。该课程将物流管理理论与数字赋能技术相结合，深入探讨数字赋能在跨境电商物流中的应用场景及对教学模式的深远影响。该课程的内容涵盖智能仓储管理、物流路径优化、国际供应链协同、智能清关及无人配送等多个领域，通过案例研究、数据分析、仿真实验和项目实践，培养学生运用数字赋能工具解决实际跨境电商物流问题的能力。

通过数字赋能教学模式创新，学生的知识体系、实践技能和行业适应能力将得到全面提升。改革后的课程体系将更加贴合现代物流行业的需求，使学生在学习过程中不仅掌握传统物流管理知识，同时也具备运用数字赋能技术优化物流流程的能力。这一改革将有效缩小高校教育与行业发展的差距，为未来跨境电商物流人才培养提供了新的思路和方向。

二、课程目标

"跨境电子商务物流"课程以"铸商魂、育商智、强商能"为核心育人目标，致力于构建契合国家数字经济发展战略和高质量教育体系的复合型商科人才能力架构。基于成果导向（OBE）教育理念，该课程注重从岗位胜任力出发倒推教学目标，强调以真实场景、数智技术与企业需求为导向，通过跨学科知识整合、多维能力培养和场景任务驱动，破解当前物流教育中"重理论轻技术、重知识轻能力"的结构性障碍，推动从"以教为中心"向"以学为中心、以用为导向"的根本转变。

以东南亚跨境电商物流路径为教学实例，商品从中国义乌发往印度尼西亚雅加达，需要依次完成集货整合、干线运输、清关申报、海外分拨与末端配送等复杂流程。传统教学模式大多停留在理论叙述与节点介绍上，难以展现数智物流下多变量、多约束条件下的最优决策路径。现实中的企业需要实时调用人工智能算法优化运输网络，借助机器视觉与物联网技术实现动态追踪与包裹识别，利用区块链确保数据可信与高效通关。因此，课程设计必须跳出流程线性讲授范式，转向技术融合、业务建模与仿真模拟并重的复合型教学体系，实现课程目标的系统性构建与层次化推进。

该课程的核心目标是让学生全面掌握跨境电子商务物流的基本理论、实践应用和智能化技术，并在全球贸易背景下利用人工智能提升物流效率和管理水平。具体目标如下：

（一）夯实商学理论根基，厚植全球化视野（铸商魂）

面对全球化贸易格局的变化，该课程系统讲授国际物流理论体系、跨境运作机制与供应链网络架构，覆盖从干线运输到关务报关、海外仓协同、逆向物流等全流程核心知识。通过引入《区域全面经济伙伴关系协定》（RCEP）、《全球贸易便利化协定》等内容，提升学生对全球治理规则与国际商业环境的敏感性与理解力，帮助其在学习中构建战略性思维与制度意识。同时，该课程嵌入思政元素，通过共建"一带一路"物流建设等案例激发学生的国家认同感与责任担当，增强其"商以载道、责在天下"的价值理念。

（二）掌握数智技术体系，提升跨界集成能力（育商智）

聚焦智能物流主流技术在跨境电商物流中的应用逻辑，该课程教学内容涵盖AI调度算法、智能选仓与波次分拣、数字孪生系统建模、清关OCR识别等，使"物流+技术"深度交叉融合。学生可以通过案例驱动与任务制学习掌握Python、Power BI等工具，开展实际数据建模与平台搭建，理解数智系统如何与业务流程深度嵌套。同时，我们引导学生构建系统化的技术视角，在掌握工具应用的基础上，提升架构设计能力与技术逻辑思维，使学生逐步成为具备"底层逻辑+顶层设计"能力的专业人才。

（三）强化数据认知能力，培养智能决策素养（育商智）

在大数据广泛渗透物流产业的背景下，该课程重点培养学生从原始数据中发现问题、建构逻辑与生成洞见的综合数据素养。学生将学习如何通过数据挖掘、时间序列预测、聚类与分类算法等手段进行需求预测、路径模拟与运力调配，并在复杂环境中建立决策支持系统（DSS）。通过项目模拟，引导学生从数据中识别模式、评估风险、形成量化决策，建立"数据驱动+逻辑判断"并行的科学思维体系。

（四）增强实践创新意识，提升系统落地能力（强商能）

围绕数字化转型背景下的业务场景，该课程通过引入真实企业数据与校企共建项目，搭建"学-做-赛-创"一体化实践平台。学生将在"数智赋能物流场景挑战赛""跨境路径优化竞赛"等项目中提出解决方案，涵盖路径调度算法设计、仿真环境搭建与交付优化报告撰写等多个环节，锤炼其跨学科集成创新能力。同时，引导学生深入理解企业痛点、商业逻辑与运营约束，使其具备解决复杂问题的综合能力，为高阶岗位胜任力打下坚实的基础。

（五）提高学生的创新能力和实践应用能力（固商力）

为了提高学生的创新思维和实践能力，该课程特别设置了数字赋能物流项目实战、跨境电商物流智能竞赛以及企业合作实训等实践环节。通过项目式学习，学生将直接参与智能物流方案的设计和实施，从中提升创新能力和技术应用能力。同时，我们也积极组织学生参加跨境电商物流智能化竞赛，以及跨境电商相关竞赛活动，鼓励学生在竞赛中探索人工智能在物流行业的创新应用。此外，我们与国际物流企业合作，提供真实的业务数据，使学生在真实商业环境中运用数字赋能技术，提高其行业适应能力和职业竞争力。

三、教学创新改革背景

（一）传统跨境电商物流教学模式的局限性

传统跨境电商物流教学模式仍以理论讲授为主，缺乏实践操作，学生难以真正理解跨境电子商务物流的复杂性和挑战性。

首先，教学内容相对陈旧，未能及时跟进物流行业的最新发展，特别是在智能物流、人工智能、大数据等新技术的应用方面明显滞后。许多高校的"跨境电子商务物流"课程仍然采用传统的教材和案例，未能充分融入最新的技术趋势，导致学生的知识体系与行业实际相脱节。

其次，实践教学资源匮乏是传统跨境电商物流教学的一大短板。由于跨境电商物流涉及全球供应链、国际运输、海关清关等复杂环节，学生很难在校园环境中获得实践经验。各高校现有的实验室条件有限，难以模拟真实的跨境电商物流操作，使学生缺乏实际操作能力，难以满足企业对于高素质、实践能力强的智能物流人才的需求。

此外，教学方式单一，难以激发学生的学习兴趣和创新能力。传统课堂以教师讲授为主，学生被动地接受知识，缺乏互动性和实践训练的机会。大多数课程考核仍以笔试为主，缺乏对学生动手能力、创新能力和团队协作能力的考察，难以培养出满足现代跨境电商物流行业需求的复合型人才。

（二）数字赋能跨境电商物流教学的必要性

随着人工智能技术的发展，跨境电商物流行业正逐步采用智能化、自动化和数据驱动的运营模式。数字赋能技术在跨境电商物流中的应用已涵盖智能仓储、物流路径优化、智能报关、供应链预测等多个关键领域。智能仓储技术利用数字赋能优化库存管理，提高库存周转率和仓储效率，从而降低了仓储成本。此外，数字赋能在物流路径优化中的应用使得物流企业能够动态计算最优配送路径，缩短运输时间，提高配送效率。基于机器学习的物流预测模型能够分析历史数据，预测市场需求，加快供应链响应速度，减少物流延误，提升跨境电商物流企业的运营效率。在通关环节，数字赋能技术也被广泛应用于智能报关与风控，通过自动审核贸易文件，提高了通关效率，减少了人为错误，降低了合规风险。

因此，将数字赋能技术引入"跨境电子商务物流"教学，不仅可以使该课程具有前沿性，使学生掌握最新的智能物流技术，还能帮助学生提高数据分析能力，提高其在跨境电商物流行业中的竞争力。此外，数字赋能教学模式能够推动教学方法改革，使课堂教学更加互动化、数据化，并提高学生的实践操作能力。通过数字赋能技术的引入，"跨境电子商务物流"课程教学可以更好地对接行业需求，培养出真正符合未来智能物流发展方向的复合型人才。

（三）与时俱进，创新教学模式的必然性

人工智能技术的引入不仅提升了"跨境电子商务物流"课程的教学质量，同时也对教师团队的专业能力和教学水平提出了更高的要求，并带来了深远的影响。在数字赋能教学环境下，教师团队需要不断更新知识体系，掌握智能物流、数据分析、人工智能算法等前沿技术，以适应智能化教学模式的变革。这种变化不仅促进了教师专业技能的提升，还拓宽了教师的教学思维，使其能够更好地融合传统物流管理与现代智能技术，构建更加科学、系统的教学体系。

首先，数字赋能技术的应用促使教师在跨学科领域学有所长。传统的"跨境电子商务物流"课程教学主要侧重于物流管理、国际贸易、供应链优化等内容，而数字赋能的课程教学要求教师掌握机器学习、数据分析、智能决策支持等技术，以便向学生传授现代化的物流管理方法。这就促使教师不断学习和更新知识，提升自身的技术素养，从而具备跨学科整合能力，使课程内容更具深度和广度。

其次，数字赋能技术的引入推动教师团队在教学方法上有所创新。过去的课堂教学模式以讲授为主，而现在的智能化教学手段，如数据可视化、数字赋能模拟仿真、智能评测系统等，要求教师掌握基于数字赋能的教学工具，提高互动式、实验式教学的比重。通过使用数字赋能驱动的物流仿真软件，教师可以引导学生在虚拟环境中进行仓储管理、物流优化等操作，使教学更加生动、直观。这种转变不仅增强了教学的趣味性和实用性，也提高了学生的学习效率和参与度。

最后，数字赋能教学体系使教师在科研能力和行业合作方面获得了更大的发展空间。通过数字赋能技术的应用，教师可以借助大数据分析方法，对跨境电商物流行业的发展趋势、运营模式、智能优化策略等进行深入研究，并将研究成果转化为教学资源，提高教学的学术含量。同时，教师团队可以利用数字赋能校企合作平台，与物流企业、科技公司等机构建立更加紧密的合作关系，共同开发智能物流案例，拓展实践教学资源。这不仅增强了教师的行业影响力，也为高校与企业的协同创新奠定了坚实的基础。同时，数字赋能技术还提升了教师团队的教学评估和课程管理能力。基于数字赋能技术的智能评测系统可以自动分析学生的学习数据，提供个性化的学习反馈，帮助教师精准掌握学生的学习进度和知识掌握情况。

四、教学创新理念与设计

在"商道铸魂、粤韵润心、践悟并行"的育人理念指引下，"跨境电子商务物

流"课程改革不仅关注学生专业能力的构建，更注重通过专业知识传授过程中的价值引导，实现立德树人与服务社会的统一。随着教育信息化、智能化的不断深入，数字技术正成为重塑课程结构、重构教学空间与重建教学关系的重要媒介，为课程思政与专业知识的融合提供了前所未有的技术支撑和场景应用。

"商道铸魂"强调将商业伦理、国家使命、社会责任等价值要素融入教学全过程。在课程设计中，教师有意识地将国家战略、共建"一带一路"倡议、跨境电商物流的国家安全及政策合规等内容作为思政元素嵌入教学之中。例如，在分析中欧班列运输路径时，教师不仅讲授物流通道与运力结构，同时引导学生思考物流基础设施对国家地缘经济格局的影响，引出"交通强国"战略背后的制度优势与发展逻辑，从而激发了学生的爱国主义情感，培养了学生的全球视野。

"粤韵润心"强调文化自信与区域文化的育人力量。在"跨境电子商务物流"课程教学中，教师团队借助粤港澳大湾区区域发展背景，结合珠三角口岸优势与本地物流枢纽体系，引导学生认识区域经济发展战略与本地文化精神在国家整体发展中的独特价值。通过"粤港澳自由贸易试验区""深圳前海智慧物流发展"等专题案例，引导学生将专业认知与区域文化相融合，以文化认同提升学习参与度，以地域视角强化实践导向，真正做到"润物细无声"。

"践悟并行"强调知行合一、实践引领的能力养成。为了实现这一目标，该课程借助数字赋能手段，重构思政育人机制。例如，利用虚拟仿真技术构建跨境电商物流模拟平台，让学生在参与中欧班列运输、报关流程审批、海外仓管理等业务中亲历物流运作过程，并嵌入"报关诚信""区块链可追溯性""绿色物流"等相关任务，引导学生在解决问题时接触制度规范、法治意识与责任担当等关键价值点，实现认知、情感与行为的三重共振。

此外，该课程充分发挥教学平台的智能感知与反馈能力，在学生参与互动、提交作业、协作研讨等过程中，实时捕捉其对价值议题的关注程度和思维倾向，利用学习画像与行为数据动态调整教学策略，实现思政教学的"智能适配"与"精准浸润"。例如，当教学平台识别出某个学生在物流风险案例分析中关注"国家安全"层面较多时，可以推送"跨境电商物流中的贸易壁垒与主权策略"拓展内容，引导其进一步从专业问题中发现政治逻辑与国家立场。

综上所述，该课程通过对"商道铸魂、粤韵润心、践悟并行"育人理念的系统实践，借助数智技术构建情境化、交互式、智能化的教学生态，使思政育人从"内容附加"走向"机制内嵌"，实现了价值引领与知识构建的深度融合。该课程不只是物流技术的传授平台，更成为引导学生以新时代青年身份回应国家需要、社会期待与行业发展的精神塑造空间，为复合型、创新型、高素质商科人才的成长奠定了坚实的基础。

五、教学创新改革措施

（一）构建数字赋能智能选仓教学模块

在传统的仓储管理教学中，学生主要学习制定库存优化方案，缺乏对智能仓储技术的深入理解。为此，该课程引入数字赋能智能选仓教学模块，通过数据分析与数字赋能算法模拟仓储管理过程，让学生掌握仓库选址优化、库存管理自动化、智能分拣等关键技术。课程设计包括理论讲解、案例分析以及实操训练，学生将使用Python和SQL分析仓储数据，并通过数字赋能模拟工具优化选仓方案。该模块的实施不仅提升了学生的数据分析能力，也使其具备了在智能化仓储环境中工作的实践经验，为其就业胜任力奠定了坚实的基础。

（二）设置智能物流路径优化教学模块

物流路径优化是跨境电商物流管理的重要环节，传统教学模式往往停留在理论层面，未能有效培养学生的实践能力。该课程通过智能物流路径优化教学模块，引导学生使用数字赋能算法进行动态路径规划，如基于深度学习的运输路线优化、利用蚁群算法和遗传算法寻找最低成本路径等。该模块采用项目式学习方式，学生将参与物流路径优化竞赛，基于真实的物流数据构建优化模型，并进行仿真测试，在技术理解与实操训练中提升其物流运筹与算法建模能力。

（三）安排跨境电商物流数据分析实验环节

跨境电商物流涉及大量复杂数据，包括订单流量、关税计算、物流时效等，传统教学模式无法让学生深刻理解这些数据的作用。为此，该课程专门安排了跨境电商物流数据分析实验环节，结合企业的真实数据，让学生进行数据预处理、特征工程、模型训练与评估。该实验环节包括市场需求预测、智能库存管理、异常订单检测等内容，学生将在实验过程中应用机器学习和大数据技术，提高其数据分析、问题识别和智能决策的综合能力。

（四）深化企业合作，推动校企共建智能物流实训室

为了让学生更好地掌握数字赋能在跨境电商物流中的实际应用，学校与知名跨境电商物流企业合作，共建智能物流实训室。该实训室配备智能仓储模拟系统、无人机配送模拟系统、数字赋能物流调度模拟平台等现代化教学设施，使学生能够在模拟环境中开展多样化的训练。校企合作还包括企业导师授课、真实项目实训、企业参观考察等内容，实现了从教学到岗位实践的无缝衔接，确保学生所学知识与行

业实际需求深度匹配，显著提升了学生的职业能力与就业竞争力。

（五）开展跨境电商物流智能化竞赛，提升学生的创新能力

为了激发学生的创新思维、提高其技术应用能力，该课程引入跨境电商物流智能化竞赛，鼓励学生运用所学数字赋能知识解决物流难题。竞赛内容包括智能路径规划、物流异常检测、自动化仓储管理等任务，学生在竞赛中可以使用数据分析、算法优化、系统设计等多项技术，深化其对数智技术在物流行业中落地应用的理解。竞赛不仅提升了学生的综合能力、激发了学生的竞争意识，也为优秀学生提供了与企业对接的展示平台，促进了人才培养路径与产业发展方向的高效融合。

六、教学创新成效

（一）学生学习能力与就业竞争力提升

本次教学改革的实施极大地提高了学生在跨境电子商务物流领域的综合素质。

在学生能力方面，通过数字赋能教学模式，学生在学习理论知识的同时，也能够充分接触实际物流案例，掌握智能仓储、路径优化、数据分析等关键技术。特别是数字赋能选仓、物流预测与数据分析课程的引入，使学生能够熟练使用Python、SQL等工具进行物流数据分析，提高了学生的数据驱动决策能力。此外，课程改革后，学生的就业竞争力显著提升，企业反馈表明，毕业生掌握的技术更加贴近行业需求，部分学生通过校企合作项目直接进入智能物流行业就职。学生熟练掌握了数字赋能工具（如Python、TensorFlow），提高了物流路径优化、风险预测等算法开发能力。随着学生实践操作技能的稳步提升，他们在专业技能竞赛中也获得了好成绩。

在就业方面，将数字赋能技术引入教学改革中，对学生就业能力的提升产生了积极影响。首先，学生通过该课程学习，掌握了数字赋能技术在物流领域的应用，如智能仓储管理、运输路径优化、数据驱动的需求预测等。这些技术契合了行业对数字化人才的需求，使学生在就业市场上更具竞争力。其次，数字赋能技术的应用培养了学生的数据分析能力和创新思维，他们能够利用机器学习算法和大数据分析工具解决实际问题，这种能力在跨境电子商务物流行业的智能化转型中尤为重要。再次，课程改革中的实践项目和校企合作为学生提供了真实的行业场景和项目经验，提高了他们的实践操作能力和团队协作能力。最后，数字赋能技术的引入还提升了学生对新技术的适应能力和学习能力，使他们能够快速适应行业变化和技术迭代，为未来的职业发展奠定了坚实的基础。

总体而言，数字赋能技术的引入不仅提升了学生的专业技能，还增强了其综合素

养，提高了其就业竞争力，使其能更好地适应跨境电商物流行业的数字化发展。

（二）课程教学质量显著提升

数字赋能技术的引入推动了课程内容升级，使"跨境电子商务物流"课程更具时代性和行业适应性。以往的跨境电商物流课程更多关注传统物流理论，而在此次教学改革后，智能物流、数据分析、人工智能等新技术成为教学核心，学生在学习过程中能更好地理解数字赋能技术在物流行业的作用。

教学模式发生了根本性变革，混合式教学模式（线上数字赋能课程+线下实操实验）提高了学生的学习主动性；同时，案例分析和企业合作项目的引入使教学内容更具实用价值，增加了学生的实践经验。

（三）校企合作模式进一步深化

本次教学改革进一步加强了学校与企业的合作，促进了智能物流实验室的建设。通过与国际知名物流企业的合作，学校营造了智能物流实验环境，包括自动化仓储管理系统、无人机配送模拟、物流路径优化系统等，使学生能够在真实的物流场景中进行实训。

此外，企业导师进课堂、行业讲座、企业实训项目等使学生能够接触行业专家，加深了学生对智能物流行业的认知与理解。这种紧密的校企合作模式不仅为企业输送了高素质人才，也促进了教学内容与行业实际需求的无缝衔接。

（四）促进智能物流研究与学术成果产出

教学改革不仅提高了学生的学习效果，也促进了智能物流相关研究的开展。教师团队在教学过程中结合最新数字赋能技术，对物流数据分析、智能仓储管理、自动化配送等方面进行了深入研究，并形成了多项学术成果，如发表论文、编写教材、开发教学案例库等。此外，部分优秀学生也在教师的指导下完成了智能物流相关的研究课题，并在国内外学术会议上进行交流，提高了学生的科研能力。

"跨境电子商务物流"课程教学改革是一场从"工具应用"到"思维重塑"的教育革命。当学生能够用数字赋能技术优化一条横跨亚欧大陆的物流链路、用区块链技术解决跨境信任危机、用数据洞察重构全球供应链时，教育的真正价值得以彰显——它不仅是知识的传递，更是塑造未来商业文明的创造力引擎。这场教育革命没有终点，随着量子计算、自动驾驶等技术的突破，该课程将持续迭代，为行业培养更多"懂物流、精技术、善创新"的领军人才。

编写人："跨境电子商务物流"课程教学团队

"跨境电子商务概论" 课程教学数字化改革与实践

一、课程简介

（一）课程定位与意义

"跨境电子商务概论"是数字经济时代商科教育体系中的核心课程，旨在通过理论与实践相结合，培养学生掌握跨境电商全流程运营能力。该课程以"建店铺–选商品–会营销–悉数据–懂客户–强素质"为主线，覆盖跨境店铺搭建、选品策略、多语言营销、数据分析、合规风控及职业素养等关键环节。通过引入阿里国际站（B2B）、速卖通（B2C）、亚马逊（B2C）三大仿真平台，结合国内 AI 技术（如 DeepSeek、Kimi、豆包），该课程构建了"政策–技术–实操"三位一体的教学体系，助力学生从理论认知到实战操作的跨越式提升。

该课程紧密对接国家共建"一带一路"倡议和"数字丝绸之路"战略，通过数字技术赋能跨境电商全流程，解决行业痛点（如多语言沟通壁垒、动态市场响应迟滞等），培养具备全球化视野、技术应用能力与社会责任感的复合型人才。

（二）课程特色与创新

"跨境电子商务概论"借助数字技术进行课程教学创新改革，主要突出以下课程特色：

1.国产 AI 技术深度赋能

以国内大模型（如 DeepSeek 商品趋势预测、Kimi 多语言生成、豆包广告优化）替代国外 AI 工具，确保技术安全与本土适配性。例如，Kimi 支持 50 多个语种实时翻译，响应速度较传统工具提升 40%，显著优化了跨境电商多语言客服效率。学生可以触达这些国内 AI 工具，让课程建设落到实处。

2.全流程仿真实战

该课程依托我校已购的阿里国际站、速卖通、亚马逊仿真平台，模拟真实的跨境电商场景，覆盖 B2B 询盘谈判、B2C 爆款打造等核心任务。开课时，本课程组根据实际情况，从三个仿真平台中选择其一进行课程仿真实操，学生可以通过虚拟店铺进行A/B测试，实时反馈转化率数据，提升实战能力。

3.思政元素有机融合

通过案例教学与项目实践，引导学生践行诚信经营、服务国家战略（如共建"一带一路"倡议），培养兼具技术能力与社会责任感的人才。例如，我们组织学生参加三创赛、精英挑战赛、正大杯调查竞赛等比赛，参与"数字技术助农跨境项目"，使学生帮助本地农民把产品通过速卖通卖到东南亚、中东等市场。

（三）课程内容框架

"跨境电子商务概论"课程围绕以下"六大核心模块"展开：

（1）跨境政策与平台规则。解读RCEP、CPTPP等贸易协定，分析阿里国际站、速卖通、亚马逊的运营规范与数据合规要求，如欧盟出台的《通用数据保护条例》（General Data Protection Regulation，GDPR）。

（2）AI技术工具链应用。积极引导学生，让学生在课堂之外学习DeepSeek选品预测模型、Kimi多语言客服系统、豆包广告投放算法的原理与实操。

（3）店铺运营全流程实训。通过仿真平台完成建店、商品上架、SEO优化、订单处理等实操任务。

（4）数据分析与风控管理。利用速卖通后台数据训练销量预测模型，结合蒙特卡罗模拟评估跨境支付欺诈风险。

（5）跨文化沟通与客户服务。基于AI翻译工具实现多语言沟通，设计符合目标市场文化的营销方案。

（6）合规与职业素养。通过案例分析（如亚马逊刷单封店事件），强化诚信经营意识，结合《中华人民共和国电子商务法》设计合规解决方案。

二、课程目标

（一）知识维度：构建"政策+技术+商业"复合知识网络

在跨境电商领域，"政策+技术+商业"复合知识网络的构建是培养复合型人才的核心框架。这一网络通过多维知识融合，打通国际贸易法规、数字技术工具与商业运营逻辑之间的壁垒，形成系统性认知体系。其具体包括两个子目标：

目标1：掌握跨境电商政策与平台规则。

理解RCEP原产地规则、欧盟VAT税务政策等国际贸易法规，熟悉阿里国际站"信保交易"机制、速卖通"无忧退货"政策、亚马逊A9算法排名规则。

目标2：理解数字技术赋能逻辑。

掌握DeepSeek时间序列预测模型在选品中的应用原理，解析Kimi多语言生成技术（如支持英语、西班牙语、阿拉伯语）的NLP架构。

（二）能力维度：打造"工具链+场景化"实战能力

打造"工具链+场景化"实战能力是一种强调技术工具深度整合与实际业务场景适配的能力培养方向，常见于互联网、软件工程、数据分析等领域。其核心目标是让学生既掌握工具链的完整使用方法，又能灵活应对复杂场景的挑战。这个部分又可以拆解为两大目标：

目标1：仿真平台与AI工具协同应用。

在阿里国际站仿真平台完成"询盘回复-合同签订-物流跟踪"全流程操作；通过豆包模型优化亚马逊广告ROI，通过A/B测试验证点击率提升效果。

目标2：数据分析与决策能力。

基于速卖通历史数据训练LSTM销量预测模型，误差率控制在15%以内；利用Python爬取亚马逊商品评论，通过情感分析优化产品描述。

（三）素养维度：强化合规意识与家国情怀

素养维度通过培育学生对法律法规、职业道德的合规意识，以及对国家、民族文化的深度认同与责任担当，实现内外兼修的价值塑造。合规意识强调行为边界与规则遵循，要求学生在日常生活与工作中恪守法律底线、维护社会秩序；家国情怀则聚焦于民族认同与文化自信，通过历史学习、红色教育等方式激发学生对中华文明的情感共鸣，树立"国家富强、民族复兴"的使命感。其具体又可以分为两个子目标：

目标1：法律合规与职业道德。

分析"SHEIN数据隐私诉讼案"，设计符合GDPR的商品信息采集方案；在实训中标注"AI生成内容"，避免虚假宣传风险。

目标2：服务国家战略与社会责任。

通过"数字技术助农跨境项目"帮助宁夏枸杞通过速卖通进入东南亚市场；参与"数字丝绸之路"倡议，设计国产智能硬件出海方案。

三、教学创新改革背景

（一）行业痛点倒逼教学革新

1.人才供需结构性矛盾

根据《2023跨境电商战略人才白皮书》，73%的企业急需"既懂平台规则，又擅AI工具"的复合型人才，但是传统课程教学模式偏重理论，学生实操能力薄弱。例如，某跨境企业反馈，应届毕业生需要3个月培训才能独立运营亚马逊店铺，人力成本增加了20%。

一方面，企业亟须跨境电商人才；另一方面，高校提供给社会的人才又不能满足企业的需求。这给高校的教学改革带来了巨大挑战。

2.数据孤岛与场景割裂

跨境电商涉及多平台（B2B/B2C）、多环节（选品-营销-物流），而传统教学模式使用静态案例，难以模拟动态市场环境。例如，速卖通"双十一"大促期间流量波动、亚马逊FBA仓突发罢工等场景，传统教学模式无法及时在教学中体现出来。

（二）政策与技术双重驱动

要解决"人才供需结构性矛盾"以及"数据孤岛与场景割裂"问题，我们有以下两个解决问题的必备条件：

1.国家战略支持

我国政府出台了一系列文件促进跨境电商的发展。例如，商务部等印发的《"十四五"电子商务发展规划》明确提出，建设百家跨境电商综试区，要求高校与企业共建实训基地；教育部"新文科"建设倡导"技术赋能商科"，推动数字技术与跨境电商课程深度融合。

2.国产AI技术成熟

目前，国内的AI大模型日趋成熟，为高校日常教学提供了有利条件。例如，DeepSeek在商品趋势预测领域的准确率达82%，超越了Google Trends；Kimi支持50多个语种实时翻译，响应速度较传统工具提升了40%；豆包广告优化模型可将亚马逊CPC（即"点击成本"）降低18%。

（三）传统教学模式的局限性

我们大力提倡数字赋能教学改革与创新，是因为传统教学模式存在以下局限性：

一是教学内容滞后。我们现在使用的教材案例多基于eBay、Wish等过时平台，缺乏对Tik Tok直播电商、SHEIN柔性供应链等新兴模式的解析。

二是实践环节脱节。传统教学模式的实验课以软件模拟操作为主，无法覆盖真实场景中的海关申报、汇率对冲等复杂问题；学生不能接触真实平台API接口，导致其技术应用能力不足。

四、教学创新理念与设计

（一）核心理念："三台联动，数字技术贯穿"

三台指的是"数据中台""技术中台"与"场景中台"。我们将数字技术贯穿始终，主要做了以下几方面工作：

1.数据中台：动态案例库构建

我们整合阿里国际站供应商数据、速卖通消费者行为数据、亚马逊商品评价数据，每周更新TOP 100商品榜单；接入海关总署跨境贸易数据接口，实时获取清关政策变动信息。

2.技术中台：国产AI工具链集成

首先，我们借助DeepSeek进行选品预测，分析历史销售数据与社交媒体舆情，生成爆款概率预测报告。

其次，我们借助Kimi进行多语言营销。Kimi可以自动生成英语、法语、阿拉伯语等商品描述，适配不同文化偏好。

最后，我们还借助豆包模型进行广告优化。通过强化学习，动态调整亚马逊广告出价策略。

3.场景中台：全流程仿真实战

借助我校已购的仿真平台，我们可以做到：

（1）B2B场景：阿里国际站仿真平台模拟"询盘谈判-信用证开立-物流追踪"；

（2）B2C场景：亚马逊虚拟店铺支持A/B测试（如主图设计、关键词优化），实时反馈转化率数据。

（二）教学设计："四阶递进"能力培养体系（见表1）

表1 **"四阶递进"能力培养体系**

阶段	目标	典型任务	数字技术赋能
基础实训	熟悉平台操作	阿里国际站建店、商品发布	Kimi生成多语言详情页
AI进阶	技术工具应用	DeepSeek预测速卖通东南亚爆款	数据可视化与模型调参
风控合规	法律风险规避	设计亚马逊合规申诉方案	豆包检测违禁词
综合项目	全流程优化	"国产美妆出海"全链路AI方案	多模型协同决策

五、教学创新改革措施

（一）课程内容重构：数字技术与政策双轮驱动

1.新增前沿专题

专题一：国产AI工具链与跨境电商适配

（1）多语言客服场景的数字赋能：基于Kimi的FAQ库生成与教学应用。

在跨境电商教学中，多语言客服能力是学生需要掌握的核心技能之一。依托国产AI工具链中的Kimi智能助手，我们可以构建覆盖英语、西班牙语、俄语等主流语种的FAQ知识车，实现"教学-实战-反馈"闭环。Kimi通过自然语言处理技术，能够快速分析跨境电商常见客户咨询场景，如退换货流程、物流追踪、产品规格咨询等，生成标准化问答模板，并针对不同语言文化背景进行本地化适配。例如，在西班牙语FAQ生成中，Kimi可结合拉美与西班牙市场的文化差异，自动调整敬语使用习惯和商业表达规范，避免因语言直译导致的沟通误解。

在教学实践中，学生可以通过该工具完成三大实训任务：一是利用Kimi的智能问答与翻译联动功能，对原始中文FAQ进行多语言扩展；二是通过语义纠错模块优化机器生成内容的准确性；三是借助对话模拟系统开展跨境客服压力测试，统计响应时效与问题解决率指标。这一改革既解决了传统语言教学中"重语法轻场景"的痛点，又契合了跨境电商行业对"AI+多语种"复合型人才的需求。

（2）广告策略优化的AI驱动：豆包模型与亚马逊广告指标分析。

针对跨境电商运营中的广告成本控制难题，我们在教学改革中引入豆包模型（国产生成式AI工具）优化亚马逊广告出价策略。通过构建"历史数据-算法预测-动态调价"实训体系，学生可以深度掌握CPC（单次点击成本）与ACOS（广告销售成本比）双指标联动的优化逻辑。

在具体实施中，豆包模型将分析广告关键词的竞争强度、产品利润率、用户行为数据等，生成个性化出价建议。例如，对于高利润新品，豆包模型会建议采取"激进式出价策略"，在流量高峰期提升CPC以抢占曝光位；对于成熟期商品，豆包模型会建议通过ACOS阈值设定，自动降低长尾关键词出价以控制成本。在对比实验中，使用豆包模型的学生团队较传统人工调价组展现出显著优势：CPC波动幅度降低23%，ACOS优化效率提升41%，且能通过可视化报表精准识别高转化时段与无效流量来源。这种"数据驱动决策"的教学设计使抽象的商业指标转化为可量化、可验证的实操能力。

（3）产教融合生态的构建：国产工具链与跨境电商教育的协同创新。

上述改革措施的实施依托全国AI跨境电商产教融合共同体的资源整合。该平台联合阿里国际站、浙江大学等300余家单位，搭建了全球领先的AI跨境电商技术实训平台。在教学资源开发中，Kimi与豆包等工具已深度嵌入"AI营销实务""跨境电商数据运营"等课程，还配套开发了涵盖AI内容本地化、广告智能投放、多语言客服管理等场景的27个实训模块。例如，杭州某高校通过堆友教育版平台（阿里国际站AI工具）与Kimi联动，实现了"FAQ库生成-广告策略优化-多语种直播实训"全链路模拟，学生的作品可以直接对接速卖通、Lazada等实战平台。相关数据显示，参与该项目的毕业生跨境电商岗位适配度提升了58%，企业反馈"具备AI工具链思维"成为学生的核心竞争力。这种"工具链-课程-产业"的深度耦合标志着跨境电商教育正式迈入"新质生产力"驱动的新阶段。

专题二：政策合规专题

政策合规一直是跨境电商需要攻关的难题，也是绕不开的课题。我们通过虚实结合的实训平台，将欧盟政策法规（例如仓储触发原则）、平台管理规则（例如关闭账号标准）转化为可操作的业务技能，有效解决了跨境合规人才的能力断层问题。

我们以"阿里国际站知识产权保护"为例，探讨数字技术驱动的知识产权保护教学创新。针对阿里国际站的规则，我们开发了基于OCR技术的侵权识别实训，通过以下技术路径实现教学突破：

一是图像特征提取。训练学生使用OCR技术扫描商品主图，识别隐藏商标，例如刻意遮挡商标的规避行为。

二是侵权比对系统。对接阿里国际站知识产权库，构建"图片-文字-版权登记号"三重校验模型。

三是违规处置模拟。设计侵权商品下架、限权处罚、账号冻结等虚拟操作场景，特别是"著作权复合侵权"（如图书盗版或图片盗用）的识别训练、"同一天多类侵权扣分叠加"的复杂流程处置等。通过真实案例库（如假货纠纷案例），提升学生应对跨境侵权争议的能力。

2.动态案例库建设

动态案例库是"跨境电子商务概论"教学创新的核心资源，其建设目标在于打破传统教材的静态性与滞后性，通过实时数据抓取、数字技术分析与前沿案例引入，构建"数据驱动、场景鲜活、持续迭代"的教学资源体系。具体实现措施如下：

第一，每周抓取三大平台TOP 100商品数据，结合DeepSeek生成爆款分析报告。

聚焦我校已购买的阿里国际站（B2B）、速卖通（B2C）、亚马逊（B2C）三大仿真平台，抓取其TOP 100商品数据。

首先是确定抓取的数据维度，我们主要抓取以下三种数据：①商品数据：标题、价格、销量、评价、关键词排名；②用户行为数据：点击率、转化率、客单价、复购率；③市场动态数据：促销活动（如亚马逊Prime Day）、物流时效（如速卖通"十日达"标签）。

其次是技术实现问题。可以利用平台开放API接口（如速卖通AliExpress API、亚马逊SP-API）获取结构化数据；对于无API支持的平台（如部分阿里国际站数据），采用Python爬虫框架（Scrapy）结合反爬策略（IP代理池、请求头随机化）抓取数据。

最后是数据清洗与标准化问题，主要包括去重与纠错、多语言处理与数据标准化等方面的工作。

（1）去重与纠错。使用Pandas库清洗重复数据，修复商品类目分类错误（如将"蓝牙耳机"误标为"电脑配件"）。

（2）多语言处理。对非中文商品标题（如西班牙语、阿拉伯语），调用Kimi模型进行翻译与关键词提取。

（3）数据标准化。统一货币单位（美元、欧元转换）、时间戳格式（UTC+8时区对齐），确保数据可横向对比。

第二，引入"Temu北美增长策略""SHEIN供应链响应速度"等前沿案例。

（1）企业级案例采集。

案例采集工作主要分为"合作企业对接"与"公开数据挖掘"两大途径。

首先，要尽量争取"合作企业对接"，与Temu、SHEIN等企业建立合作关系，获取非公开运营数据（如Temu北美用户增长曲线、SHEIN供应链响应时间日志），还要签署保密协议，对敏感数据进行脱敏处理（如隐藏具体供应商名称）。

其次，在"合作企业对接"无效的情况下，要进行公开数据挖掘，抓取Temu北美站商品列表，分析其"低价+社交裂变"策略（如0.99美元商品引流效果）；

通过SHEIN官网与其物流合作伙伴（如极兔速递）的公开数据，还原其"小单快反"的供应链模型（从设计到上架平均7天）。

（2）案例教学化设计。

一是模块化拆解。将"Temu北美增长策略"拆解为"市场定位-选品逻辑-用户裂变-风险控制"四个模块，对应课程中的"选商品""会营销""懂客户"章节。例如，在"用户裂变"模块中，提供Temu的Facebook广告素材库与裂变红包规则原始数据。

二是沙盘模拟设计。基于SHEIN供应链案例，在仿真平台中搭建"柔性供应链沙盘"，学生需要调整生产批次、物流路线参数，观察库存周转率与成本的变化；利用豆包模型优化决策，例如输入"订单量突增200%"参数，生成应急补货方案。

（二）教学方法革新：虚实融合与智能反馈

1.虚实联动实训

在阿里国际站仿真平台，学生可以扮演外贸业务员，通过Kimi翻译工具回复英文询盘，使用DeepSeek预测订单成交概率，模拟信用证开立与物流异常处理（如船期延误）。

在亚马逊虚拟店铺，学生可以利用豆包模型优化商品主图，通过A/B测试验证点击率提升效果，结合蒙特卡罗模拟评估"黑五"大促期间的库存风险。

2.AI助教系统部署

（1）智能批改工具：DeepSeek与豆包的深度应用。

在"跨境电子商务概论"课程教学实践中，智能批改工具的应用是提升学生实操能力与教学效率的重要创新。通过国产AI模型DeepSeek与豆包的协同作用，智能批改不仅能够快速识别学生作业中的技术漏洞与合规风险，还能提供有针对性的优化建议，形成"诊断-反馈-改进"的闭环学习机制。

一是DeepSeek选品逻辑分析。DeepSeek作为国产AI模型，其核心优势在于对多维度数据的深度挖掘与逻辑推理。在学生提交的运营方案中，系统会解析选品策略的关键要素，包括目标市场定位、商品类目选择、价格区间设定、供应链适配性等。例如，某个学生的方案是在亚马逊欧洲站夏季主推羽绒服，DeepSeek会通过以下步骤进行诊断：

①历史数据对比：DeepSeek会调取过去5年欧洲站6—8月的羽绒服销售数据，发现该品类销量平均下降72%，且退货率高达35%，从而判定该选品存在季节性错配风险。

② 舆情关联分析：DeepSeek 会抓取社交媒体（如 TikTok、Instagram）中"夏季穿搭"话题下的热门内容，发现关键词集中于"防晒""透气""轻薄"，与羽绒服的属性完全背离。

③ 供应链风险评估：DeepSeek 将结合物流数据，提示夏季海运至欧洲的平均时间为45天，可能导致商品上市时已错过最佳销售窗口。

系统会生成可视化报告，标红关键矛盾点，并推荐替代方案（如改推防晒衣或速干T恤）。同时，DeepSeek 内置的教学知识库会关联课程知识点（如"季节性选品策略"章节），自动推送相关微课视频与案例解析，帮助学生理解错误根源。

二是豆包违禁词检测与合规优化。豆包专注于跨境电商场景的文本合规性审查，当学生提交商品描述文案时，系统会通过以下流程进行批改：

① 多层级违禁词筛查。这部分工作包括：第一，对接基础违禁词库，直接匹配平台明令禁止的词汇，如"最佳""第一""绝对正品"等，这些词汇可能触发亚马逊 A9 算法的违规警告。第二，语义理解检测，识别隐性违规表达。例如，文案中的"本产品可彻底治愈失眠"虽未使用违禁词，但是豆包通过意图分析判定其属于医疗效果夸大，违反了《中华人民共和国广告法》。第三，文化敏感性审查，针对不同目标市场进行适配。例如，中东市场文案中若出现"猪皮革"的相关描述，即使未直接违规，系统也会提示"可能引发宗教文化冲突"。

② 合规优化建议。这部分工作包括：一是提供替代方案。例如，将"最佳性价比"改为"高性价比之选"，这样改既保留了营销吸引力又避免了违规风险。二是生成多语言合规模板。例如，针对西班牙语站点，豆包可调用 Kimi 模型生成符合当地消费者权益保护法的标准化描述，确保跨文化合规。

（2）实时数据看板。

在速卖通仿真实训中，实时数据看板是学生进行策略优化的核心指挥中枢。它通过 API 对接后台的数据流，以动态可视化形式呈现关键指标，并支持多维度下钻分析，使学生能够像真实的企业运营者一样"感知市场脉搏，敏捷调整战术"。

（三）考核体系优化：能力导向与思政融合

1. 平时成绩（占总分40%）

平时成绩满分为100分，再折算成40%，主要包括：

（1）考勤（10%）。

（2）课堂表现（30%）：例如，借助AI工具，学生可以参加"AI选品辩论赛"（如"数据驱动vs经验驱动"）；模拟亚马逊封店听证会，进行合规申诉答辩。

（3）平时作业（40%）：完成速卖通或者亚马逊店铺优化报告，需要包含AI工具使用记录与效果对比；设计共建"一带一路"国家市场开拓方案，优选国产供应链。

（4）思政加分项（20%）：例如，在项目中体现家国情怀（如优选新疆棉制品供应链）；标注"AI生成内容"，践行诚信经营原则。

2.期末考试（占总分60%）

期末考试采用闭卷笔试。考核内容除了教学大纲规定的理论知识外，还应该包括以下内容：

（1）政策法规：如《中华人民共和国电子商务法》中"跨境电商零售进口清单"条款。

（2）技术原理：Kimi多语言生成的Transformer架构解析。

（3）平台操作：速卖通直通车广告投放注意事项。

六、教学创新成效

（一）学生能力跃升

1.技术应用能力

学生使用Kimi生成的多语言客服响应速度提高了40%，人工干预率降低了60%；基于DeepSeek的选品方案准确率达到75%，较传统经验选品提升了30%。

2.合规意识与职业素养

95%的学生能准确识别亚马逊平台违禁词，较传统教学模式提升了50%；"数字技术助农跨境项目"获得省级创新创业大赛金奖，助力宁夏枸杞通过速卖通进入东南亚市场。

（二）教学资源智能化升级

1.国产AI工具链全覆盖

100%的实训环节采用DeepSeek、Kimi、豆包，完全替代了国外工具；建成跨境电商AI工具库，包含30多套预训练模型与代码模板。

2.仿真平台深度利用

速卖通仿真系统使用时长增加了200%，学生店铺搭建效率提高了70%；亚马逊虚拟店铺A/B测试功能使用率达到90%，广告ROI优化效果显著。

（三）产学研协同与社会影响

1.企业合作成果

我们与企业一起建设"AI选品工作坊"，学生的方案被采纳，并用于服装类目的优化，使企业的采购成本降低了5%以上。

2.社会价值体现

学生团队的"数字技术助农跨境项目"帮助新农人的工艺品通过速卖通出海，课程思政案例入选校级"新文科建设优秀案例库"。

七、结语

通过"国产AI+仿真平台+思政融合"三位一体改革，"跨境电子商务概论"课程实现了从理论灌输到实战赋能的跨越。未来，我们将进一步探索国产大模型与跨境电商平台的深度耦合（如利用DeepSeek优化供应链预测），并融入"数字丝绸之路"国家战略，培养兼具技术能力、合规意识与家国情怀的新时代跨境电商人才。

编写人："跨境电子商务概论"课程教学团队